법요집

차 ✽ 례

수지독송

법회와 기도, 가정의례

발 원 문

찬 불 가

예 불

삼보님께 예경 드리는 의식을 이릅니다. 사찰에
서는 아침과 저녁 두 차례 예불을 올려 하루를 시
작하고 하루를 정리합니다. 이는 삼보께 지성으로
귀의함으로써 모든 부처님과 보살님의 원력을 우
리의 삶 속에 실현하며 생활 속에서 실천하고자 하
는 다짐이기도 합니다. 불자라면 조석예불이 그 자
체로 수행이며 일과로 삼아야 합니다.

1. 상단예불 上壇禮佛

다게 茶偈

아금청정수 변위감로다 봉헌삼보전
我今淸淨水   變爲甘露茶   奉獻三寶前

『원수애납수』(3배)
願垂哀納受

오분향례 五分香禮

계향 정향 혜향 해탈향 해탈지견향
戒香   定香   慧香   解脫香   解脫知見香

광명운대 주변법계 공양시방 무량불법승
光明雲臺   周邊法界   供養十方   無量佛法僧

헌향진언 獻香眞言

『옴 바아라 도비야 훔』(3번)

지심귀명례 삼계도사 사생자부 시아본사 석가모니불
至心歸命禮 三界導師 四生慈父 是我本師 釋迦牟尼佛

지심귀명례 시방삼세 제망찰해 상주일체 불타야중
至心歸命禮 十方三世 帝網刹海 常住一切 佛陀耶衆

지심귀명례 시방삼세 제망찰해 상주일체 달마야중
至心歸命禮 十方三世 帝網刹海 常住一切 達磨耶衆

지심귀명례 대지문수 사리보살 대행 보현보살 대비
至心歸命禮 大智文殊 舍利菩薩 大行 普賢菩薩 大悲

관세음보살 대원본존 지장보살마하살
觀世音菩薩 大願本尊 地藏菩薩摩訶薩

지심귀명례 영산당시 수불부촉 십대제자 십육성
至心歸命禮 靈山當時 受佛付囑 十大弟子 十六聖

오백성 독수성 내지 천이백제대아라한 무량자비성중
五百聖 獨修聖 乃至 千二百諸大阿羅漢 無量慈悲聖衆

지심귀명례 서건동진 급아해동 역대전등 제대조사
至心歸命禮 西乾東震 及我海東 歷代傳燈 諸大祖師

천하종사 일체미진수 제대선지식
天下宗師 一切微塵數 諸大善知識

지심귀명례 시방삼세 제망찰해 상주일체 승가야중
至心歸命禮 十方三世 帝網刹海 常住一切 僧伽耶衆

유원 무진삼보 대자대비 수아정례 명훈가피력
唯願 無盡三寶 大慈大悲 受我頂禮 冥熏加被力

원공법계제중생 자타일시성불도
願共法界諸衆生 自他一時成佛道

2. 행선축원 行禪祝願

조석향등헌불전
朝夕香燈獻佛前

귀의삼보예금선
歸依三寶禮金仙

국계안녕병혁소
國界安寧兵革消

천하태평법륜전
天下太平法輪轉

원아세세생생처
願我世世生生處

상어반야불퇴전
常於般若不退轉

여피본사용맹지
如彼本師勇猛智

여피사나대각과
如彼舍那大覺果

여피문수대지혜
如彼文殊大智慧

여피보현광대행
如彼普賢廣大行

여피지장무변신
如彼地藏無邊身

여피관음삼이응
如彼觀音三二應

시방세계무불현
十方世界無不現

보령중생입무위
普令衆生入無爲

문아명자면삼도
聞我名者免三途

견아형자득해탈
見我形者得解脫

여시교화항사겁
如是敎化恒沙劫

필경무불급중생
畢竟無佛及衆生

시방시주원성취 시회대중각복위
十方施主願成就 時會大衆各伏爲

선망부모왕극락 현존사친수여해
先亡父母往極樂 現存師親壽如海

법계고혼리고취 산문숙정절비우
法界孤魂離苦趣 山門肅靜絶悲憂

사내재액영소멸 토지천룡호삼보
寺內災厄永消滅 土地天龍護三寶

산신국사보정상 준동함령등피안
山神局司補禎祥 蠢動含靈登彼岸

세세상행보살도 구경원성살바야
細細常行菩薩道 究竟圓成薩婆若

마하반야바라밀
摩訶般若波羅密

나무 석가모니불
南無 釋迦牟尼佛

나무 석가모니불
南無 釋迦牟尼佛

나무 시아본사 석가모니불
南無 是我本師 釋迦牟尼佛

부처님께 향과등불 조석으로 올리옵고
삼보전에 귀의하여 공경예배 하옵나니
우리나라 태평하고 흉년난리 소멸하여
온세계가 평화로워 부처님법 펴지이다
원하오니 이내몸이 세세생생 날적마다
반야지혜 좋은인연 물러나지 아니하고
우리본사 세존처럼 용맹하신 뜻세우고
비로자나 여래같이 대각과를 이룬뒤에
문수사리 보살처럼 깊고밝은 큰지혜와
보현보살 본을받아 크고넓은 행원으로
넓고넓어 끝이없는 지장보살 몸과같이
천수천안 관음보살 삼십이응 몸을나퉈
시방삼세 넓은세계 두루돌아 다니면서
모든중생 제도하여 열반법에 들게할제
내이름을 듣는이는 삼악도를 벗어나고
내모습을 보는이는 생사번뇌 해탈하고
억천만겁 지나면서 이와같이 교화하여
부처님도 중생들도 아주차별 없어지다
시방삼세 시주님들 모든소원 이루시며
지금모인 대중들의 각각모든 복위들인
선망부모 제형숙백 왕생극락 하옵시며
살아계신 은사육친 수명장수 하옵시고

온법계의 애혼고혼 삼도고해 벗어지다
산문도량 정숙하여 근심걱정 끊어지고
도량안의 대소재앙 길이길이 소멸되며
토지천룡 신장님들 삼보님을 호지하고
산신국사 호법신은 상서정기 드높이니
움직이는 모든생령 저언덕에 태어나서
세세생생 언제라도 보살도를 행하여서
구경에는 일체지를 원만하게 이뤄지다
마하반야바라밀

나무 석가모니불
나무 석가모니불
나무 시아본사 석가모니불

3. 이산 혜연 선사 발원문

시방삼세 부처님과 팔만사천 큰법보와
보살성문 스님네께 지성귀의 하옵나니
자비하신 원력으로 굽어살펴 주옵소서

저희들이
참된성품 등지옵고 무명속에 뛰어들어
나고죽는 물결따라 빛과소리 물이들고
심술궂고 욕심내어 온갖번뇌 쌓았으며
보고듣고 맛봄으로 한량없는 죄를지어
잘못된길 갈팡질팡 생사고해 헤매면서
나와남을 집착하고 그른길만 찾아다녀
여러생에 지은업장 크고작은 많은허물
삼보전에 원력빌어 일심참회 하옵나니
바라옵건대
부처님이 이끄시고 보살님네 살피시어
고통바다 헤어나서 열반언덕 가사이다
이세상의 명과복은 길이길이 창성하고
오는세상 불법지혜 무럭무럭 자라나서
날적마다 좋은국토 밝은스승 만나오며

바른신심 굳게세워 아이로서 출가하여
귀와눈이 총명하고 말과뜻이 진실하며
세상일에 물안들고 맑은행실 닦고닦아
서리같은 엄한계율 털끝인들 어기리까
점잖으신 거동으로 모든생명 사랑하며
이내목숨 버리어도 지성으로 보호하리
삼재팔난 만나잖고 불법인연 갖추오며
반야지혜 드러나고 보살마음 견고하여
제불정법 잘배워서 대승진리 깨달은뒤
육바라밀 행을닦아 아승지겁 뛰어넘고
곳곳마다 설법으로 천겁만겁 의심끊고
마군중을 항복받고 삼보님을 뵙사올제
시방제불 섬기는일 잠깐인들 쉬오리까
온갖법문 다배워서 모두통달 하옵거든
복과지혜 함께늘어 무량중생 제도하며
여섯가지 신통얻고 무생법인 이룬뒤에
관음보살 큰자비로 시방삼세 다니면서
보현보살 행원으로 많은중생 건지올제
여러가지 몸을나퉈 미묘법문 연설하고
지옥아귀 나쁜곳엔 광명놓고 신통보여
내모양을 보는이나 내이름을 듣는이는
보리마음 모두내어 윤회고를 벗어나되

화탕지옥 끓는물은 감로수로 변해지고
검수도산 날선칼날 연꽃으로 화하여서
고통받던 저중생들 극락세계 왕생하며
나는새와 기는짐승 원수맺고 빚진이들
갖은고통 벗어나서 좋은복락 누려지다
모진질병 돌적에는 약풀되어 치료하고
흉년드는 세상에는 쌀이되어 구제하되
여러중생 이로운일 한가진들 빼오리까
천겁만겁 내려오던 원수거나 친한이나
이세상의 권속들도 누구누구 할것없이
얽히었던 애정끊고 삼계고해 벗어나서
시방삼세 중생들이 모두성불 하사이다
허공끝이 있사온들 이내소원 다하리까
유정들도 무정들도 일체종지 이뤄지다
나무 석가모니불
나무 석가모니불
나무 시아본사 석가모니불

4. 각단예불

1) 미타전 彌陀展 · 극락전 極樂殿

헌향진언 獻香眞言

『옴 바아라 도비야 훔』(3번)

지심귀명례 극락도사 아미타불
至心歸命禮 極樂導師 阿彌陀佛

지심귀명례 좌우보처 관음세지 양대보살
至心歸命禮 左右補處 觀音勢至 兩大菩薩

지심귀명례 일체청정 대해중 보살마하살
至心歸命禮 一切淸淨 大海衆 菩薩摩訶薩

무량광중화불다　　앙첨개시아미타
無量光中化佛多　　仰瞻皆是阿彌陀

응신각정황금상　　보계도선벽옥라
應身各挺黃金相　　寶髻都旋碧玉螺

고아일심귀명정례
故我一心歸命頂禮

2) 관음전 觀音展 · 원통전 圓通殿

헌향진언 獻香眞言

『옴 바아라 도비야 훔』(3번)

지심귀명례 보문시현 원력홍심 대자대비 관세음보살
至心歸命禮 普門示現 願力弘深 大慈大悲 觀世音菩薩

지심귀명례 심성구고 응제중생 대자대비 관세음보살
至心歸命禮 尋聲救苦 應諸衆生 大慈大悲 觀世音菩薩

지심귀명례 좌보처 남순동자 우보처 해상용왕
至心歸命禮 左補處 南巡童子 右補處 海上龍王

일엽홍연재해중 벽파심처현신통
一葉紅蓮在海中 碧波深處現神通

작야보타관자재 금일강복도량중
昨夜寶陀觀自在 今日降赴道場中

고아일심귀명정례
故我一心歸命頂禮

3) 지장전 地藏展 · 명부전 冥府殿

헌향진언 獻香眞言

『옴 바아라 도비야 훔』(3번)

지심귀명례 지장원찬 이십삼존 제위여래불
至心歸命禮 地藏願讚 二十三尊 諸位如來佛

지심귀명례 유명교주 지장보살마하살
至心歸命禮 幽冥敎主 地藏菩薩摩訶薩

지심귀명례 좌우보처 도명존자 무독귀왕
至心歸命禮 左右補處 道明尊者 無毒鬼王

지장대성위신력 항하사겁설난진
地藏大聖威神力 恒河沙劫說難盡

견문첨례일념간 이익인천무량사
見聞瞻禮一念間 利益人天無量事

고아일심귀명정례
故我一心歸命頂禮

4) 신중단 神衆壇

다게 茶偈

청정명다약 능제병혼침 유익옹호중
清淨茗茶藥　能除病昏沈　唯翼擁護衆

『원수애납수』(3배)
願垂哀納受

헌향진언 獻香眞言

『옴 바아라 도비야 훔』(3번)

지심귀명례 진법계 허공계 화엄회상 욕색제천중
至心歸命禮　盡法界　虛空界　華嚴會上　欲色諸天衆

지심귀명례 진법계 허공계 화엄회상 팔부사왕중
至心歸命禮　盡法界　虛空界　華嚴會上　八部四王衆

지심귀명례 진법계 허공계 화엄회상 일체호법선신 영기등중
至心歸命禮　盡法界　虛空界　華嚴會上　一切護法善神　靈祈等衆

원제천용팔부중　위아옹호불리신
願諸天龍八部衆　爲我擁護不離身

어제난처무제난　여시대원능성취
於諸難處無諸難　如是大願能成就

22

5) 칠성단 七星壇

헌향진언 獻香眞言
『옴 바아라 도비야 훔』(3번)

지심귀명례 금륜보계 치성광여래불
至心歸命禮 金輪寶界 熾盛光如來佛

지심귀명례 좌우보처 일광월광양대보살
至心歸命禮 左右補處 日光月光兩大菩薩

지심귀명례 북두대성 칠원성군 주천열요 제성군중
至心歸命禮 北斗大聖 七元星君 周天列曜 諸星君衆

자미대제통성군 십이궁중태을신
紫微大帝統星君 十二宮中太乙神

칠정제림위성군 삼태공조작현신
七政齋臨爲聖主 三台供照作賢臣

고아일심귀명정례
故我一心歸命頂禮

6) 산왕단 山王壇 · 산신각 山神閣

헌향진언 獻香眞言

『옴 바아라 도비야 훔』(3번)

지심귀명례 만덕고승 성개한적 산왕대신
至心歸命禮 萬德高勝 性皆閑寂 山王大神

지심귀명례 차산국내 항주대성 산왕대신
至心歸命禮 此山局內 恒住大聖 山王大神

지심귀명례 시방법계 지령지성 산왕대신
至心歸命禮 十方法界 至靈至誠 山王大神

영산석일여래촉 위진강산도중생
靈山昔日如來囑 威鎭江山度衆生

만리백운청장리 운거학가임한정
萬里白雲靑嶂裡 蕓車鶴駕任閒情

고아일심귀명정례
故我一心歸命頂禮

5. 마하반야바라밀다심경

摩訶般若波羅蜜多心經

관자재보살 행심반야바라밀다시 조견오온개공 도
觀自在菩薩 行深般若波羅蜜多時 照見五蘊皆空 度

일체고액 사리자 색불이공 공불이색 색즉시공 공즉
一切苦厄 舍利子 色不異空 空不異色 色卽是空 空卽

시색 수상행식 역부여시 사리자 시제법공상 불생
是色 受想行識 亦復如是 舍利子 是諸法空相 不生

불멸 불구부정 부증불감 시고 공중무색 무수상행식
不滅 不垢不淨 不增不減 是故 空中無色 無受想行識

무안이비설신의 무색성향미촉법 무안계 내지 무의
無眼耳鼻舌身意 無色聲香味觸法 無眼界 乃至 無意

식계 무무명 역무무명진 내지 무노사 역무노사진
識界 無無明 亦無無明盡 乃至 無老死 亦無老死盡

무고집멸도 무지역무득 이무소득고 보리살타 의반
無苦集滅道 無智亦無得 以無所得故 菩提薩埵 依般

야바라밀다 고심무가애 무가애고 무유공포 원리전
若波羅蜜多 故心無罣碍 無罣碍故 無有恐怖 遠離顚

도몽상 구경열반 삼세제불 의반야바라밀다고 득아
倒夢想 究竟涅槃 三世諸佛 依般若波羅蜜多故 得阿

녹다라삼먁삼보리 고지반야바라밀다 시대신주 시
耨多羅三藐三菩提　故知般若波羅蜜多　是大神呪　是

대명주 시무상주 시무등등주 능제일체고 진실불허
大明呪　是無上呪　是無等等呪　能除一切苦　眞實不虛

고설반야바라밀다주 즉설주왈
故說般若波羅蜜多呪　卽說呪曰

『아제아제 바라아제 바라승아제 모지 사바하』(3번)

　우리말 반야심경

　관자재보살이 지혜의 완성을 실천할 때에 존재의
다섯가지 구성요소에 실체가 없음을 비추어 보시고
모든 괴로움에서 벗어났느니라.
　사리자여, 물질적 현상은 공과 다르지 않고 공은
물질적 현상과 다르지 않아서 물질이 곧 공이요 공이
곧 물질이며, 느낌과 지각과 의지작용과 의식도 그와
같이 실체가 없느니라.
　사리자여, 이 모든 존재는 실체가 없으므로 나지도
않고 없어지지도 않으며, 더럽거나 깨끗하지도 않고
늘거나 줄어들지도 않느니라.
　그러므로 공한 가운데는 물질도 없고 느낌과 지각

과 의지작용과 의식도 없으며, 눈과 귀와 코와 혀와 몸과 의식도 없고 형상과 소리와 냄새와 맛과 감촉과 의식의 대상도 없으며, 눈의 영역과 내지 인식의 영역까지도 없느니라.

무명도 없고 무명이 다함도 없으며, 늙음과 죽음도 없고 늙음과 죽음의 다함까지도 없으며, 괴로움과 괴로움의 원인과 괴로움의 소멸과 괴로움을 없애는 길도 없으며, 지혜도 없고 얻을 것도 없느니라.

얻을 것이 없으므로 보살은 지혜의 완성에 의지하여 마음에 걸림이 없고 걸림이 없으므로 두려움이 없으며, 뒤바뀐 생각을 버리고 완전한 열반을 이루었고 과거 현재 미래의 모든 부처님도 이 반야바라밀다에 의지하여 최상의 깨달음을 얻었느니라.

그러므로 반야바라밀다는 가장 신비한 진언이며 가장 밝고 가장 높아 무엇에도 비할 수 없는 진언이니, 능히 일체의 괴로움을 없애주며 진실하여 거짓됨이 없느니라.

그런 까닭에 반야바라밀다의 주문을 설하니라.

『아제 아제 바라아제 바라승아제 모지 사바하』 (3번)

6. 천수경 千手經

정구업진언 淨口業眞言

『수리수리 마하수리 수수리 사바하』 (3번)

오방내외안위제신진언 五方內外安慰諸神眞言

『나무 사만다 못다남 옴 도로도로 지미 사바하』 (3번)

개경게 開經偈

무상심심미묘법   백천만겁난조우
無上甚深微妙法   百千萬劫難遭遇

아금문견득수지   원해여래진실의
我今聞見得受持   願解如來眞實義

  높고깊은 미묘한법 백천만겁 만날손가
  제가이제 보고듣고 지니오니
  님의참뜻 모두알게 하옵소서

개법장진언 開法藏眞言

『옴 아라남 아라다』 (3번)

천수천안관자재보살　광대원만무애대비심
千手千眼觀自在菩薩　廣大圓滿無碍大悲心

대다라니　계청
大陀羅尼　啓請

계수관음대비주　　　원력홍심상호신
稽首觀音大悲呪　　　願力弘深相好身

천비장엄보호지　　　천안광명변관조
千臂莊嚴普護持　　　千眼光明遍觀照

진실어중선밀어　　　무위심내기비심
眞實語中宣密語　　　無爲心內起悲心

속령만족제희구　　　영사멸제제죄업
速令滿足諸希求　　　永使滅除諸罪業

천룡중성동자호　　　백천삼매돈훈수
天龍衆聖同慈護　　　百千三昧頓薰修

수지신시광명당　　　수지심시신통장
受持身是光明幢　　　受持心是神通藏

세척진로원제해　　　초증보리방편문
洗滌塵勞願濟海　　　超證菩提方便門

아금칭송서귀의　　　소원종심실원만
我今稱誦誓歸依　　　所願從心悉圓滿

관음보살 대비주에 머리숙여 절합니다
관음원력 위대하고 상호또한 거룩하사
일천팔로 장엄하되 온갖중생 거두시고
일천눈의 광명으로 온세상을 살피시어
참된말씀 베푸시되 비밀한듯 보이시고
분별없는 마음속에 중생사랑 열으소서
중생들의 온갖소원 하루빨리 이루옵고
중생들의 모든죄업 청정하게 씻어주며
천룡팔부 모든성현 자비로써 보살피사
한량없는 온갖삼매 한순간에 닦아지며
받아지닌 이내몸이 밝고빛난 깃발이요
염불하는 그마음이 신통력의 근원이라
온갖번뇌 씻어내고 고통바다 어서건너
방편문을 뛰어넘어 깨쳐지게 하옵소서
지금이몸 염불하고 부처님께 맹세하니
원하는일 마음대로 원만성취 하여지다

나무대비관세음
南 無 大 悲 觀 世 音

원아속지일체법
願 我 速 知 一 切 法

나무대비관세음
南 無 大 悲 觀 世 音

원아조득지혜안
願 我 早 得 智 慧 眼

나무대비관세음
南無大悲觀世音

원아속도일체중
願我速度一切衆

나무대비관세음
南無大悲觀世音

원아조득선방편
願我早得善方便

나무대비관세음
南無大悲觀世音

원아속승반야선
願我速乘般若船

나무대비관세음
南無大悲觀世音

원아조득월고해
願我早得越苦海

나무대비관세음
南無大悲觀世音

원아속득계정도
願我速得戒定道

나무대비관세음
南無大悲觀世音

원아조등원적산
願我早登圓寂山

나무대비관세음
南無大悲觀世音

원아속회무위사
願我速會無爲舍

나무대비관세음
南無大悲觀世音

원아조동법성신
願我早同法性身

자비하신 관세음께 지성귀의 하옵나니
제가이제 세상일을 속히알게 하옵소고
자비하신 관세음께 지성귀의 하옵나니
제가이제 지혜의눈 빨리얻게 하옵소서.
자비하신 관세음께 지성귀의 하옵나니
제가이제 모든중생 제도하게 하옵소고

자비하신 관세음께 지성귀의 하옵나니
제가이제 착한방편 속히얻게 하옵소서
자비하신 관세음께 지성귀의 하옵나니
제가이제 반야선을 빨리타게 하옵소고
자비하신 관세음께 지성귀의 하옵나니
제가이제 고통바다 속히넘게 하옵소서
자비하신 관세음께 지성귀의 하옵나니
제가이제 청정계율 빨리얻게 하옵나고
자비하신 관세음께 지성귀의 하옵나니
제가이제 열반세계 속히들게 하옵소서
자비하신 관세음께 지성귀의 하옵나니
제가이제 미묘한법 빨리얻게 하옵소고
자비하신 관세음께 지성귀의 하옵나니
제가이제 진리의몸 속히얻게 하옵소서

아약향도산
我 若 向 刀 山

도산자최절
刀 山 自 摧 折

아약향화탕
我 若 向 火 湯

화탕자고갈
火 湯 自 枯 渴

아약향지옥
我 若 向 地 獄

지옥자소멸
地 獄 自 消 滅

아약향아귀 **아귀자포만**
我若向餓鬼 餓鬼自飽滿

아약향수라 **악심자조복**
我若向修羅 惡心自調伏

아약향축생 **자득대지혜**
我若向蓄生 自得大智慧

제가만약 칼산가면 칼산들이 무너지고

화탕지옥 제가가면 끓는물이 사라지며

제가만약 지옥가면 지옥들이 없어지고

아귀세계 제가가면 배고픔이 없어지며

제가만약 수라가면 악한마음 절로쉬고

축생세계 제가가면 큰지혜를 얻으소서

나무관세음보살마하살 **나무대세지보살마하살**
南無觀世音菩薩摩訶薩 南無大勢至菩薩摩訶薩

나무천수보살마하살 **나무여의륜보살마하살**
南無千手菩薩摩訶薩 南無如意輪菩薩摩訶薩

나무대륜보살마하살 **나무관자재보살마하살**
南無大輪菩薩摩訶薩 南無觀自在菩薩摩訶薩

나무정취보살마하살 **나무만월보살마하살**
南無正趣菩薩摩訶薩 南無滿月菩薩摩訶薩

나무수월보살마하살　나무군다리보살마하살
南無水月菩薩摩訶薩　　南無軍茶利菩薩摩訶薩

나무십일면보살마하살　나무제대보살마하살
南無十一面菩薩摩訶薩　南無諸大菩薩摩訶薩

『나무본사아미타불』(3번)
南無本師阿彌陀佛

신묘장구대다라니 神妙章句大陀羅尼

나모라 다나다라 야야 나막알약 바로기제 새바라
야 모지 사다바야 마하 사다바야 마하가로 니가
야 옴 살바 바예수 다라나 가라야 다사명 나막 가
리다바 이맘 알야 바로기제 새바라 다바 니라간타
나막 하리나야 마발다 이사미 살발타 사다남 수
반아예염 살바 보다남 바바말아 미수다감 다냐타
옴 아로계 아로가 마지로가 지가란제 혜혜하례
마하모지 사다바 사마라 사마라 하리나야 구로구
로 갈마 사다야 사다야 도로도로 미연제 마하 미
연제 다라 다라 다린나례 새바라 자라자라 마라
미마라 아마라 몰제 예혜혜 로계 새바라 라아 미
사미 나사야 나베 사미사미 나사야 모하자라 미
사미 나사야 호로호로 마라호로 하례 바나마 나

34

바 사라사라 시리시리 소로소로 못쟈못쟈 모다야
모다야 매다라야 니라간타 가마사 날사남 바라
하리나야 마낙 사바하 싯다야 사바하 마하 싯다
야 사바하 싯다유예 새바라야 사바하 니라간타야
사바하 바라하 목카싱하 목카야 사바하 바나마
하따야 사바하 자가라 욕다야 사바하 상카섭나네
모다나야 사바하 마하라 구타다라야 사바하 바마
사간타 이사시체다 가릿나 이나야 사바하 먀가라
잘마이바 사나야 사바하
『나모라 다나다라 야야 나막알야 바로기제 새바
라야 사바하』(3번)

사방찬 四方讚

일쇄동방결도량   이쇄남방득청량
一 灑 東 方 潔 道 場   二 灑 南 方 得 清 涼

삼쇄서방구정토   사쇄북방영안강
三 灑 西 方 俱 淨 土   四 灑 北 方 永 安 康

동방에 물뿌리니 온도량이 깨끗하고
남방에 물뿌리니 온천지가 청량하며
서방에 물뿌리니 극락세계 갖춰지고
북방에 물뿌리니 영겁토록 평안하네

도량찬 道場讚

도량청정무하예　삼보천룡강차지
道場淸淨無瑕穢　三寶天龍降此地

아금지송묘진언　원사자비밀가호
我今持誦妙眞言　願賜慈悲密加護

온도량이 깨끗하여 더러움이 없사오니
삼보님과 호법천룡 이도량에 오시어서
내가이제 묘한진언 받아지녀 외우오니
대자비를 베푸시어 항상살펴 주옵소서

참회게 懺悔偈

아석소조제악업　개유무시탐진치
我昔所造諸惡業　皆由無始貪瞋癡

종신구의지소생　일체아금개참회
從身口意之所生　一切我今皆懺悔

무시겁래 내가지은 모든악업
그모두가 탐진치로 생겼으니
몸과말과 마음으로 지은업장
제가이제 머리숙여 참회합니다

참제업장십이존불 懺除業障十二尊佛

나무참제업장보승장불
南無懺除業障寶勝藏佛

보광왕화염조불
寶光王火炎照佛

일체향화자재력왕불
一切香火自在力王佛

백억항하사결정불
百億恒河沙決定佛

진위덕불
振威德佛

금강견강소복괴산불
金剛堅强消伏壞散佛

보광월전묘음존왕불
寶光月殿妙音尊王佛

환희장마니보적불
歡喜藏摩尼寶積佛

무진향승왕불
無盡香勝王佛

사자월불
獅子月佛

환희장엄주왕불
歡喜莊嚴珠王佛

제보당마니승광불
帝寶幢摩尼勝光佛

십악참회 十惡懺悔

살생중죄금일참회
殺生重罪今日懺悔

투도중죄금일참회
偸盜重罪今日懺悔

사음중죄금일참회
邪淫重罪今日懺悔

망어중죄금일참회
妄語重罪今日懺悔

기어중죄금일참회
綺語重罪今日懺悔

양설중죄금일참회
兩舌重罪今日懺悔

악구중죄금일참회
惡口重罪今日懺悔

탐애중죄금일참회
貪愛重罪今日懺悔

진에중죄금일참회
瞋恚重罪今日懺悔

치암중죄금일참회
癡暗重罪今日懺悔

살생으로 지은죄업 오늘모두 참회하며
도둑질로 지은죄업 오늘모두 참회하며

사음으로 지은죄업 오늘모두 참회하며
거짓말로 지은죄업 오늘모두 참회하며

꾸밈말로 지은죄업 오늘모두 참회하며
이간질로 지은죄업 오늘모두 참회하며

험한말로 지은죄업 오늘모두 참회하고
탐욕으로 지은죄업 오늘모두 참회하고

성냄으로 지은죄업 오늘모두 참회하고
어리석어 지은죄업 오늘모두 참회합니다

백겁적집죄 일념돈탕진
百劫積集罪 一念頓蕩盡

여화분고초 멸진무유여
如火焚枯草 滅盡無有餘

오랜세월 쌓인죄업 한생각에 사라지니
마른풀에 불태우듯 흔적조차 없어지네

죄무자성종심기　심약멸시죄역망
罪無自性從心起　心若滅時罪亦亡

죄망심멸양구공　시즉명위진참회
罪亡心滅兩俱空　是則名爲眞懺悔

죄의본성 본래없어 마음따라 일어난것
마음한번 쉬고보면 죄업역시 사라지네
죄성없고 마음쉬면 이를일러 진참회라

참회진언 懺悔眞言

『옴 살바못자 모지 사다야 사바하』(3번)

준제공덕취　적정심상송
准提功德聚　寂靜心常誦

일체제대난　무능침시인
一切諸大難　無能侵是人

천상급인간　수복여불등
天上及人間　受福如佛等

우차여의주　정획무등등
遇此如意珠　定獲無等等

『나무 칠구지 불모 대준제보살』(3번)
南無 七俱胝 佛母 大准提菩薩

준제주의 크신공덕 일념으로 외우오면
모든세상 어려운일 침노하지 못하리니
윤회하는 육도중생 부처처럼 복받으며
여의주를 만난이는 최고진리 이루오리

정법계진언 淨法界眞言

『옴 남』(3번)

호신진언 護身眞言

『옴 치림』(3번)

관세음보살본심미묘육자대명왕진언 觀世音菩薩本心微妙六字大明王眞言

『옴 마니반메 훔』(3번)

준제진언 准提眞言

나무 사다남 삼먁 삼못다 구치남 다냐타
『옴 자례주례 준제 사바하 부림』(3번)

아금지송대준제	즉발보리광대원
我今持誦大准提	卽發菩提廣大願
원아정혜속원명	원아공덕개성취
願我定慧速圓明	願我功德皆成就

40

원아승복변장엄 　 원공중생성불도
願我勝福遍莊嚴 　 願共衆生成佛道

내가이제 대준제를 지성으로 받아외워

크고넓은 보리심의 광대한원 세우나니

닦고닦는 선정지혜 하루빨리 밝아지고

한량없는 공덕바다 모두모두 이루어서

거룩한복 널리펴서 온누리를 장엄하여

나와남이 모두모두 성불하게 하옵소서

여래십대발원문 如來十大發願文

원아영리삼악도 　 원아속단탐진치
願我永離三惡道 　 願我速斷貪瞋痴

원아상문불법승 　 원아근수계정혜
願我常聞佛法僧 　 願我勤修戒定慧

원아항수제불학 　 원아불퇴보리심
願我恒隨諸佛學 　 願我不退菩提心

원아결정생안양 　 원아속견아미타
願我決定生安養 　 願我速見阿彌陀

원아분신변진찰 　 원아광도제중생
願我分身遍塵刹 　 願我廣度諸衆生

고통받는 삼악도를 하루빨리 여의옵고
어리석은 삼독심은 하루빨리 끊어버려
참생명의 삼보말씀 어느때나 듣고들어
계정혜의 바른길을 부지런히 닦고닦아
온누리의 부처님을 항상모셔 배우오리
깨달으면 한생각을 어느때나 지키오리
언젠가는 극락세계 틀림없이 태어나고
거룩하신 아미타불 하루빨리 뵈옵고서
한량없는 화현으로 온누리를 가득채워
많고많은 모든중생 남김없이 제도하리

발사홍서원 發四弘誓願

중생무변서원도
衆生無遍誓願度

번뇌무진서원단
煩惱無盡誓願斷

법문무량서원학
法門無量誓願學

불도무상서원성
佛度無上誓願成

자성중생서원도
自性衆生誓願度

자성번뇌서원단
自性煩惱誓願斷

자성법문서원학
自性法門誓願學

자성불도서원성
自性佛道誓願成

고통받는 중생들을 기필코 제도하고
끝이없는 번뇌라도 맹세코 끊으오리
한량없는 가르침을 끝까지 다배워서
높고깊은 부처마음 반드시 성취하리
내마음속 중생심을 반드시 제도하여
내마음속 온갖번뇌 맹세코 끊어내고
내마음속 가르침을 끝까지 다배워서
내마음속 부처님을 기필코 이루리라

발원이 귀명례삼보 發願已 歸命禮三寶

나무상주시방불
南 無 常 住 十 方 佛

나무상주시방법
南 無 常 住 十 方 法

나무상주시방승
南 無 常 住 十 方 僧

● 천수경은 여기에서 끝나고, 뒷부분은 불단이 세워지지 않은
곳 즉 시다림이나 야외 법회, 방생 법회 등에서 임시로 불단을
만들어 불공을 드릴 경우 독송하는 진언이다.

정삼업진언 淨三業眞言

『옴 사바바바 수다살바 달마 사바바바 수도함』(3번)

개단진언 開壇眞言

『옴 바아라 놔로 다가다야 삼마야 바라베 사야훔』(3번)

건단진언 建壇眞言

『옴 난다난다 나지나지 난다바리 사바하』(3번)

정법계진언 淨法界眞言

나자색선백	공점이엄지
羅字色鮮白	空點以嚴之
여피계명주	치지어정상
如彼髻明珠	置之於頂上
진언동법계	무량중죄제
眞言同法界	無量重罪除
일체촉예처	당가차자문
一切觸穢處	當加此字門

『나무 사만다 못다남 남』(3번)

44

헌공의식

이는 불보살님께 공양을 올리는 의식입니다. 절에서는 매일 사시(巳時 ; 오전 9시~11시)에 부처님 앞에 헌공의식인 '사시마지'를 봉행합니다. 각 재일이나 명절법회, 기도법회, 영가 천도의식 등 각종 법요의식이 대부분 헌공의식을 중심으로 이루어지고 있습니다. 공양물로는 향, 등, 꽃, 차, 과일, 쌀 등의 육법공양과 재물, 의속, 음악, 법공양 등이 있습니다. 불자들은 몸과 마음을 정갈히 하고 준비한 공양구를 삼보와 성현 앞에 올립니다.

1. 삼보통청 三寶通請

보례진언 普禮眞言

아금일신중 즉현무진신 변재삼보전 일일무수례
我今一身中　即現無盡身　遍在三寶前　一一無數禮

　제가이제 온몸으로 시방세계 두루계신
　불법승 삼보님께 한량없이 예배합니다

『옴 바아라 믹』(3번)

● 천수경 독송 28쪽 참고

거불 擧佛

나무 불타부중 광림법회
南無　佛陀部衆　光臨法會

나무 달마부중 광림법회
南無　達摩部衆　光臨法會

나무 승가부중 광림법회
南無　僧伽部衆　光臨法會

보소청진언 普召請眞言

『나무 보보제리 가리다리 다타 아다야』(3번)

유치 由致

앙유 삼보대성자 종진정계 흥대비운 비신현신 포
仰惟 三寶大聖者 從眞淨界 興大悲雲 非身現身 布

신운어삼천세계 무법설법 쇄법우어팔만진로 개종
身雲於三千世界 無法説法 灑法雨於八萬塵勞 開種

종방편지문 도망망사계지중 유구개수 여공곡지전성
種方便之門 導茫茫沙界之衆 有求皆遂 如空谷之傳聲

무원부종 약징담지인월
無願不從 若澄潭之印月

시이 사바세계 남섬부주 동양 대한민국 (주소) 모산
是以 裟婆世界南贍部州 東洋 大韓民國 (住所) 某山

모사 청정도량 금차지극지성 헌공발원재자 (청신사 청
某寺 清淨道場 今此至極至誠 獻供發願齋者 (清信士 清

신녀) 모모보체 이차인연공덕 일체고난 영위소멸 사
信女) 某某保體 以此因緣功德 一切苦難 永爲消滅 四

대강건 육근청정 심중소구소원 여의원만 형통지대원
大强健 六根清淨 心中所求所願 如意圓滿 亨通之大願

이 금월금일 건설법연 정찬공양 제망중중 무진삼보
以 今月今日 虔説法筵 淨饌供養 帝網重重 無盡三寶

자존 훈근작법 앙기묘원자 우복이 설명향이예청 정
慈尊 薫勲作法 仰祈妙援者 右伏以 蓺茗香以禮請 呈

옥립이수재 재체수미 건성가민 기회자감 곡조미성
玉粒而修齋 齋體雖微 虔誠可愍 冀回慈鑑 曲照微誠

근병일심 선진삼청
謹秉一心 先陳三請

　우러러 생각하옵건대, 삼보자존께옵서는 진여의 청정법계로부터 자비의 구름으로 피어나셨습니다. 몸 아니시건만 몸을 나투시니 구름같이 삼천대천세계를 두루 덮으시고, 말씀할 법이 없건만 말씀하시니, 법의 비로 팔만사천 번뇌를 씻어주시며, 갖가지 방편의 문을 여시어 끝없는 고해의 중생을 인도하시니, 구함이 있는 자, 모두 이루어주심은 마치 깊은 골짜기의 메아리 같고, 원하는 일 모두 성취시켜 주심이 맑은 못의 달그림자 같사옵니다.

　그러하옵기에, 사바세계 남섬부주 동양 대한민국 (사찰 주소 云云) 청정도량에서 (주소 云云) (이름) 등이 이러한 인연공덕으로 (발원, 간단한 축원) 하게 되옵기를 바라는 소원으로 오늘 이 자리에 삼가 법의 자리 마련하옵고, 조촐한 공양구를 마련하여 끝없이 중중무진 하옵신 삼보자존께 공양드리나이다.

정성을 다하여 법요를 거행하여 신기한 가피를 바라옵는 저희들은 삼가 싱그러운 향을 사르어 정성껏 맞이하오며, 백옥같은 흰 쌀로 공양을 올리오니, 드리는 공양물은 많지 않사오나 정성 간절하오니, 자비의 광명을 거두지 마옵시고 간절한 정성 낱낱이 굽어 비추어 주시옵소서. 지극한 마음으로 이 법의 자리에 내려오시길 세 번 청하옵니다.

청사 請詞

나무 일심봉청 이대자비 이위체고 구호중생 이위
南無 一心奉請 以大慈悲 以爲體故 救護衆生 以爲

자량 어제병고 위작양의 어실도자 시기정로 어암
資粮 於諸病苦 爲作良醫 於失道者 示其正路 於闇

야중 위작광명 어빈궁자 영득복장 평등요익 일체
夜中 爲作光明 於貧窮者 永得伏藏 平等饒益 一切

중생 청정법신 비로자나불 원만보신 노사나불 천백
衆生 淸淨法身 毘盧遮那佛 圓滿報身 盧舍那佛 千百

억화신 서가모니불 서방교주 아미타불 당래교주
億化身 釋迦牟尼佛 西方敎主 阿彌陀佛 當來敎主

미륵존불 시방상주 진여불보 일승원교 대화엄경
彌勒尊佛 十方常住 眞如佛寶 一乘圓敎 大華嚴經

대승실교 묘법화경 삼처전심 격외선전 시방상주
大乘實敎 妙法華經 三處傳心 格外禪詮 十方常住

심심법보 대지문수보살 대행보현보살 대비관세음
甚深法寶 大智文殊菩薩 大行普賢菩薩 大悲觀世音

보살 대원지장보살 전불심등 가섭존자 유통교해
菩薩 大願地藏菩薩 傳佛心燈 迦葉尊者 流通敎海

아난존자 시방상주 청정승보 여시삼보 무량무변
阿難尊者 十方常住 淸淨僧寶 如是三寶 無量無邊

일일주변 일일진찰 유원자비 연민유정 강림도량
一一周徧 一一塵刹 唯願慈悲 憐愍有情 降臨道場

수차공양
受此供養

　대자비로 체를 삼고 중생구호 양식 삼아 병고액란
용한 의사, 길 잃은 자 바른 도사 어둔 밤에 광명이
고, 빈궁자에게 보배창고 일체 중생 평등하게 이익
나눠주시는 분, 청정법신 비로자나 부처님과 원만보
신 노사나 부처님과 천백억화신 석가모니 부처님과
극락도사이신 아미타 부처님과 오는 세상 용화세계
에 내려오실 미륵 부처님 등 시방에 항상 계신 진여
이신 불보와, 일승법의 원만한 교법인 대화엄경과 대
승의 실교인 묘법연화경과 세 곳에서 마음도리 전하
신 격식 밖의 선문 등 시방에 항상 계신 매우 깊은

법보와, 지혜제일 문수사리보살과 만행제일 보현보
살과 자비롭기 으뜸이신 관세음보살과 대원본존이신
지장보살과 부처님의 마음을 전해 받은 가섭존자와
교법을 전해주신 아난존자 등 시방에 항상 계신 청정
한 승보인 이렇듯 삼보님께옵선 한량없고 끝없는 티
끌세계 두루 하셨사오니 원하옵건대, 대자비를 베푸
시어 이 도량에 내려오셔 공양을 받으옵소서.

『향화청 香華請』(3번)

가영 歌詠

불신보변시방중   삼세여래일체동
佛 身 普 偏 十 方 中   三 世 如 來 一 體 同

광대원운항부진   왕양각해묘난궁
廣 大 願 雲 恒 不 盡   汪 洋 覺 海 渺 難 窮

고아일심귀명정례
故 我 一 心 歸 命 頂 禮

부처님몸 두루하여 시방세계 충만하니
삼세여래 부처님도 또한이와 같음이라
광대무변 원력구름 항상하여 다함없고
넓고넓은 진리바다 아득하여 끝없어라
저희들은 일심으로 귀명정례 하옵니다

헌좌진언 獻座眞言

묘보리좌승장엄　　제불좌이성정각
妙 菩 提 座 勝 莊 嚴　　諸 佛 坐 己 成 正 覺

아금헌좌역여시　　자타일시성불도
我 今 獻 座 亦 如 是　　自 他 一 時 成 佛 道

묘한보리 연화좌를 훌륭하게 장엄하고
제불보살 앉으시어 깨달음을 이루셨네
제가이제 올린법좌 그도또한 이같으니
나와남이 모두함께 성불하게 하옵소서

『옴 바아라 미나야 사바하』(3번)

정법계진언 淨法界眞言

『옴 남』(3번)

다게 茶偈

공양시방조어사　　연양청정미묘법
供 養 十 方 調 御 士　　演 揚 清 淨 微 妙 法

삼승사과해탈승　　원수애납수
三 乘 四 果 解 脱 僧　　願 垂 哀 納 受

원수애납수　　원수자비애납수
願 垂 哀 納 受　　願 垂 慈 悲 哀 納 受

진언권공 眞言勸供

향수나렬 재자건성 욕구공양지주원
香羞羅列 齋者虔誠 欲求供養之周圓

수장가지지변화 앙유삼보 특사가지
須仗加持之變化 仰唯三寶 特賜加持

『나무시방불 나무시방법 나무시방승』 (3번)
南無十方佛 南無十方法 南無十方僧

무량위덕 자재광명승묘력 변식진언 無量威德 自在光明勝妙力 變食眞言

『나막 살바다타 아다 바로기제옴 삼바라 삼바라
훔』 (3번)

시감로수진언 施甘露水眞言

『나무 소로바야 다타아다야 다냐타 옴 소로소로
바라소로 바라소로 사바하』 (3번)

일자수륜관진언 一字水輪觀眞言

『옴 밤 밤 밤밤』 (3번)

유해진언 乳海眞言

『나무 사만다 못다남 옴 밤』 (3번)

지심정례공양 삼계도사 사생자부 시아본사
至心 頂禮供養 三界導師 四生慈父 是我本師

석가모니불
釋迦牟尼佛

지심정례공양 시방삼세 제망찰해 상주일체
至心 頂禮供養 十方三世 帝網刹海 常住一切

불타야중
佛陀耶衆

지심정례공양 시방삼세 제망찰해 상주일체
至心 頂禮供養 十方三世 帝網刹海 常住一切

달마야중
達摩耶衆

지심정례공양 대지문수 사리보살 대행보현보살
至心 頂禮供養 大智文殊 舍利菩薩 大行普賢菩薩

대비관세음보살 대원본존 지장보살마하살
大悲觀世音菩薩 大願本尊 地藏菩薩摩訶薩

지심정례공양 영산당시 수불부촉 십대제자 십육성
至心 頂禮供養 靈山當時 受佛付囑 十大弟子 十六聖

오백성 독수성 내지 천이백제대아라한
五百聖 獨修聖 乃至 千二百諸大阿羅漢

무량자비성중
無量慈悲聖衆

지심정례공양 서건동진 급아해동 역대전등 제대
至心頂禮供養 西乾東震 及我海東 歷代傳燈 諸大

조사 천하종사 일체미진수 제대선지식
祖師 天下宗師 一切微塵數 諸大善知識

지심정례공양 시방삼세 제망찰해 상주일체
至心頂禮供養 十方三世 帝網刹海 常住一切

승가야중
僧伽耶衆

유원 무진삼보 대자대비 수차공양 명훈가피력
唯願 無盡三寶 大慈大悲 受此供養 冥熏加被力

원공법계제제중생 자타일시성불도
願共法界諸衆生 自他一時成佛道

보공양진언 普供養眞言

『옴 아아나 삼바바 바아라 훔』(3번)

보회향진언 普回向眞言

『옴 삼마라 삼마라 미만나 사라마하 자거라 바훔』(3번)

원성취진언 願成就眞言

『옴 아모카 살바다라 사다야 시베 훔』(3번)

보궐진언 補闕眞言

『옴 호로호로 사야목계 사바하』(3번)

찰진심념가수지　　대해중수가음진
刹塵心念可數知　　大海中水可飮盡

허공가량풍가계　　무능진설불공덕
虛空可量風可繫　　無能盡說佛功德

　사바세계 티끌수를 마음으로 헤아리고
　큰바다에 모든물을 남김없이 다마시며
　온허공을 헤아리고 바람묶는 재주라도
　부처님의 크신공덕 말로는다 못설하리

정근 精勤

나무 삼계도사 사생자부 시아본사 "석가모니불"
南無　三界導師　四生慈父　是我本師　釋迦牟尼佛

(시간에 맞게)

천상천하무여불　　시방세계역무비
天上天下無如佛　　十方世界亦無比

56

세간소유아진견   일체무유여불자
世間所有我盡見   一切無有如佛子

천상천하 다보아도 오직한분 부처님은
시방세계 견주어도 비교할데 가히없네
세상천지 있는바를 제가모두 살펴보니
부처님과 같으신분 어디에도 다시없네

원멸 사생육도 법계유정 다겁생래제업장
願滅 四生六道 法界有情 多劫生來諸業障

아금참회계수례   원제죄장실소재   세세상행보살도
我今懺悔稽首禮   願諸罪障悉消災   世世常行菩薩道

원이차공덕   보급어일체   아등여중생
願以此功德   普及於一切   我等與衆生

당생극락국   동견무량수   개공성불도
當生極樂國   同見無量壽   皆共成佛道

● 스님 축원祝願 후 반야심경 독송 25쪽 참조

2. 중단퇴공 中壇退供

● 상단에 불공을 마치면 공양물을 신중단으로 옮긴다.

진공진언 進供眞言

『옴 살바반자 사바하』(3번)

이차청정향운공　봉헌옹호성중전
以此清淨香雲供　奉獻擁護聖衆前

감찰재자건간심　원수애납수
鑑察齋者虔墾心　願垂哀納受

원수애납수　원수자비애납수
願垂哀納受　願垂慈悲哀納受

지심정례공양 진법계 허공계 화엄회상 상계
至心頂禮供養 盡法界 虛空界 華嚴會上 上界

욕색제천중
欲色諸天衆

지심정례공양 진법계 허공계 화엄회상 중계
至心頂禮供養 盡法界 虛空界 華嚴會上 中界

팔부사왕중
八部四王衆

지심정례공양 진법계 허공계 화엄회상 하계
至心頂禮供養 盡法界 虛空界 華嚴會上 下界

호법선신 영기등중
護法善神 靈祇等衆

유원 신중자비 옹호도량 실개수공 발보리
唯願 神衆慈悲 擁護道場 悉皆受供 發菩提

시작불사도중생
施作佛事度衆生

보공양진언 普供養眞言

『옴 아아나 삼바바 바아라 훔』(3번)

● 반야심경 독송 25쪽 참조

불설소재길상다라니 佛說消災吉祥陀羅尼

『나무 사만다 못다남 아바라지 하다사 사다남 다
냐타 옴 카카 카혜 카혜 훔 훔 아바라 아바라 바
라 아바라 바라 아바라 지따 지따 지리 지리 빠다
빠다 선지가 시리예 사바하』(3번)

화엄경 약찬게 華嚴經 略纂偈

대방광불화엄경 용수보살약찬게 나무화장세계해
大方廣佛華嚴經 龍樹菩薩略纂偈 南無華藏世界海

비로자나진법신 현재설법노사나 석가모니제여래
毘盧遮那眞法身 現在說法盧舍那 釋迦牟尼諸如來

과거현재미래세 시방일체제대성 근본화엄전법륜
過去現在未來世 十方一切諸大聖 根本華嚴轉法輪

해인삼매세력고 보현보살제대중 집금강신신중신
海印三昧勢力故 普賢菩薩諸大衆 執金剛神神衆神

족행신중도량신 주성신중주지신 주산신중주림신
足行神衆道場神 主城神衆主地神 主山神衆主林神

주약신중주가신 주하신중주해신 주수신중주화신
主藥神衆主稼神 主河神衆主海神 主水神衆主火神

주풍신중주공신 주방신중주야신 주주신중아수라
主風神衆主空神 主方神衆主夜神 主晝神衆阿修羅

가루라왕긴나라 마후라가야차왕 제대용왕구반다
迦樓羅王緊那羅 摩睺羅伽夜叉王 諸大龍王鳩槃茶

건달바왕월천자 일천자중도리천 야마천왕도솔천
乾達婆王月天子 日天子衆忉利天 夜摩天王兜率天

화락천왕타화천 대범천왕광음천 변정천왕광과천
化樂天王他化天 大梵天王光音天 遍淨天王廣果天

60

대자재왕불가설　보현문수대보살　법혜공덕금강당
大自在王不可説　普賢文殊大菩薩　法慧功德金剛幢

금강장급금강혜　광염당급수미당　대덕성문사리자
金剛藏及金剛慧　光焰幢及須彌幢　大德聲聞舍利子

급여비구해각등　우바새장우바이　선재동자동남녀
及與比丘海覺等　優婆塞長優婆夷　善財童子童男女

기수무량불가설　선재동자선지식　문수사리최제일
其數無量不可説　善財童子善知識　文殊舍利最第一

덕운해운선주승　미가해탈여해당　휴사비목구사선
德雲海雲善住僧　彌伽解脱與海幢　休舍毘目瞿沙仙

승열바라자행녀　선견자재주동자　구족우바명지사
勝熱婆羅慈行女　善見自在主童子　具足優婆明智士

법보계장여보안　무염족왕대광왕　부동우바변행외
法寶髻長與普眼　無厭足王大光王　不動優婆遍行外

우바라화장자인　바시라선무상승　사자빈신바수밀
優婆羅華長者人　婆施羅船無上勝　獅子嚬神婆須密

비실지라거사인　관자재존여정취　대천안주주지신
毘瑟祇羅居士人　觀自在尊與正趣　大天安住主地神

바산바연주야신　보덕정광주야신　희목관찰중생신
婆珊婆演主夜神　普德淨光主夜神　喜目觀察衆生神

보구중생묘덕신　적정음해주야신　수호일체주야신
普救衆生妙德神　寂靜音海主夜神　守護一切主夜神

개부수화주야신 대원정진력구호 묘덕원만구바녀
開敷樹華主夜神 大願精進力救護 妙德圓滿瞿婆女

마야부인천주광 변우동자중예각 현승견고해탈장
摩耶夫人天主光 遍友童子衆藝覺 賢勝堅固解脫長

묘월장자무승군 최적정바라문자 덕생동자유덕녀
妙月長者無勝軍 最寂靜婆羅門者 德生童子有德女

미륵보살문수등 보현보살미진중 어차법회운집래
彌勒菩薩文殊等 普賢菩薩微塵衆 於此法會雲集來

상수비로자나불 어연화장세계해 조화장엄대법륜
常隨毘盧遮那佛 於蓮華藏世界海 造化莊嚴大法輪

시방허공제세계 역부여시상설법 육육육사급여삼
十方虛空諸世界 亦復如是常說法 六六六四及與三

일십일일역부일 세주묘엄여래상 보현삼매세계성
一十一一亦復一 世主妙嚴如來相 普賢三昧世界成

화장세계노사나 여래명호사성제 광명각품문명품
華藏世界盧舍那 如來名號四聖諦 光明覺品問明品

정행현수수미정 수미정상게찬품 보살십주범행품
淨行賢首須彌頂 須彌頂上偈讚品 菩薩十住梵行品

발심공덕명법품 불승야마천궁품 야마천궁게찬품
發心功德明法品 佛昇夜摩天宮品 夜摩天宮偈讚品

십행품여무진장 불승도솔천궁품 도솔천궁게찬품
十行品與無盡藏 不昇兜率天宮品 兜率天宮偈讚品

십회향급십지품 십정십통십인품 아승지품여수량
十回向及十地品　十定十通十忍品　阿僧祇品與壽量

보살주처불부사 여래십신상해품 여래수호공덕품
菩薩住處佛不思　如來十身相海品　如來隨好功德品

보현행급여래출 이세간품입법계 시위십만게송경
普賢行及如來出　離世間品入法界　是爲十萬偈頌經

삼십구품원만교 풍송차경신수지 초발심시변정각
三十九品圓滿敎　諷誦此經信受持　初發心是便正覺

안좌여시국토해 시명비로자나불
安坐如是國土海　是名毘盧遮那佛

원성취진언 願成就眞言

『옴 아모카 살바다라 사다야 시베 훔』(3번)

보궐진언 補闕眞言

『옴 호로호로 사야모케 사바하』(3번)

보회향진언 普回向眞言

『옴 삼마라 삼마라 미만나 사라마하 자거라바 훔』(3번)

정근 精勤

나무 불법문중 불리수호 옹호도량 화엄성중
南無 佛法門中 不離守護 擁護道場 華嚴聖衆

화엄성중혜감명　　사주인사일념지
華嚴聖衆慧鑑明　　四州人事一念知

애민중생여적자　　시고아금공경례
哀愍衆生如赤子　　是故我今恭敬禮

고아일심귀명정례
故我一心歸命頂禮

화엄성중 지혜안목 밝게비추사
사주세계 여러일을 일념에알아
모든중생 자식처럼 어여삐보는
신중님께 공경하여 받드나이다
일심으로 의지합니다.

● 스님 축원

64

3. 관음청 觀音請

보례진언 普禮眞言

아금일신중 즉현무진신 변재관음전 일일무수례
我今一身中　卽現無盡身　遍在觀音前　一一無數禮

『옴 바아라 믹』(3번)

● 천수경 독송 28쪽 참고

거불 擧佛

나무　원통교주　관세음보살
南無　　圓通敎主　　觀世音菩薩

나무　도량교주　관세음보살
南無　　道場敎主　　觀世音菩薩

나무　원통회상　불보살
南無　　圓通會上　　佛菩薩

보소청진언 普召請眞言

『나무 보보제리 가리다리 다타 아다야』(3번)

유치 由致

앙유 관음대성자 자용심묘 비원우심 위접인중생
仰惟 觀音大聖者 慈容甚妙 悲願尤甚 爲接引衆生

내상처미타불찰 입적정삼매 우불리백화도량 보응
乃常處彌陀佛刹 入寂靜三昧 又不離白花道場 普應

시방 성성구고 불리일보 찰찰현신 약신공양지의 필
十方 聲聲救苦 不離一步 刹刹現身 若伸供養之儀 必

차감통지념 유구개수 무원부종 약징담지인월
借感通之念 有求皆遂 無願不從 若澄潭之印月

시이 사바세계 남섬부주 동양 대한민국 (주소) 모산
是以 娑婆世界 南贍部洲 東洋 大韓民國 (住所) 某山

모사 수월청정지도량 원아금차 지극지성 헌공발원
某寺 水月清淨之道場 願我今此 至極至誠 獻供發源

재자 신남신녀 참여대중 가족 각각등 보체
齋者 信男信女 參與大衆 家族 各各等 保體

이차인연공덕 일체고난 영위소멸 사대강건 육근청정
以此因緣功德 一切苦難 永爲消滅 四大強健 六根清淨

심중소구소원 여의원만형통지대원
心中所求所願 如意圓滿亨通之大願

이 금월금일 건설법연 정찬공양 원통교주 관세음
以 今月今日 虔設法筵 淨饌供養 圓通教主 觀世音

보살 훈근작법 앙기묘원자 우복이 친소편혜 표심향
菩薩 薰勲作法 仰祈妙援者 右伏以 親燒片慧 表心香

무화이보훈 앙고자문 청면월 이공이곡조 잠사어
無火而普熏 仰告慈門 請面月 離空而曲照 暫辭於

보굴 청부어향연 앙표일심 선진삼청
寶窟 請赴於香筵 仰表一心 先陳三請

　우러러 사뢰옵니다. 관음대성인께서는 자애로운 용안 더욱 묘하시고, 자비로운 서원 더욱 깊으신데 중생 맞아 제도하시려고 항상 극락세계에 계시면서 고요히 삼매에 드시사 백화도량을 떠나지 않으시고 널리 시방세계 중생들의 고통소리 다 들으시어 한걸음도 옮기지 않으신 채 곳곳마다 모습 나타내어, 공양 올리는 바에 따라 반드시 감응하여 구하는 바를 다 이루어 주신다 하였사옵니다.

　이러하옵기에 오늘 (○년 ○월 ○일) 사바세계 남섬부주 해동 대한민국 ○산 ○사 청정한 도량에서 원하옵건대 지극히 정성스런 마음으로 모든 죄업 참회하옵고 관세음보살 전에 공양을 올리는 ○○에 거주하는 ○○보체 등이 이와 같은 인연으로 관세음보살님의 가피지묘력을 입사와 각기 사대가 강건하고 온몸이 청정하며 마음속 모든 소원이 원만히 아루어지길 발원하옵니다.

이러한 까닭으로 오늘 경건한 마음으로 법연을 열고, 정갈한 공양구를 원통교주이신 관세음보살님 전에 올리옵고 간절한 의식으로 묘한 구원 바라옵기에 몸소 한 조각 지혜로 향을 사러 마음을 표하오니 비록 불붙이지 않았으나 널리 퍼지게 하옵소서. 자비문에 청하오니 달이 허공을 떠나지 않고서 두루 비치듯이 잠시 보배궁전을 떠나시어 이 향연에 내리시기 지극하온 마음으로 세 번 청하옵니다.

청사 請詞

나무 일심봉청 해안고절처 보타낙가산 도량교주
南無 一心奉請 海岸孤絶處 寶陀洛迦山 道場敎主

삼십이응신 십사무외력 사부사의덕 수용무애 팔만
三十二應身 十四無畏力 四不思議德 受用無碍 八萬

사천 삭가라수 팔만사천 모다라비 팔만사천 청정
四千 爍迦羅首 八萬四千 母陀羅臂 八萬四千 淸淨

보목 혹자혹위 분형산체 심소원구 발고여락 대자
寶目 或慈或威 分形散體 心所願求 拔苦與樂 大慈

대비 관자재보살 마하살 유원자비 연민유정 강림
大悲 觀自在菩薩 摩訶薩 唯願慈悲 憐愍有情 降臨

도량 수차공양
道場 受此供養

지극한 마음으로 돌아가 의지하며 받들어 청하오니, 바닷가 외딴섬의 보타낙가산의 도량교주로서 서른두 가지 몸을 나타내시고 열네 가지 두려움 없음과 생각조차 어려운 네 가지 덕을 받아쓰되 걸림 없어, 팔만사천의 금강머리와 팔만사천의 손과 팔과 팔만사천의 깨끗하고 보배로운 눈으로써 자비롭거나 혹은 위엄 있게 분신으로 그몸을 나타내어 모든 중생들이 바라고 구하는 바에 따라 괴로움을 여의고 즐거움을 주시는 대자대비 관자재보살이시여, 오직 원컨대 도량에 내리시어 이 공양을 받으소서.

『향화청 香華請』(3번)

가영 歌詠

백의관음무설설
白衣觀音無說說

남순동자불문문
南巡童子不聞聞

병상녹양삼제하
瓶上綠楊三際夏

암전취죽시방춘
巖前翠竹十方春

고아일심귀명정례
故我一心歸命頂禮

백의관음 설함없이 연설하시고
남순동자 들음없이 다들으시네

화병속의 푸른버들 늘여름이고
바위앞의 푸른대는 온통봄이네
저희들은 일심으로 귀명정례 하옵니다

헌좌진언 獻座眞言

묘보리좌승장엄 **제불좌이성정각**
妙菩提座勝莊嚴　　諸佛坐已成正覺

아금헌좌역여시 **자타일시성불도**
我今獻座亦如是　　自他一時成佛道

묘한보리 연화좌를 훌륭하게 장엄하니
제불보살 앉으시어 깨달음을 이루었네
제가이제 올린법좌 그도또한 이같으니
나와남이 모두함께 성불하게 하옵소서.

『옴 바아라 미나야 사바하』(3번)

정법계진언 淨法界眞言

『옴 남』(3번)

다게 茶偈

금장감로다 **봉헌관음전**
今將甘露茶　　奉獻觀音前

감찰건간심　　원수애납수
鑑察虔懇心　　願垂哀納受

진언권공 眞言勸供

향수나열　재자건성　욕구공양지주원　수장가지지
香羞羅列　齋者虔誠　欲求供養之周圓　須仗加持之

변화　앙유삼보　특사가지
變化　仰唯三寶　特賜加持

『나무시방불 나무시방법 나무시방승』(3번)
南無十是方　南無十方法　南無十方僧

무량위덕 자재광명승묘력 변식진언 無量威德 自在光明勝妙力 變食眞言

『나막 살바다타 아다 바로기제 옴 삼바라 삼바라
훔』(3번)

시감로수진언 施甘露水眞言

『나무 소로바야 다타아다야 다냐타 옴 소로소로
바라소로 바라소로 사바하』(3번)

일자수륜관진언 一字水輪觀眞言

『옴 밤 밤 밤밤』(3번)

유해진언 乳海眞言

『나무 사만다 못다남 옴 밤』(3번)

지심정례공양 보문시현 원력홍심 대자대비
志心頂禮供養 普門示現 願力弘深 大慈大悲

관세음보살
觀世音菩薩

지심정례공양 심성구고 응제중생 대자대비
志心頂禮供養 尋聲救苦 應諸衆生 大慈大悲

관세음보살
觀世音菩薩

지심정례공양 좌보처 남순동자 우보처 해상용왕
志心頂禮供養 左補處 南巡童子 右補處 海上龍王

유원 대자대비 관세음보살 수차공양 명훈가피력
唯願 大慈大悲 觀世音菩薩 受此供養 冥熏加被力

원공법계제중생 자타일시성불도
願共法界諸衆生 自他一時成佛道

보공양진언 普供養眞言

『옴 아아나 삼바바 바아라 훔』(3번)

보회향진언 普回向眞言

『옴 삼마라 삼마라 미만나 사라마하 자가라 바 훔』(3번)

원성취진언 願成就眞言

『옴 아모카 살바다라 사다야 시베 훔』(3번)

보궐진언 補闕眞言

『옴 호로호로 사야목계 사바하』(3번)

백의관음무설설　　남순동자불문문
白衣觀音無說說　　南巡童子不聞聞

병상녹양삼제하　　암전취죽시방춘
瓶上綠楊三際夏　　巖前翠竹十方春

정근 精勤

나무 보문시현 원력홍심 대자대비 관세음보살
南無　普門示現　願力弘心　大慈大悲　觀世音菩薩

(시간에 맞게)

관세음보살 멸업장진언 滅業障眞言

『옴 아로늑계 사바하』(3번)

구족신통력 광수제방편 시방제국토 무찰불현신
具足神通力 廣隨諸方便 十方諸國土 無刹不現身

고아일심귀명정례
故我一心歸命頂禮

원멸 사생육도 법계유정 다겁생래죄업장 아금참
願滅 四生六度 法界有情 多劫生來罪業障 我今懺

회계수례 원제제장실소재 세세상행보살도
悔稽首禮 願諸除障悉消災 世世常行菩薩道

원이차공덕 보급어일체 아등여중생
願以此功德 普及於一切 我等如衆生

당생극락국 동견무량수 개공성불도
當生極樂國 同見無量壽 皆共成佛道

스님 축원 후 반야심경 독송. 반야심경은(25쪽 참고)

74

4. 지장청 地藏請

보례진언 普禮眞言

아금일신중 즉현무진신 변재지장전 일일무수례
我今一身中 卽現無盡身 遍在地櫢前 一一無數禮

『옴 바아라 믹』 (3번)

● 천수경 독송 28쪽 참고

거불 擧佛

나무   유명교주   지장보살
南無   幽冥敎主   地藏菩薩

나무   남방화주   지장보살
南無   南方化主   地藏菩薩

나무   대원본존   지장보살
南無   大願本尊   地藏菩薩

보소청진언 普김請眞言

『나무 보보제리 가리다리 다타 아다야』 (3번)

유치 由致

앙유 지장대성자 만월진용 징강정안 장마니 이시
仰唯 地藏 大聖者 滿月眞容 澄江淨眼 掌摩尼 而示

원과위 제함담 이유섭인문 보방자광 상휘혜검 조명
圓果位 嚌菡萏 而猶囑因門 普放慈光 常揮慧劍 照明

음로 단멸죄근 당절귀의 해지감응
陰路 斷滅罪根 倘切歸依 奚遲感應

시이 사바세계 남섬부주 동양 대한민국 (주소) 모
是以 娑婆世界 南贍部洲 東洋 大韓民國 (住所) 某

산 모사 수월청정지도량 원아금차 지극지정성 분
山 某寺 水月淸淨之道場 願我今此 至極之精誠 焚

향예경 발원재자 신남신녀 참여대중 각각등 복위
香禮敬 發願齋者 信男信女 參與大衆 各各等 伏爲

선대조부조상 형제자매질손 각열명영가 이차인
先代祖父祖上 兄弟姉妹姪孫 各列名靈駕 以此因

연공덕 영리삼계지고뇌 즉왕 극락지 세계 상품상
緣功德 永離三界之苦惱 卽往 極樂之 世界 上品上

생지대원 이 금월금일 건설법연 정찬공양 남방화주
生之大願 以 今月今日 虔設法筵 淨饌供養 南方化主

지장대성 서회자감 곡조미성 앙표일심 선진삼청
地藏大聖 庶回慈鑑 曲照微誠 仰表一心 先陳三請

우러러 생각하옵건대, 지장보살님. 만월 같은 얼굴과 맑은 강물 같은 눈을 가지셨으며, 마니구슬 손에 들고 원만한 과위 보이시고, 연화대에 앉으시어 자비광명 두루 놓으시고, 항상 지혜의 검을 휘두르사 저승의 길 밝히시고 죄악뿌리 끊으신다 하시오니, 간절한 정성으로 귀의하면 그 감응 어찌 더디오리까. 그리하여 오늘 사바세계 남섬부주 동양 대한민국 ○○시 ○○동 ○○사 청정도량에서 ○○에 거주하는 재자 ○○○가 ○○○영가의 사후 ○○일을 맞아 공양을 올리오니, 이러한 인연공덕으로 서방정토 극락세계에 왕생하옵기를 지극히 발원하옵니다. 남방화주 지장대성이시여, 자비광명 비추시어 중생의 간절한 정성 살피시고 감응하시기를 지극한 마음으로 세 번 청하옵니다.

청사 請詞

나무 일심봉청 자인적선 서구중생 수중금석 진개지
南無 一心奉請 慈因積善 誓救衆生 手中金錫 振開地

옥지문 장상명주 광섭대천지계 염왕전상 업경대전
獄之門 掌上明珠 光攝大千之界 閻王殿上 業鏡臺前

위남염부제중생 작개증명공덕주 대비대원 대성
爲南閻浮提衆生 作個證明功德主 大慈大願 大聖

대자 본존지장왕보살 마하살 유원자비 강림도량
大悲　本尊地藏王菩薩　摩訶薩　唯願慈悲　降臨道場

수차공양
受 此 供養

　일심으로 귀의하며 청하옵니다. 인자하시고 공덕 쌓아 중생구제를 서원하신 지장보살 마하살님. 손에는 금빛 석장으로 지옥문을 두드려 여시고, 손바닥에는 밝은 구슬 가지사 광명으로 대천세계 감싸시고, 염라대왕 전각에서 업경대로 남섬부주 중생들의 생전 죄업을 비추시고, 증명공덕주가 되시는 큰 자비와 크신 원력의 본존이신 지장왕보살님이시여! 원하옵건대, 대자비를 베푸시어 이 도량에 내려오셔서 저희들의 공양을 받아주소서.

『향화청 香華請』(3번)

장상명주일과한　자연수색변래단
掌上明珠一顆寒　自然隨色辨來端

기회제기친분부　암실아손향외간
幾回提起親分付　暗室兒孫向外看

고아일심귀명정례
故我一心歸命頂禮

지장보살 손에쥐신 밝은구슬 차가운데
자연스레 빛깔따라 자비광명 비추어서
몇번이나 이끌어서 모두친히 부촉하사
어리석고 미한중생 바깥향해 보게하네
저희들은 일심으로 귀명정례 하옵니다

헌좌진언 獻座眞言

묘보리좌승장엄　　제불좌이성정각
妙菩提座勝莊嚴　　諸佛坐而成正覺

아금헌좌역여시　　자타일시성불도
我今獻座亦如是　　自他一時成佛道

『옴 바아라 미나야 사바하』(3번)

정법계진언 淨法界眞言

『옴 남』(3번)

다게 茶偈

금장감로다　　봉헌지장전
今將甘露茶　　奉獻地藏前

감찰건간심　　원수애납수
鑑察虔懇心　　願垂哀納受

진언권공 眞言勸供

향수나열 재자건성 욕구공양지주원 수장가지지
香羞羅列　齋者虔誠　欲求供養之周圓　須仗加持之

변화 앙유삼보 특사가지
變化　仰唯三寶　特賜加持

『나무시방불 나무시방법 나무시방승』(3번)
南無十是方　南無十方法　南無十方僧

무량위덕 자재광명승묘력 변식진언 無量威德 自在光明勝妙力 變食眞言

『나막 살바다타 아다 바로기제 옴 삼바라 삼바라
훔』(3번)

시감로수진언 施甘露水眞言

『나무 소로바야 다타아다야 다냐타 옴 소로소로
바라소로 바라소로 사바하』(3번)

일자수륜관진언 一字水輪觀眞言

『옴 밤 밤 밤밤』(3번)

유해진언 乳海眞言

『나무 사만다 못다남 옴 밤』(3번)

지심정례공양 지장원찬 이십삼존 제위여래불
志心頂禮供養　地藏願讚　二十三尊　諸位如來佛

지심정례공양 유명교주 지장보살 마하살
志心頂禮供養　幽明敎主　地藏菩薩　摩訶薩

지심정례공양 좌우보처 도명존자 무독귀왕
志心頂禮供養　左右補處　道明尊者　無毒鬼王

유원지장대성 강림도량 수차공양 명훈가피력
唯願地藏大聖　降臨道場　受此供養　冥熏加被力

원공법계제중생 자타일시성불도
願共法界諸衆生　自他一時成佛道

보공양진언 普供養眞言
『옴 아아나 삼바바 바아라 훔』(3번)

보회향진언 普回向眞言
『옴 삼마라 삼마라 미만나 사라마하 자가라바 훔』(3번)

원성취진언 願成就眞言
『옴 아모카 살바다라 사다야 시베 훔』(3번)

보궐진언 補闕眞言

『옴 호로호로 사야목계 사바하』(3번)

정근 精勤

나무 남방화주 대원본존 지장보살
南無　　南方化主　　大願本尊　　地藏菩薩

(시간에 맞게)

지장보살 멸정업진언 滅定業眞言

『옴 바라마니다니 사바하』(3번)

지장대성위신력　　항하사겁설난진
地藏大聖威神力　　恒河沙劫説難盡

견문첨례일념간　　이익인천무량사
見聞瞻禮一念間　　利益人天無量事

지장대성 보살님의 크신위신력
항사겁을 설하여도 설할수없어
찰나동안 보고듣고 우러러봐도
천상인간 모두함께 이롭게하네

● 스님 축원 후 반야심경 독송(25쪽 참고)

천도의식

영가의 마음을 닦아주고 극락왕생을 발원하는 의식입니다. 49재, 우란분절, 천도재, 기제사, 지장재일 의식 등이 천도의식에 포함됩니다. 돌아가신 고혼의 천도를 발원하는 재자가 향과 꽃으로 법단을 장엄하고 차를 올려 영가의 목마름을 적셔주고, 과일과 밥을 올려 영가의 배고픔을 달래주며, 스님의 법문을 통해 마음의 평화를 줍니다.

영가는 이미 물질 세계를 벗어나 있으므로 염불의 공덕과 선정의 기쁨으로 영가의 마음을 채워줌으로써 법열이 넘치고 법의 재물이 갖춰져 영가와 재자 모두 해탈열반을 이루기 위함입니다.

1. 대령 對靈

거불 擧佛

나무 극락도사 아미타불
南無　極樂導師　阿彌陀佛

나무 관음세지 양대보살
南無　觀音勢至　兩大菩薩

나무 접인망령 대성인로왕보살마하살
南無　接引亡靈　大聖引路王菩薩摩訶薩

대령소 對靈疏

개문 생사로암 빙 불촉이가명 고해파심 장법선이
蓋聞　生死路暗　憑　佛燭而可明　苦海波深　仗法船而

가도 사생육도 미진즉 사의순환 팔난삼도 자정즉
可渡　四生六道　迷眞則　似蟻巡環　八難三途　恣情則

여잠처견 상차생사 종고지금 미오심원 나릉면의
如蠶處繭　傷嗟生死　從古至今　未悟心源　那能免矣

비빙불력 난가초승 사바세계 (주소)『모영가』(3번) 금즉
非憑佛力　難可超昇　娑婆世界　　　某靈駕　　　今則

천풍숙정 백일명명 전열향화 이신영청 나무일심
天風肅静　白日明明　專列香花　以伸迎請　南無一心

봉청 대성인로왕보살마하살 우복이 일령불매 팔식
奉請 大聖引路王菩薩摩訶薩 右伏以 一靈不昧 八識

분명 귀계도량 영첨공덕 진원숙채 응염돈소 정각
分明 歸居道場 領霑功德 陳寃宿債 應念頓消 正覺

보리 수심변증 근소
菩提 隨念便證 謹疏

불기 모년 모월 모일 병법사문 등중 근소
佛紀 某年 某月 某日 秉法沙門 等衆 謹疏

　들자오니 나고 죽는 어두운 길 부처님의 광명 빌어 밝혀야 하며 중생들의 깊고 깊은 고통 바다는 부처님 법의 배로 건널 수 있네. 사생육도 중생들이 진성 잃으면 개미처럼 삼도팔난 헛되이 돌며 망령된 생각속에 끄달리고서 누에처럼 고치속에 갇히나이다. 슬프도다 중생들의 나고 죽음은 예로부터 지금까지 끊임없나니 마음자리 밝히지 않고 어찌 면하리. 가피력을 입지 않고 어찌 벗으리.

　이 시간 이 자리에 청정향단은 ○○○거주 ○○○ 불자가 그의 ○○○영가님 ○○재일을 맞이하여 부처님의 위력빌어 자유를 얻고 서방정토 극락세계 발원하고자 법단을 마련하고 향화 갖추어 인로왕 보살님을 청하옵니다. 대자대비 인로왕 보살이시여. 바라건데 크신 서원 잊지마시고 밝은 길로 ○○○를 인도하소서.

○○○의 밝은 성품 미하지 않고 팔식이 분명하여 도량 이르러 부처님의 크신 공덕 모두 입고서 오랜 원한 묵은 빚을 단박 멸하여 무상보리 깨닫도록 인도하소서.

불기 이천오백○년 ○월 ○일 병법사문 ○○근소

지옥게 地獄偈

철위산간옥초산　　**화탕노탕검수도**
鐵圍山間沃焦山　　火湯爐炭劍樹刀

팔만사천지옥문　　**장비주력금일개**
八萬四千地獄門　　將秘呪力今日開

철위산 사이의 옥초산에는
화탕·노탕 지옥과 칼산지옥 등
팔만사천 지옥문이 여기 있으니
신비주문 힘을 빌어 오늘 여노라

창혼 唱魂

거사바세계 남섬부주 동양 대한민국 모사 청정수
擧娑婆世界 南贍部洲 東洋 大韓民國 某寺 淸淨水

월도량 원아금차제당 (사십구재 백재 기재지신) 설향
月 道場　願我今此第當　（四十九齋　百齋　忌齋之辰）　設 香

단전 봉청재자 (모처거주) 모인 복위 소천 선○○ 모인
壇前奉請齋者　（某處居住）　某人　伏爲　所薦　先○○　某人

영가 영가위주 상서선망부모 다생사장 원근친족등
靈駕　靈駕爲主　上逝先亡父母　多生師長　遠近親族等

각열위영가 차도량내외 동상동하 유주무주 고혼
各列位靈駕　此道場内外　洞上洞下　有主無主　孤魂

불자등 각열위영가 철위산간 오무간옥 일일일야
佛子等　各列位靈駕　鐵圍山間　五無間獄　一日一夜

만사만생 수고함령등 각열위영가 내지 겸급법계
萬死萬生　受苦含靈等　各列位靈駕　乃至　謙及法界

사생칠취 삼도팔난 사은삼유 유정무정 애혼불자등
四生七趣　三途八難　四恩三有　有情無情　哀魂佛子等

각열위영가
各列位靈駕

착어 着語

상래소청 제불자 생본무생 멸본무멸 생멸본허 실상상
上來召請　諸佛子　生本無生　滅本無滅　生滅本虛　實相常

주 제불자 환회득 무생멸저 일구마 (양구) 부앙은현현
住　諸佛子　還會得　無生滅底　一句麼　（良久）　俯仰隱玄玄

시청명력력 약야회득 돈증법신 영멸기허 기혹미연
視聽明歷歷 若也會得 頓證法身 永滅飢虛 其或未然

승불신력 장법가지 부차향단 수아묘공 증오무생
承佛神力 仗法加持 赴此香壇 受我妙供 證悟無生

여기에 오신 모든 불자들이여. 나고 죽음이 본래부터 따로 없고 다 허망하나니 실상만이 영원토록 항상하도다. 오늘에 천도 받는 ○○○ 영가시여, 생멸없는 이 소식 알아듣는가. (조금 있다가) 굽어보고 우러르나 감춘 듯 그윽하고 보고 듣고 그 사이에 분명하여라. 만일에 이 도리를 알아들으면 단번에 참 법신을 증득하리라. 길이길이 굶주림을 벗어나고서 원만구족 자재해탈 얻을 것이나 만일에 그러하지 못하신다면 부처님의 위신력과 법력을 빌어 이 향단에 이르러 법공양 받고 생사 없는 이 도리를 깨달으소서.

진령게 振鈴偈

이차진령신소청   금일영가보문지
以此振鈴伸召請   今日靈駕普聞知

원승삼보력가지   금일금시내부회
願承三寶力加持   今日今時來赴會

보소청진언 普召請眞言

나무 보보제리 가리다리 다타 아다야

고혼청 孤魂請

일심봉청 실상이명 법신무적 종연은현 약경상지
一心奉請 實相離名 法身無跡 從緣隱現 若鏡像之

유무 수업승침 여정륜지고하 묘변막측 환래하난
有無 隨業昇沈 如井輪之高下 妙變莫測 喚來何難

원아금차 위천재자 모영가 승불위광 내예향단 수
願我今此 爲薦齋者 某靈駕 承佛威光 來詣香壇 受

첨법공
霑法供

　일심으로 청하옵니다.

　실상은 이름 모양 여의었고 법신불은 온갖 자취 없사오니, 인연 따라 나타났다 숨는 것이 거울 속에 비춰진 영상 같고, 업을 따라 육도세계 오르내림 두레박이 오르내림 같사오며 묘한 변화 헤아리지 못하오니 환화공신 강림 어찌 어려우리. 오늘 지성 받들어서 청하옵는 ○○에 거주하는 ○○○복위 등이 엎드려 부르나니 ○○○영가시여, 부처님의 위덕 빌어 향단 위에 앉으시어 위없는 법공양을 환희로써 받으소서.

향연청 香烟請

제령한진치신망　　석화광음몽일장
諸靈限盡致身亡　　石火光陰夢一場

삼혼묘묘귀하처　　칠백망망거원향
三魂杳杳歸何處　　七魄茫茫去遠鄕

영가시여　목숨다해　몸 잃었으니
부싯돌과　같은세월　꿈같은 인생
아득하다　삼혼이여　어디로 가고
망망해라　칠백이여　멀리 떠났네

모영가 기수건청 기강향단 방사제연 부흠사전
某靈駕　旣受虔請　已降香壇　放捨諸緣　俯歆斯奠

모영가 일주청향 정시영가 본래면목 수점명등 착안
某靈駕　一柱淸香　正是靈駕　本來面目　數點明燈　着眼

시절 선헌조주다 후진향적찬 어차물물환 착안마
時節　先獻趙州茶　後進香積饌　於此物物還　着眼麽

(양구) 저두앙면무장처 운재청천수재병 금일영가 기
（良久）低頭仰面無藏處　雲在靑天水在甁　今日靈駕　旣

수향공 이청법음 합장전심 참례금선
受香供　已聽法音　合掌專心　參禮金仙

오늘 천도하옵는 ○○영가시여

제가 이제 정성 드린 청함을 받고 정결한 이 향단에 이르렀으니 온갖 인연 모두 털어 놓아버리고 정성 담은 법공양을 받으옵소서.

오늘 천도하옵는 ○○영가시여.

제가 피운 맑은 이 향은 영가님의 본래면목이며, 초롱초롱 타는 촛불은 영가들이 맑은 눈을 얻을 곳입니다. 제가 이제 조주스님 청다 드리고 향적 세계 묘한 공양 또한 올리니 영가시여 이 물건을 알아보소서. (조금 있다가) 굽어보나 우러르나 숨긴 것 없고 구름은 푸른 하늘 물은 병 속에 있네.

오늘 천도하옵는 ○○영가시여.

이제 이미 향기로운 법공양 받고 위없는 묘한 법문 받들었으니 정성으로 마음 모아 합장을 하고 일심으로 부처님께 참례하소서.

2. 관욕 灌浴

인예향욕소 引詣香浴疏

제불자 상래이빙 불력법력 삼보위신지력 소청인도
諸佛子 上來已憑 佛力法力 三寶威神之力 召請人道

일체인륜 급무주고혼 유정등중 이계도량 대중성발
一切人倫 及無主孤魂 有情等衆 已屆道場 大衆聲鈸

청영부욕
請迎赴浴

　오늘 천도하옵는 ○○○ 영가시여, 여러 불자시여.
　지금까지 미묘하신 부처님 힘과 법의 위력 삼보 위력 의지하여서 인간계와 그 외 일체 모든 세계의 일체영가 외로운 혼 두루 청하여 지금 바로 도량에 함께 오시니 대중들이 정성으로 모든 영가를 향탕수에 목욕 위해 인도합니다.

천수일편위고혼　지심제청　지심제수
千手一片爲孤魂　志心諦聽　志心諦受

신묘장구대다라니 神妙章句大陀羅尼

나모라 다나다라 야야 나막알약 바로기제 새바라

야 모지 사다바야 마하 사다바야 마하가로 니가
야 옴살바 바예수 다라나 가라야 다사명 나막 가
리다바 이맘알야 바로기제 새바라 다바 니라간타
나막 하리나야 마발다 이사미 살발타 사다남 수
반아예염 살바보다남 바바말아 미수다감 다냐타
옴 아로계 아로가 마지로가 지가란제 혜혜하례
마하모지 사다바 사마라 사마라 하리나야 구로구
로 갈마 사다야 사다야 도로도로 미연제 마하 미
연제 다라다라 다린나례 새바라 자라자라 마라
미마라 아마라 몰제 예혜혜 로계 새바라 라아 미
사미 나사야 나베 사미사미 나사야 모하자라 미
사미 나사야 호로호로 마라호로 하례 바나마 나
바 사라사라 시리시리 소로소로 못쟈못쟈 모다야
모다야 매다리야 니라간타 가마사 날사남바라 하
리나야 마낙 사바하 싣다야 사바하 마하 싣다야
사바하 싣다유예 새바라야 사바하 니라간타야 사
바하 바라하 목카싱하 목카야 사바하 바나마 하
따야 사바하 자가라 욕다야 사바하 상카섭나녜
모다나야 사바하 마하라 구타다라야 사바하 바마
사간타 니사시체다 가릿나 이나야 사바하 먀가라
잘마이바 사나야 사바하
『나모라 다나다라 야야 나막알야 바로기제 새바

라야 사바하』(3번)

● 위패 관욕실(병풍) 뒤로 모심

정로진언 淨路眞言

옴 소싯디 나자리다라 나자리다라 모라다예 자라
자라 만다만다 하나하나 훔 바탁

입실게 入室偈

일종위배본심왕　　기입삼도력사생
一 從 違 背 本 心 王　　幾 入 三 途 歷 四 生

금일척제번뇌염　　수연의구자환향
今 日 滌 除 煩 惱 染　　隨 緣 依 舊 自 還 鄕

　스스로의 마음왕을 등진 날부터
　삼도사생 헤매인지 몇 번이던고
　오늘이제 번뇌의때 모두 씻으니
　인연따라 고향땅에 돌아가리라

가지조욕 加持澡浴

상부 정삼업자 무월호징심 결만물자 막과호청수
詳 夫　淨 三 業 者　無 越 乎 澄 心　潔 萬 物 者　莫 過 乎 淸 水

시이 근엄욕실 특비향탕 희일탁어진로 획만겁지
是 以　謹 嚴 浴 室　特 備 香 湯　希 一 濯 於 塵 勞　獲 萬 劫 之

94

청정 하유목욕지게 대중수언후화
清淨 下有沐浴之偈 大衆隨言後和

  오늘 천도하옵는 ○○영가시여, 여러 불지시여.

  삼업을 닦는 데는 마음 맑힘 으뜸이요, 만물을 씻는 데는 맑은 물이 으뜸이라. 그러므로 부처님의 신비로운 작법으로 특별한 향탕수를 영가 위해 갖췄으니 향욕실에 한번 들어 천겁 묵은 때를 씻고 만겁 동안 영원토록 청정 자유 누리소서.

관욕게 灌浴偈

아금이차향탕수　　관욕고혼급유정
我今以此香湯水　　灌浴孤魂及有情

신심세척영청정　　증입진공상락향
身心洗滌令清淨　　證入眞空常樂鄕

  내가이제 향기로운 목욕물로써

  고혼들과 중생들을 씻어주나니

  몸과마음 닦고닦아 깨끗해지고

  광명의땅 극락국에 이르옵소서

목욕진언 沐浴眞言

옴 바다모 사니사 아모까 아례 훔

작양지진언 嚼楊枝眞言

옴 바아라하 사바하

수구진언 漱口眞言

옴 도도리 구로구로 사바하

세수면진언 洗手面眞言

옴 삼만다 바리숫제 훔

가지화의 加持化衣

제불자 관욕기주 신심구정 금이여래 무상비밀지언
諸佛子 灌浴旣周 身心俱淨 今以如來 無上秘密之言

가지명의 원차일의 위다의 이다의 위무진지의 영칭
加持冥衣 願此一衣 爲多衣 以多衣 爲無盡之衣 令稱

신형 부장부단 불착불관 승전소복지의 변성해탈
身形 不長不短 不窄不寬 勝前所服之衣 變成解脫

지복 고오불여래 유화의재다라니 근당선념
之服 故吾佛如來 有化衣財多羅尼 謹當宣念

　지금까지 모든 불자 듣고 아소서. 관욕을 원만히 마
치었으니 몸과 마음 다함께 맑아졌도다. 제가 이제
부처님의 비밀한 말로 영가에게 명부의 옷 입게 하리
니 바라건대 한 벌 옷이 많은 옷 되고 많은 옷이 또한

96

다시 많은 옷 되어 영가님들 낱낱 몸에 꼭 맞으소서.

길지도 아니하고 짧지도 않고 좁지도 아니하고 넓지도 않아 이 세상의 옷보다도 훨씬 나으니 이 옷을 입을 적에 해탈 얻으리.

제가 이제 부처님의 가르침 따라 화의재진언을 염송합니다.

화의재진언 化衣財眞言

나무 사만다 못다남 옴 바자나 비로기제 사바하

제불자 지주기주 화의이변 무의자 여의부체 유의자
諸佛子 持呪旣周 化衣已遍 無衣者 與衣覆體 有衣者

기고환신 장예정단 선정복식
棄古換新 將詣淨壇 先整服飾

오늘 천도하옵는 ○○영가시여, 여러 불자여.

부처님의 묘한 진언 두루 하여서 영가들의 법다운 옷 갖추었으니 옷이 없는 영가들은 새 옷을 입고 옷이 헐은 영가들은 헌 옷 버리고 향단으로 나아가는 옷 입으소서.

수의진언 授衣眞言

옴 바리마라 바바아리니 훔

착의진언 着衣眞言

옴 바아라 바사세 사바하

정의진언 整衣眞言

옴 사만다 바다라나 바다메 훔 박

출욕참성소 出浴參聖疏

제불자 기주복식 가예단장 예삼보지자존 청일승지
諸佛子 旣周服飾 可詣壇場 禮三寶之慈尊 聽一乘之

묘법 청리향욕 당부정단 합장전심 서보전진
妙法 請離香浴 當赴淨壇 合掌專心 徐步前進

오늘 천도하옵는 ○○영가시여, 여러 불자여.

목욕하고 정갈한 새옷 입고서 합장하고 일심으로 단에 나아가 자비하신 삼보님께 예배드리고 일불승의 묘한 법문 잘 들으소서. 바라건대 향욕실을 나오시어서 불단으로 향할 채비 하시옵소서. 부처님의 비밀신주 지송하오며 가시는 길 인도하여 드리오리다.

지단진언 指壇眞言

옴 예이혜 베로자나야 사바하

법신변만백억계　　보방금색조인천
法身遍滿百億界　　普放金色照人天

응물현형담저월　　체원정좌보련대
應物現形潭底月　　體圓正坐寶蓮臺

법신불은 백억계에 가득 하시고
거룩하신 광명으로 인천 비추니
중생위해 나투신몸 연못달 같아
본법신은 연화좌에 항상 계시네

산화락
散花落

나무대성인로왕보살
南無大聖引路王菩薩

정중게 庭中偈

일보증부동　　내향수운간
一步曾不動　　來向水雲間

기도아련야　　입실예금선
旣到阿練若　　入室禮金仙

한 걸음도 일찍이 내딛지 않고
물과구름 닿는곳에 오시었으며
이제 이미 적정처에 이르렀으니

법당문을 열고나서 예배하소서

개문게 開門偈

권박봉미륵　개문현석가
捲箔逢彌勒　開門見釋迦

삼삼예무상　유희법왕가
三三禮無上　遊戲法王家

발을 걷으니 미륵부처 만나게 되고
문을 열으면 석가모니 뵙게 되도다
선 자리에서 무상존께 예배드리고
법왕가에서 기쁘게 노니옵소서

가지예성소 加持禮聖疏

상래위 명도유정 인입정단이경 금당예봉삼보 부
上來爲　冥道有情　引入淨壇已竟　今當禮奉三寶　夫

삼보자 삼신정각 오교영문 삼현십성지존 사과이
三寶者　三身正覺　五敎靈文　三賢十聖之尊　四果二

승지중 여등 기래법회 득부향연 상 삼보지난봉 경
乘之衆　汝等　旣來法會　得赴香筵　想　三寶之難逢　傾

일심이신례 하유보례지게 대중수언후화
一心而信禮　下有普禮之偈　大衆隨言後和

오늘 천도하옵는 ○○○ 영가시여, 여러 불자시여,

지금까지 저승세계 유정들이여, 그대 이미 정단에 이르렀으니 마땅히 삼보님께 예경하소서. 삼보님은 위없는 법 깨달으시고 삼신으로 자재하신 부처님들과 오교의 신령스런 미묘법문과 삼현위와 십지성인 여러 보살과 사과 이룬 성문 연각 스님들이네. 그대들은 이 법회에 이미 이르러 청정하온 법의 자리 참여했으니 삼보님들 만나뵙기 어려움 알고 일심정성 기울여 예경하소서.

보례삼보 普禮三寶

보례시방상주　법신보신화신　제불타
普禮十方常住　法身報身化身　諸佛陀

보례시방상주　경장율장논장　제달마
普禮十方常住　經藏律藏論藏　諸達摩

보례시방상주　보살연각성문　제승가
普禮十方常住　菩薩緣覺聲聞　諸僧伽

법성게 法性偈

법성원융무이상 제법부동본래적 무명무상절일체
法性圓融無二相　諸法不動本來寂　無名無相絕一切

증지소지비여경 진성심심극미묘 불수자성수연성
證智所知非餘境　眞性甚深極微妙　不守自性隨緣成

일중일체다중일 일즉일체다즉일 일미진중함시방
一中一切多中一 一即一切多即一 一微塵中含十方

일체진중역여시 무량원겁즉일념 일념즉시무량겁
一切塵中亦如是 無量遠劫即一念 一念即是無量劫

구세십세호상즉 잉불잡란격별성 초발심시변정각
九世十世互相即 仍不雜亂隔別成 初發心時便正覺

생사열반상공화 이사명연무분별 시불보현대인경
生死涅槃常共和 理事冥然無分別 十佛普賢大人境

능인해인삼매중 번출여의부사의 우보익생만허공
能仁海印三昧中 繁出如意不思議 雨寶益生滿虛空

중생수기득이익 시고행자환본제 파식망상필부득
衆生隨器得利益 是故行者還本際 叵息妄想必不得

무연선교착여의 귀가수분득자량 이다라니무진보
無緣善巧捉如意 歸家隨分得資糧 以陀羅尼無盡寶

장엄법계실보전 궁좌실제중도상 구래부동명위불
莊嚴法界實寶殿 窮坐實際中道床 舊來不動名爲佛

법의성품 원융하여 두모습이 아니로세

모든법은 부동하여 본래부터 고요한데

이름없고 모습없어 모든것이 끊어지니

깨달아야 아는바요 다른경계 아님이라

참된성품 깊고깊어 지극히도 오묘하니

자기성품 지키잖고 인연따라 이뤄지네

102

하나속에 일체있고 일체속에 하나있어
하나가곧 일체이고 일체가곧 하나이네
작은티끌 가운데에 시방세계 머금었고
하나하나 티끌마다 시방세계 들어있네
셀수없는 오랜세월 한생각에 찰나이고
한 생각 순간속에 무량세월 들어있네
구세십세 무량세월 걸림없이 상응하나
혼란하지 아니하고 서로서로 뚜렷하네
초발심의 그순간이 바른깨침 그자리고
나고죽음 열반피안 서로같은 모양일세
이치현상 은은하여 분별할수 없음이여
열부처님 보현보살 대성인의 경계일세
부처님의 해인삼매 선정중에 깊이들어
부사의한 여의진리 마음대로 나투시고
중생위한 감로비가 허공중에 가득하니
중생들은 근기따라 모두이익 얻어지네
그러므로 수행자가 본래자리 가고자면
망상심을 쉬지않곤 아무것도 못얻으리
분별없는 좋은방편 마음대로 취할지니
고향갈제 분수따라 노자돈을 얻는구나
신령스런 다라니는 한량없는 보배이니
온법계를 장엄하여 보배궁전 이루어서

진여실상 중도자리 오롯하게 앉았으니
옛적부터 변함없어 이름하여 부처로세

수위안좌소 受位安座疏

제불자 상래승불섭수 장법가지 기무수계이임연 원획
諸佛子 上來承佛攝受 仗法加持 旣無因繫以臨筵 願獲

소요이취자 하유안좌지게 대중수언후화
逍遙而就座 下有安座之偈 大衆隨言後和

오늘 천도하옵는 ○○영가시여, 여러 불자시여.
부처님의 법력 빌어 법열을 얻으셨으니 이제 다시
자리잡고 편안히 앉으실 순서입니다. 대중 모두가 자
리를 권하오니 좌정하소서.

아금의교설화연 　　종종진수열좌전
我今依敎說華筵 　　種種珍垂列座前

대소의위차제좌 　　전심제청연금언
大小依位次第座 　　專心諦聽演金言

제가이제 법식따라 법연 열고자
여러가지 귀한음식 향단에 차려
크고작은 지위따라 다 앉으시어
일심으로 성인말씀 잘 들으소서

수위안좌진언 受位安座眞言

옴 마니 군다니 훔훔 사바하

백초임중일미신
百草林中一味新

조주상권기천인
趙州常勸幾千人

팽장석정강심수
烹將石鼎江心水

원사망령헐고륜
願使亡靈歇苦輪

원사고혼헐고륜
願使孤魂歇苦輪

원사제령헐고륜
願使諸靈歇苦輪

향기로운 수풀속의 신선한 맛을
조주스님 몇천 사람 권하였던가
맑은 강물 돌솥에서 달여 올리니
망령이여 드시고 안락하소서.
고혼이여 드시고 안락하소서.
제령이여 드시고 안락하소서.

3. 관음시식 觀音施食

거불 擧佛

나무 극락도사 아미타불
南無 極樂導師 阿彌陀佛

나무 관음세지 양대보살
南無 觀音勢至 兩大菩薩

나무 접인망령 대성인로왕보살마하살
南無 接引亡靈 大聖引路王菩薩摩訶薩

창혼 唱魂

거 사바세계 남섬부주 동양 대한민국 모사 수월청
據 娑婆世界 南贍部洲 東洋 大韓民國 某寺 水月清

정지도량 원아금차 지극지정성 생전효행 사후왕생
淨之道場 願我今此 至極之精誠 生前孝行 死後往生

극락 천도 (사십구)재 분향예경 발원재자
極樂 薦度 (四十九)齋 焚香禮慜 發願齋者

주소 ○○○복위 경천망 ○○○영가
住所 ○○○伏爲 慜薦亡 ○○○靈駕

영가위주 상서선망부모 원근친족 누대종친 제형
靈駕爲主 上逝先亡父母 遠近親族 累代宗親 弟兄

106

숙백 자매질손 일체애혼불자등 각열위열명영가
叔伯 姉妹姪孫 一切哀魂佛子等 各列位列名靈駕

차사최초 창건이래 지어중건중수 화주시주 도감
此寺最初 創建以來 至於重建重修 化主施主 都監

별좌 불전내외 일용범제집물 사사시주등 각열위열
別座 佛前內外 日用凡諸什物 四事施主等 各列位列

명영가 차도량내외 동상동하 유주무주 운집고혼
名靈駕 此道場內外 洞上洞下 有主無主 雲集孤魂

일체애혼불자등 각열위열명영가 철위산간 오무간
一切哀魂佛子等 各列位列名靈駕 鐵圍山間 五無間

지옥 일일일야 만사만생 수고함령등중 각열위열명
地獄 一日一夜 萬死萬生 受苦咸靈等衆 各列位列名

영가 내지 겸급법계 사생칠취 삼도팔난 사은삼유
靈駕 乃至 兼及法界 四生七趣 三途八難 四恩三有

일체 유주무주 애혼불자등 각열위열명영가
一切 有主無主 哀魂佛子等 各列位列名靈駕

착어 着語

영원담적 무고무금 묘체원명 하생하사 변시석가
靈源湛寂 無古無今 妙體圓明 何生何死 便是釋迦

세존 마갈엄관지시절 달마대사 소림면벽지가풍
世尊 摩竭掩關之時節 達摩大師 少林面壁之家風

소이 니련하측 곽시쌍부 총령도중 수휴척리 제
所以 泥蓮河側 槨示雙趺 葱嶺途中 手携隻履 諸

불자 환회득 담적원명저 일구마(양구)
佛子 還會得湛寂圓明底 一句麽 (良久)

부앙은현현 시청명역력 약야회득 돈증법신 영멸
俯仰隱玄玄 視聽明歷歷 若也會得 頓證法身 永滅

기허 기혹미연 승불신력 장법가지 부차향단 수아
飢虛 其或未然 承佛神力 仗法加持 赴此香壇 受我

묘공 증오무생
妙供 證悟無生

　신령한 근원은 맑고 고요해 옛날도 지금도 다시 없
으며 묘체는 또렷하고 밝아 있으니 어디에 나고 죽음
있을까 보냐. 이 도리는 석가세존 마갈타에서 묵묵히
두문불출 참 도리이며 달마대사 소림에서 면벽을 하
고 참선하던 가풍의 소식이로다. 이 까닭에 석가세존
니련강가에서 관 밖으로 두 발을 내보이셨고 달마대
사 총령고개 넘으시면서 한 손에 신발 한 짝 들었나
이다.
　이 자리에 함께 하신 불자들이여, 이 가운데 참소
식을 알아듣는가. 청정하고 고요하고 또렷이 밝은 말
을 떠난 이 소식을 알아듣는가. (조금 있다가) 굽어
보고 우러르나 감춘 듯 그윽하고 보고 듣고 그 사이

에 분명하여라. 만일에 이 도리를 알아들으면 단번에 참 법신을 증득하리라. 길이길이 굶주림을 벗어나고서 원만구족 자재해탈 얻을 것이나 만일에 그러하지 못하신다면 부처님의 위신력과 법력을 빌어 이 향단에 이르러 법공양 받고 생사 없는 이 도리를 깨달으소서.

진령게 振鈴偈

이차진령신소청　명도귀계보문지
以 此 振 鈴 伸 召 請　冥 途 鬼 界 普 聞 知

원승삼보력가지　금일금시내부회
願 承 三 寶 力 加 持　今 日 今 時 來 赴 會

요령소리 떨치고서 청하옵노니
명도의 영가시여 듣고 아소서
바라건대 삼보님의 위신력 빌어
이시간 이향단에 내려오소서

상래소청　제불자등　각열위열명영가
上 來 召 請　諸 佛 子 等　各 列 位 列 名 靈 駕

풍송가지 諷誦加持

자광조처연화출　혜안관시지옥공
慈 光 照 處 蓮 花 出　慧 眼 觀 時 地 獄 空

우황대비신주력 중생성불찰나중
又況大悲神呪力 衆生成佛刹那中

자비광명 비추는곳 연꽃이 피니
지혜눈길 닿는곳에 지옥 없어라
그 위에 대비신주 위력 떨치니
중생들이 찰나간에 성불하도다

천수일편위고혼 지심제청 지심제수
千手一片爲孤魂 志心諦聽 志心諦受

신묘장구대다라니 神妙章句大陀羅尼

나모라 다나다라 야야 나막알약 바로기제 새바라
야 모지 사다바야 마하 사다바야 마하가로 니가
야 옴 살바 바예수 다라나 가라야 다사명 나막 가
리다바 이맘알야 바로기제 새바라 다바 니라간타
나막 하리나야 마발다 이사미 살발타 사다남 수
반아예염 살바보다남 바바마라 미수다감 다냐타
옴 아로계 아로가 마지로가 지가란제 혜혜하례
마하모지 사다바 사마라 사마라 하리나야 구로구
로 갈마 사다야 사다야 도로도로 미연제 마하 미
연제 다라다라 다린나례 새바라 자라자라 마라
미마라 아마라 몰제 예혜혜 로계 새바라 라아 미

사미 나사야 나베 사미사미 나사야 모하자라 미
사미 나사야 호로호로 마라호로 하례 바나마 나
바 사라사라 시리시리 소로소로 못자못자 모다야
모다야 매다리야 니라간타 가마사 날사남 바라
하리나야 마낙 사바하 싯다야 사바하 마하 싯다
야 사바하 싯다유예 새바라야 사바하 니라간타야
사바하 바라하 목카싱하 목카야 사바하 바나마
하따야 사바하 자가라 욕다야 사바하 상카섭나네
모다나야 사바하 마하라 구타다라야 사바하 바마
사간타 이사시체다 가릿나 이나야 사바하 먀가라
잘마이바 사나야 사바하
『나모라 다나다라 야야 나막알야 바로기제 새바
라야 사바하』

화엄경사구게 華嚴經四句偈

약인욕요지 삼세일체불 응관법계성 일체유심조
若人欲了知　三世一切佛　應觀法界性　一切唯心造

파지옥진언 破地獄眞言

옴 가라지야 사바하

해원결진언 解寃結眞言

옴 삼다라 가닥 사바하

보소청진언 普召請眞言

나무 보보제리 가리다리 다타 아다야

나무상주시방불 나무상주시방법 나무상주시방승
南無常住十方佛 南無上住十方法 南無上住十方僧

나무대자대비 구고구난 관세음보살
南無大慈大悲 救苦救難 觀世音菩薩

나무대방광불화엄경
南無大方廣佛華嚴經

고혼청 孤魂請

일심봉청 실상이명 법신무적 종연은현 약경상지
一心奉請 實相離名 法身無跡 從緣隱現 若鏡像之

유무 수업승침 여정륜지고하 묘변막측 환래하난
有無 隨業昇沈 如井輪之高下 妙變莫測 幻來何難

원아금차 지극지정성 생전효행 사후왕생극락 천도
願我今此 至極至精誠 生前孝行 死後往生極樂 薦度

(사십구)재 분향예경 발원재자 ○○○복위 경천망
(四十九)齋 焚香禮敬 發願齋者 ○ ○ ○ 伏爲 慜薦亡

112

○○○영가 승불위광 내예향단 수첩법공
○ ○ ○ 靈駕　承佛威光　來詣香壇　受霑法供

일심으로 받들어 청하옵니다.

실상은 이름 모양 여의었고 법신불은 온갖 자취 없사오니 인연 따라 나타났다 숨는 것이 거울 속에 비춰진 영상 같고 업을 따라 육도세계 오르내림 두레박이 오르내림 같사오며 묘한 변화 헤아리지 못하오니 환화공신 강림 어찌 어려우리.

오늘 지성 받들어서 청하옵는 ○○에 거주하는 ○○○복위 등이 엎드려 부르나니 소천망 ○○ 후인(유인) ○○○영가시여.

부처님의 위덕 빌어 향단 위에 앉으시어 위없는 법공양을 환희로써 받으소서.

일심봉청 인연취산 금고여연 허철광대 영통왕래
一心奉請　因緣聚散　今古如然　虛徹廣大　靈通往來

자재무애 원아금차 지극지정성 생전효행 사후 왕생
自在無碍　願今此我　至極至精誠　生前孝行　死後　往生

극락 천도 (사십구)재 분향예경 발원재자 ○○○복위
極樂　薦度　(四十九)齋　焚香禮懲　發願齋者 ○ ○ ○ 伏爲

경천망 ○○○영가 승불위광 내예향단 수첩법공
懲薦亡 ○ ○ ○ 靈駕　承佛威光　來禮詣香　受霑法供

일심으로 받들어 청하나이다.

인연이 모이고 흩어짐은 지금이나 예나 다름이 없습니다. 비고 밝고 광대하며 신령스러워 오고 감에 자재하여 걸림이 없습니다.

오늘 지성 받들어서 청하옵는 ○○에 거주하는 ○○○복위 등이 엎드려 부르나니 소천망 ○○ 후인(유인) ○○○영가시여.

부처님의 위덕 빌어 향단 위에 앉으시어 위없는 법공양을 환희로써 받으소서.

일심봉청 생종하처래 사향하처거 생야일편부운기
一心奉請　生從何處來　死向何處去　生也一片浮雲起

사야일편부운멸 부운자체본무실 생사거래역여연
死也一片浮雲滅　浮雲自體本無實　生死去來亦如然

독유일물상독로 담연불수어생사 원아금차　지극
獨有一物常獨露　湛然不隨於生死　願今此我　至極

지정성 생전효행 사후 왕생극락 천도 (사십구)재
至精誠　生前孝行　死後　往生極樂　薦度　(四十九)齋

분향예경 발원재자 ○○○복위 경천망 ○○○영가
焚香禮敬　發願齋者　○○○伏爲　敬薦亡　○○○靈駕

승불위광 내예향단 수첨법공
承佛威光　來禮詣香　受霑法供

일심으로 청하옵니다.

삶은 어디에서 오며 죽음은 어디로 향하는가. 삶은 한 조각 뜬구름이 일어남이요, 죽음은 한조각 뜬구름이 사라짐입니다. 뜬구름 자체가 실상이 없듯이 나고 죽고 오고 감도 그와 같습니다. 오직 한 물건이 드러나 있으니 항상 맑아 생사를 따르지 않습니다.

오늘 지성 받들어서 청하옵는 ○○에 거주하는 ○○○복위 등이 엎드려 부르나니 소천망 ○○ 후인(유인) ○○○영가시여.

부처님의 위덕 빌어 향단 위에 앉으시어 위없는 법공양을 환희로써 받으소서.

영가위주 상서선망부모 누세종친 제형숙백 자매
靈駕爲主　上逝先亡父母　累世宗親　弟兄叔伯　姊妹

질손 일체친족등 각열위열명영가 차도량 내외 동상
姪孫　一切親族等　各列位列名靈駕　此道場　內外　洞上

동하 유주무주 일체애혼불자 등 각열위열명영가
洞下　有主無主　一切魂魂佛子　等　各列位列名靈駕

철위산간 오무간지옥 일일일야 만사만생 수고함
鐵圍山間　五無墾地獄　一日一夜　萬死萬生　受苦咸

령등 각열위열명영가 내지 겸급법계 사생칠취 삼도
靈等　各列位列名靈駕　乃至　兼及法界　四生七趣　三途

팔난 사은삼유 유정무정 일체고혼불자등 각열위
八難 四恩三有 有情無情 一切孤魂佛子等 各列位

열명영가 승불위광 내예향단 수첨법공
列名靈駕 承佛威光 來詣香壇 受霑法供

향연청 香烟請

제령한진치신망　　석화광음몽일장
諸靈限盡致身亡　　石火光陰夢一場

삼혼묘묘귀하처　　칠백망망거원향
三魂杳杳歸何處　　七魄茫茫去遠鄕

　영가시여 목숨다해 몸 잃었으니

　부싯돌과 같은세월 꿈 같은인생

　아득하다 삼혼이여 어디로 가고

　망망해라 칠백이여 멀리 떠났네

제불자등 각열위열명영가
諸佛者等 各列位列名靈駕

상래 승불섭수 장법가지 기무수계이임연 원획소
上來 承佛攝受 仗法加持 旣無囚繫以臨筵 願獲逍

요이취좌 하유안좌지게 대중수언후화
遙而就座 下有安座之偈 大衆隨言後和

116

아금의교설화연　종종진수열좌전
我今依敎設華筵　種種珍羞列座前

대소의위차제좌　전심제청연금언
大小依位次第座　專心諦聽演金言

제가이제 법식따라 법연 열고자
여러가지 귀한음식 향단에 차려
크고작은 지위따라 다 앉으시어
일심으로 성인말씀 잘 들으소서

수위안좌진언 受位安座眞言

옴 마니 군다니 훔훔 사바하

다게 茶偈

백초임중일미신 조주상권기천인 팽장석정강심수
百草林中一味新　趙州常勸幾千人　烹章石鼎江心水

원사망령헐고륜 원사고혼헐고륜 원사제령헐고륜
願使亡靈歇苦輪　願使孤魂歇苦輪　願使諸靈歇苦輪

선밀가지 신전윤택 업화청량 각구해탈
宣密加持　身田潤澤　業火淸凉　各求解脫

제가이제 비밀한말 베풀 것이니
부처님의 미묘법문 위신력 빌어
몸과마음 윤택하고 모든업 쉬어
온갖고통 벗어나서 해탈 하소서

변식진언 變食眞言

나막 살바다타 아다 바로기제 옴 삼바라 삼바라 훔

시감로수진언 施甘露水眞言

나무 소로바야 다타 아다야 다냐타 옴 소로소로
바라소로 바라소로 사바하

일자수륜관진언 一字水輪觀眞言

옴 밤 밤 밤밤

유해진언 乳海眞言

나무 사만다 못다남 옴 밤

칭양성호 稱揚聖號

나무다보여래 원제고혼 파제간탐 법재구족
南無多寶如來　願諸孤魂　破除慳貪　法財具足

나무묘색신여래 원제고혼 이추루형 상호원만
南無妙色身如來　願諸孤魂　離醜陋形　相好圓滿

나무광박신여래 원제고혼 사육범신 오허공신
南無廣博身如來　願諸孤魂　捨六凡身　悟虛空身

나무이포외여래 원제고혼 이제포외 득열반락
南無離怖畏如來　願諸孤魂　離諸怖畏　得涅槃樂

나무감로왕여래 원아각각 열명영가 인후개통
南無甘露王如來　願我各各　列名靈駕　咽喉開通

획감로미
獲甘露味

원차가지식 보변만시방 식자제기갈 득생안양국
願此加持食　普遍滿十方　食者除飢渴　得生安養國

시귀식진언 施鬼食眞言

옴 미기미기 야야미기 사바하

보공양진언 普供養眞言

옴 아아나 삼바바 바아라 훔

보회향진언 普回向眞言

옴 삼마라 삼마라 미만나 사라마하 자가라 바 훔

수아차법식 하이아난찬 기장함포만 업화돈청량
受我此法食　何異阿難饌　飢腸咸飽滿　業火頓淸凉

돈사탐진치 상귀불법승 염념보리심 처처안락국
頓捨貪嗔癡　常歸佛法僧　念念菩提心　處處安樂國

금강경 사구게 金剛經 四句偈

범소유상 개시허망 약견제상비상 즉견여래
凡所有相　皆是虛妄　若見諸相非相　卽見如來

여래십호 如來十號

여래 응공 정변지 명행족 선서 세간해 무상사
如來　應供　正遍智　明行足　善逝　世間解　無上士

조어장부 천인사 불세존
調御丈夫　天人師　佛世尊

법화경 사구게 法華經 四句偈

제법종본래 상자적멸상 불자행도이 내세득작불
諸法從本來　常自寂滅相　佛子行道已　來世得作佛

열반경 사구게 涅槃經 四句偈

제행무상 시생멸법 생멸멸이 적멸위락
諸 行 無 常 是 生 滅 法 生 滅 滅 已 寂 滅 爲 樂

장엄염불 莊嚴念佛

원아진생무별념 아미타불독상수 심심상계옥호광
願 我 盡 生 無 別 念 阿 彌 陀 佛 獨 相 隨 心 心 常 係 玉 毫 光

염념불이금색상 아집염주법계관 허공위승무불관
念 念 不 離 金 色 相 我 執 念 珠 法 界 觀 虛 空 爲 繩 無 不 貫

평등사나무하처 관구서방아미타 나무서방대교주
平 等 舍 那 無 何 處 觀 求 西 方 阿 彌 陀 南 無 西 方 大 校 主

무량수여래불 "나무아미타불"
無 量 壽 如 來 佛 南 無 阿 彌 陀 佛

극락세계십종장엄(나무아미타불)
極 樂 世 界 十 種 莊 嚴

법장서원수인장엄(나무아미타불) 사십팔원원력장엄(나무아미타불)
法 藏 誓 願 修 因 莊 嚴 四 十 八 願 願 力 莊 嚴

미타명호수광장엄(나무아미타불) 삼대사관보상장엄(나무아미타불)
彌 陀 名 號 壽 光 莊 嚴 三 大 士 觀 寶 像 莊 嚴

미타국토안락장엄(나무아미타불) 보하청정덕수장엄(나무아미타불)
彌 陀 國 土 安 樂 莊 嚴 寶 河 淸 淨 德 水 莊 嚴

보전여의누각장엄(나무아미타불)
寶殿如意樓閣莊嚴

주야장원시분장엄(나무아미타불)
晝夜長遠時分莊嚴

이십사락정토장엄(나무아미타불)
二十四樂淨土莊嚴

삼십종익공덕장엄(나무아미타불)
三十種益功德莊嚴

미타인행사십팔원(나무아미타불)
彌陀因行四十八願

사십팔원도중생(나무아미타불)
四十八願度衆生

제불보살십종대은(나무아미타불)
諸佛菩薩十種大恩

보현보살십종대원(나무아미타불)
普賢菩薩十種大願

석가여래팔상성도(나무아미타불)
釋迦如來八相成道

다생부모십종대은(나무아미타불)
多生父母十種大恩

오종대은명심불망(나무아미타불)
五種大恩銘心不忘

고성염불십종공덕(나무아미타불)
高聲念佛十種功德

청산첩첩미타굴(나무아미타불)
靑山疊疊彌陀窟

창해망망적멸궁(나무아미타불)
滄海茫茫寂滅宮

물물염래무가애(나무아미타불)
物物拈來無罣碍

기간송정학두홍(나무아미타불)
幾看松亭鶴頭紅

극락당전만월용(나무아미타불)
極樂堂前滿月容

옥호금색조허공(나무아미타불)
玉毫金色照虛空

약인일념칭명호(나무아미타불)
若人一念稱名號

경각원성무량공(나무아미타불)
頃刻圓成無量功

삼계유여급정륜(나무아미타불)
三界猶如汲井輪

백천만겁역미진(나무아미타불)
百千萬劫歷微塵

차신불향금생도(나무아미타불)
此身不向今生度

갱대하생도차신(나무아미타불)
更待何生度此身

천상천하무여불(나무아미타불)
天上天下無如佛

시방세계역무비(나무아미타불)
十方世界亦無比

세간소유아진견(나무아미타불)
世間所有我盡見

일체무유여불자(나무아미타불)
一切無有如佛者

찰진심념가수지(나무아미타불)
刹塵心念可數知

대해중수가음진(나무아미타불)
大海中水可飲盡

허공가량풍가계(나무아미타불)
虛空可量風可繫

무능진설불공덕(나무아미타불)
無能盡設佛功德

가사정대경진겁(나무아미타불)
假使頂戴經塵劫

신위상좌변삼천(나무아미타불)
身爲狀座徧三千

약불전법도중생(나무아미타불)
若佛傳法度衆生

필경무능보은자(나무아미타불)
畢竟無能報恩者

아차보현수승행(나무아미타불)
我此普賢殊勝行

무변승복개회향(나무아미타불)
無邊勝福皆回向

보원침익제중생(나무아미타불)
普願沈溺諸衆生

속왕무량광불찰(나무아미타불)
速往無量光佛刹

아미타불재하방(나무아미타불)
阿彌陀佛在何方

착득심두절막망(나무아미타불)
着得心頭切莫忘

염도념궁무념처(나무아미타불)
念到念窮無念處

육문상방자금광(나무아미타불)
六門常方紫金光

보화비진요망연(나무아미타불)
普化非眞了妄緣

법신청정광무변(나무아미타불)
法身淸淨光無邊

천강유수천강월(나무아미타불)
千江有水天江月

만리무운만리천(나무아미타불)
萬里無雲萬里天

원공법계제중생(나무아미타불)
願共法界諸衆生

동입미타대원해(나무아미타불)
同入彌陀大願海

진미래제도중생(나무아미타불)
盡未來際度衆生

자타일시성불도(나무아미타불)
自他一時成佛道

나무서방정토 극락세계 삼십육만억 일십일만 구천
南無西方淨土 極樂世界 三十六萬億 一十一萬 九千

오백 동명동호 대자대비 아미타불
五百 同名同號 大慈大悲 阿彌陀佛

나무서방정토 극락세계 불신장광 상호무변 금색
南無西方淨土 極樂世界 佛身長廣 相好無邊 金色

광명 변조법계 사십팔원 도탈중생 불가설 불가설
光明 邊照法界 四十八願 度脫衆生 不可說 不可說

전 불가설 항하사 불찰미진수도마죽위 무한극수
轉 不可說 恒河沙 佛刹微塵數稻麻竹葦 無限極數

삼백육십만억 일십일만 구천오백 동명동호 대자
三百六十萬億 一十一萬 九千五百同名同號 大慈

대비 아등도사 금색여래 아미타불
大悲 我等導師 金色如來 阿彌陀佛

나무문수보살 나무보현보살 나무관세음보살 나무
南無文殊菩薩 南無普賢菩薩 南無觀世音菩薩 南無

대세지보살 나무금강장보살 나무제장애보살 나무
大勢至菩薩 南無金剛藏菩薩 南無除障碍菩薩 南無

미륵보살 나무지장보살 나무일체청정대해중보살마
彌勒菩薩 南無地藏菩薩 南無一切清淨大海衆菩薩摩

하살
詞薩

원공법계제중생 동입미타대원해
願共法界諸衆生 同入彌他大願海

시방삼세불 아미타제일 구품도중생 위덕무궁극
十方三世佛 阿彌陀弟一 九品度衆生 威德無窮極

아금대귀의 참회삼업죄 범유제복선 지심용회향
我今大歸依 懺悔三業罪 凡有諸福善 至心用回向

원동염불인 진생극락국 견불요생사 여불도일체
願同念佛人 盡生極樂國 見佛了生死 如佛度一切

원아임욕명종시　　진제일체제장애
願我臨欲命終時　　盡除一切諸障碍

면견피불아미타　　즉득왕생안락찰
面見彼佛阿彌陀　　卽得往生安樂刹

원이차공덕　　보급어일체　　아등여중생
願以此功德　　普及於一切　　我等與衆生

당생극락국　　동견무량수　　개공성불도
堂生極樂國　　同見無量壽　　皆共成佛道

봉안편 奉安篇

● 이 부분은 반혼재와 누칠재 등의 의식을 마친 후 위패를 봉
안할 때 거행하는 의식이다.

원아금차 지극지정성 금일 ○○재후 위패 봉안재자
願今此我 至極至精誠 今日 ○○齋後 位牌 奉安齋者

○○ 거주 ○○ 복위 소천망 ○○ 영가 영가위주 상세
○○ 居住 ○○ 伏爲 所薦亡 ○○ 靈駕 靈駕爲主 上逝

선망부모 누세종친 제형숙백 자매질손 일체친족등
先亡父母 累世宗親 弟兄叔伯 姉妹姪孫 一切親族等

각열위열명영가 차도량 내외 동상동하 유주무주
各列位列名靈駕 此道場 內外 洞上洞下 有主無主

일체애혼불자 등 각열위열명영가 철위산간 오무간
一切魂魂佛子 等 各列位列名靈駕 鐵圍山間 五無墾

지옥 일일일야 만사만생 수고함령등 각열위열명
地獄 一日一夜 萬死萬生 受苦咸靈等 各列位列名

영가 내지 겸급법계 사생칠취 삼도팔난 사은삼유
靈駕 乃至兼及法界 四生七趣 三途八難 四恩三有

유정무정 일체고혼불자등 각열위열명영가
有情無情 一切孤魂佛子等 各列位列名靈駕

봉안게 奉安偈

생전유형질 사후무종적 청입법왕궁 안심좌도량
生前有形質 死後無蹤迹 請入法王宮 安心坐道場

　살았을 적엔 형체와 걸림 있더니
　죽은 후엔 아무 종적조차 없구나
　법왕의 궁전에 초대하여 맞아들였으니
　편안한 마음으로 도량에 앉으소서

왕생발원 往生發願

　대자대비하신 극락세계 아미타 부처님이시여.
　오늘 이 자리에서 ○○ 영가의 왕생극락을 발원하
고자 부처님께서 남겨주신 법도에 따라 천도의 법요

를 거행하오니 굽어 살펴 감응하옵소서.

아미타 부처님이시여. 오늘의 이 공덕으로 ○○ 영가가 생전에 못다한 공덕이 원만해지고 생전에 지은 죄업도 소멸하여 극락세계에 왕생하도록 이끌어 주옵소서.

오늘의 유족들이 영가께서 남기신 삶의 의지를 본받아 부처님의 품을 떠나지 않고 착실한 믿음에 근거하여 자신의 생업을 스스로 가꾸어 나가게 해주시고, 유족들의 슬픔을 거두시어 극락세계 아미타 부처님 곁에서 모두가 다시 만나도록 하여 주시옵소서.

그리하여 오늘의 법요 뒤에 오래오래 이 가문이 평안하고, 그 자손들의 복록이 나날이 증진하여 이생에서는 행복을, 내생에서는 은혜를 누리는 불자가 되도록 이끌어 주시옵소서.

마하반야바라밀

봉송편 奉送篇

봉송고혼계유정
奉送孤魂泊有情

지옥아귀급방생
地獄餓鬼及傍生

아어타일건도량
我於他日建道場

불위본서환래부
不違本誓還來赴

고혼과 유정들을 받들어 보내드리오니
지옥과 아귀중생 붙어사는 생령들이여
내가 다른 날에 도량을 다시 세우거든
본래 서원 어김 없이 다시 돌아오소서

제불자 기수향공 이청법음 금당봉송 갱의건성
諸佛者 旣受香供 已聽法音 今堂奉送 更宜虔誠

봉사삼보
奉謝三寶

모든 불자들이시여, 이미 향기로운 공양 받으시고 이미 부처님의 법음을 들으셨으니, 이제 보내드리고져 하옵니다. 다시 한 번 마음을 삼가하고 정성을 다해 삼보님께 감사의 인사를 올리소서

보례시방상주불 보례시방상주법 보례시방상주승
普禮十方常住佛 普禮十方常住法 普禮十方常住僧

행보게 行步偈

이행천리만허공　　　귀도정망도정방
移行千里滿虛空　　　歸途情忘到淨邦

삼업투성삼보례　　　성범동회법왕궁
三業投誠三寶禮　　　聖凡同會法王宮

천리에 가득찬 허공을 옮겨가다가
돌아가는 길에 망정을 잊으면 정토에 도달한다네
삼업을 던져 정성스레 삼보님께 절하오니
성인과 범부 모두 함께 법왕궁에 모이소서

산화락
散花落

나무 대성인로왕보살
南無 大聖引路王菩薩

의상조사법성게 義相祖師法性偈

법성원융무이상 제법부동본래적 무명무상절일체
法性圓融無二相 諸法不動本來寂 無名無相絶一切

증지소지비여경 진성심심극미묘 불수자성수연성
證智所知非餘境 眞性甚深極微妙 不守自性隨緣成

일중일체다중일 일즉일체다즉일 일미진중함시방
一中一切多中一 一卽一切多卽一 一微塵中含十方

일체진중역여시 무량원겁즉일념 일념즉시무량겁
一切塵中亦如是 無量遠劫卽一念 一念卽是無量劫

구세십세호상즉 잉불잡란격별성 초발심시변정각
九世十世互相卽 仍不雜亂隔別成 初發心時便正覺

생사열반상공화 이사명연무분별 십불보현대인경
生死涅槃常共和 理事冥然無分別 十佛普賢大人境

능인해인삼매중 번출여의부사의 우보익생만허공
能仁海印三昧中 繁出如意不思議 雨寶益生滿虛空

중생수기득이익 시고행자환본제 파식망상필부득
衆生隋器得利益 是故行者還本際 叵息妄想必不得

무연선교착여의 귀가수분득자량 이다라니무진보
無緣善巧捉如意 歸家隋分得資糧 以陀羅尼無盡寶

장엄법계실보전 궁좌실제중도상 구래부동명위불
莊嚴法界實寶殿 窮座實際中道床 舊來不動名爲佛

소대편 燒臺篇

금차 문외봉송재자 모인 복위 모인영가 영가위주 상
今此 門外奉送齊者 某人伏爲 某人靈駕 靈駕爲主 上

서선망부모 다생사장 누대종친등 각열명영가 차도
逝先亡父母 多生師長 累代宗親等 各列名靈駕 此道

량내외 동상동하 유주무주 애혼불자등 각열명영가
場內外 洞上洞下 有主無主 哀魂佛子等 各列名靈駕

상래시식풍경 염불공덕 이망연야 불이망연야 이망
上來施食諷經 念佛功德 離妄緣耶 不離妄緣耶 離妄

연즉 극락불찰 임성소요 불이망연즉 차청산승 말후
緣卽 極樂佛刹 任性逍遙 不離妄緣卽 且聽山僧 末後

일게
一偈

위에서 이미 음식을 베풀고 경을 읊거나 염불하신 공덕으로 망령된 인연을 여의었습니까? 여의지 못하였습니까? 망령된 인연을 여의었으면 천당이나 부처님 나라에서 마음대로 지내시고 망연을 여의지 못하였으면 이 산승의 마지막 한마디를 들으소서.

사대각리여몽중　　육진심식본래공
四大各離如夢中　　六塵心識本來空

욕식불조회광처　　일락서산월출동
欲識佛祖回光處　　日落西山月出東

사대가 흩어지니 한 바탕 꿈과 같고

육진과 심식도 본래 텅 비었도다

부처님과 조사가 빛으로 돌아간 곳을 알고자 하는가?

해가 서산으로 지니 달이 동쪽에서 솟아오르는구나

염　시방삼세　일체제불　제존보살마하살
念　十方三世　一切諸佛　諸尊菩薩摩訶薩

마하반야바라밀
摩訶般若波羅密

원왕생 원왕생 왕생극락견미타 획몽마정수기별
願往生　願往生　往生極樂見彌陀　獲夢摩頂受記別

원왕생 원왕생 원재미타회중좌 수집향화상공양
願往生　願往生　願在彌陀會中坐　手執香華常供養

원왕생 원왕생 왕생화장연화계 자타일시성불도
願供養　願往生　往生華藏連華界　自他一時成佛道

소전진언 燒錢眞言

옴 비로기제 사바하

봉송진언 奉送眞言

옴 바아라 사다 목차목

상품상생진언 上品上生眞言

옴 마니다니 훔훔바탁 사바하

처세간여허공　여연화　불착수　심청정　초어피
處世間如虛空　如連華　不着水　心淸淨　超於彼

계수례　무상존
稽首禮　無上尊

　세간에 있으면서도 허공과 같고 연꽃에 물이 묻지
않음과 같이 마음이 청정해서 세간을 뛰어넘은 위없
는 부처님께 머리 숙여 절하옵니다.

귀의불 귀의법 귀의승
歸依佛　歸依法　歸依僧

귀의불 양족존 귀의법 이욕존 귀의승 중중존
歸依佛　兩足尊　歸依法　離欲尊　歸依僧　衆中尊

귀의불경 귀의법경 귀의승경
歸依佛竟　歸依法竟　歸依僧竟

보회향진언 普回向眞言

옴 삼마라 삼마라 미마나 사라마하 자가라 바 훔

화탕풍요천지괴　　요요장재백운간
火蕩風搖天地壞　　寥寥長在白雲間

일성휘파금성벽　　단향불전칠보산
一聲揮破金城壁　　但向佛前七寶山

불로 태우고 바람 불어 천지가 무너져도
고요하고 고요함이 흰 구름 사이에 그냥 있도다
한 소리 휘둘러서 쇠로 된 벽을 허물고
다만 부처님 앞의 칠보산으로 향하여라

나무　환희장마니보적불
南無　歡喜藏摩尼寶積佛

나무　원만장보살마하살
南無　圓滿藏菩薩摩訶薩

나무　회향장보살마하살
南無　回向藏菩薩摩訶薩

4. 기재사 忌齋祀

거불 擧佛

나무　극락도사　아미타불
南無　　極樂導師　阿彌陀佛

나무　관음세지　양대보살
南無　　觀音勢至　兩大菩薩

나무　접인망령　대성인로왕보살마하살
南無　　接引亡靈　大聖引路王菩薩摩訶薩

창혼 唱魂

거 사바세계 남섬부주 동양 대한민국 모사 청정
據　娑婆世界　南贍部洲　東洋　大韓民國　某寺　淸淨

수월 지도량 원아금차 지극지정성 ○○○영가 기재
水月　之道場　願我今此　至極之精誠　○○○靈駕　忌齋

지신 설향단전 봉청재자 ○○○ 거주 ○○○ 복위
之辰　說香壇前　奉請齋者　○○○　居住　○○○　伏爲

○○○ 영가 영가위주 상서선망부모 원근친족 누대
○○○　靈駕　靈駕爲主　上逝先亡父母　遠近親族　累代

136

종친 제형숙백 자매질손 일체애혼불자등 각열위
宗親 弟兄叔伯 姉妹姪孫 一切哀魂佛子等 各列位

열명영가 차도량내외 동상동하 유주무주 운집고혼
列名靈駕 此道場內外 洞上洞下 有主無主 雲集孤魂

일체애혼불자등 각열위열명영가 철위산간 오무간
一切哀魂佛子等 各列位列名靈駕 鐵圍山間 五無間

지옥 일일일야 만사만생 수고함령등중 각열위열명
地獄 一日一夜 萬死萬生 受苦咸靈等衆 各列位列名

영가 내지 겸급법계 사생칠취 삼도팔난 사은삼유
靈駕 乃至 兼及法界 四生七趣 三途八難 四恩三有

일체 유주무주 애혼불자등 각열위열명영가
一切 有主無主 哀魂佛子等 各列位列名靈駕

착어 着語

영명성각묘난사   월타추담계영한
靈明性覺妙難思   月墮秋潭桂影寒

금탁수성개각로   잠사진계하향단
金鐸數聲開覺路   暫辭眞界下香壇

신령하고 밝은 품 깨닫기 묘하고 생각조차 어렵구나
가을못에 떨어진 달속의 계수나무 그림자 더욱 찬데
요령과 목탁소리 따라 깨달음의 길이 열리노니
잠시 티끌세계 하직하고 이 향단에 내리소서

진령게 振鈴偈

이차진령신소청　명도귀계보문지
以此振鈴伸召請　冥途鬼界普聞知

원승삼보력가지　금일금시내부회
願承三寶力加持　今日今時來赴會

요령소리 떨치고서 청하옵노니
명도의 영가시여 듣고 아소서
바라건대 삼보님의 위신력 빌어
이 시간 이 향단에 내려오소서

보소청진언 普김請眞言

나모 보보제리 가리다리 다타 아다야

영가청 靈駕請

일심봉청 생연이진 대명아천 기작황천지객 이위
一心奉請　生緣已盡　大命俄遷　旣作黃泉之客　已爲

추천지혼 방불형용 의희면목 원아금차 지극지정성
追薦之魂　彷彿形容　依俙面目　願我今此　至極至精誠

○○○영가 기재지신 설향단전 봉청재자 ○○○
○ ○ ○ 靈駕　忌齋之辰　說香壇前　奉請齋者　○ ○ ○

거주 ○○○ 복위 ○○○ 영가 영가위주 상서선망
居住 ○ ○ ○ 伏爲 ○ ○ ○ 靈駕 靈駕爲主 上逝先亡

138

부모 원근친족 누대종친 제형숙백 자매질손 일체
父母 遠近親族 累代宗親 弟兄叔伯 姉妹姪孫 一切

애혼불자등 각열위열명영가 차도량내외 동상동하
哀魂佛子等 各列位列名靈駕 此道場內外 洞上洞下

유주무주 운집고혼 일체애혼불자등 각열위열명
有主無主 雲集孤魂 一切哀魂佛子等 各列位列名

영가 승불위광 내예향단 수첨법공
靈駕 承佛威光 來詣香壇 受霑法供

향연청 香烟請

제령한진치신망   석화광음몽일장
諸靈限盡致身亡   石火光陰夢一場

삼혼묘묘귀하처   칠백망망거원향
三魂杳杳歸何處   七魄茫茫去遠鄕

　영가시여 목숨다해 몸 잃었으니
　부싯돌과 같은세월 꿈같은 인생
　아득하다 삼혼이여 어디로 가고
　망망해라 칠백이여 멀리 떠났네

수위안좌진언 受位安座眞言

옴 마니 군다니 훔훔 사바하

다게 茶偈

백초임중일미신 조주상권기천인 팽장석정강심수
百草林中一味新 趙州常勸幾千人 烹章石鼎江心水

원사망령헐고륜 원사고혼헐고륜 원사제령헐고륜
願使亡靈歇苦輪 願使孤魂歇苦輪 願使諸靈歇苦輪

진반 陳飯

상래소청 제불자 향설오분지진향 훈발대지 등연
上來召請 諸佛子 香爇五分之眞香 熏發大智 燈燃

반야지명등 조파혼구 다헌조주지청다 돈식갈정
般若之明燈 照破昏衢 茶獻趙州之淸茶 頓息渴情

과헌선도지진품 상조일미 식진향적지진수 영절기
果獻仙都之眞品 常助一味 食進香積之珍羞 永絶飢

허 금일영가 어차물물 종종진수 부종천강 비종지
虛 今日靈駕 於此物物 種種珍羞 不從天降 非從地

용 단종재자지일편 성심유출 나열영전 복유상향
聳 但從齋者之一片 誠心流出 羅列靈前 伏惟尙饗

  위에서 청한 모든 불자들이시여, 향을 사르오니 진리의 오분향으로써 큰 깨달음 얻으소서. 등을 밝히오니 반야의 밝은 등으로써 명도의 어두운 길을 밝히소서. 차를 올리오니 조주의 맑은 차로써 단번에 목마름을 면하소서. 과일을 올리오니 신선세계의 진품으로 항상 한맛을 도우소서. 밥을 올리오니 향적세계의 진수로써 영원히 배고픔을 면하소서.

영가시여, 이곳에 차린 모든 제물과 갖가지의 진수는 하늘에서 떨어진 것이 아니요, 또한 땅에서 솟은 것도 아니요, 오로지 재자들의 한결같이 정성스런 마음에서 나온 것입니다. 영가 앞에 나열하고 엎드려 바라오니 흠향하옵소서.

선밀가지　신전윤택　업화청량　각구해탈
宣密加持　身田潤澤　業火淸凉　各求解脫

제가 이제 비밀한 말 베풀 것이니
부처님의 미묘법문 위신력 빌어
몸과 마음 윤택하고 모든 업 쉬어
온갖 고통 벗어나서 해탈하소서

변식진언 變食眞言

나막 살바다타 아다 바로기제 옴 삼바라 삼바라 훔

시감로수진언 施甘露水眞言

나무 소로바야 다타 아다야 다냐타 옴 소로소로 바라소로 바라소로 사바하

일자수륜관진언 一字水輪觀眞言

옴 밤 밤 밤밤

유해진언 乳海眞言

나무 사만다 못다남 옴 밤

칭양성호 稱揚聖號

나무다보여래 원제고혼 파제간탐 법재구족
南無多寶如來 願諸孤魂 破除慳貪 法財具足

나무묘색신여래 원제고혼 이추루형 상호원만
南無妙色身如來 願諸孤魂 離醜陋形 相好圓滿

나무광박신여래 원제고혼 사륙범신 오허공신
南無廣博身如來 願諸孤魂 捨六凡身 悟虛空身

나무이포외여래 원제고혼 이제포외 득열반락
南無離怖畏如來 願諸孤魂 離諸怖畏 得涅槃樂

나무감로왕여래 원아각각 열명영가 인후개통
南無甘露王如來 願我各各 列名靈駕 咽喉開通

획감로미
獲甘露味

원차가지식 보변만시방 식자제기갈 득생안양국
願此加持食 普遍滿十方 食者除飢渴 得生安養國

142

시귀식진언 施鬼食眞言

옴 미기미기 야야미기 사바하

보공양진언 普供養眞言

옴 아아나 삼바바 바아라 훔

보회향진언 普回向眞言

옴 삼마라 삼마라 미만나 사라마하 자가라 바 훔

수아차법식 하이아난찬 기장함포만 업화돈청량
受我此法食 何異阿難饌 飢腸咸飽滿 業火頓淸凉

돈사탐진치 상귀불법승 염념보리심 처처안락국
頓捨貪嗔癡 常歸佛法僧 念念菩提心 處處安樂國

금강경 사구게 金剛經 四句偈

범소유상	개시허망	약견제상비상	즉견여래
凡所有相	皆是虛妄	若見諸相非相	卽見如來

여래십호 如來十號

여래 응공 정변지 명행족 선서 세간해 무상사 조어
如來 應供 正遍智 明行足 善逝 世間解 無上士 調御

장부 천인사 불 세존
丈夫 天人師 佛 世尊

법화경 사구게 法華經 四句偈

제법종본래 상자적멸상 불자행도이 내세득작불
諸 法 從 本 來 常 自 寂 滅 相 佛 子 行 道 己 來 世 得 作 佛

열반경 사구게 涅槃經 四句偈

제행무상　　시생멸법　　생멸멸이　　적멸위락
諸 行 無 常 是 生 滅 法 生 滅 滅 己 寂 滅 爲 樂

◉ 이하 장엄염불은 관음시식의 내용과 동일함. 121쪽 참고

5. 반혼재 返魂齋

● 위패를 들고 부처님 앞을 향하여 서서 진행함.

삼귀의 三歸依

귀의불　양족존
歸依佛　　兩足尊

귀의법　이욕존
歸依法　　離欲尊

귀의승　중중존
歸依僧　　衆中尊

반야심경 독송(25쪽 참고)

● 영단에 위패를 모신다.

거불 擧佛

나무　극락도사　아미타불
南無　極樂導師　阿彌陀佛

나무　관음세지　양대보살
南無　觀音勢至　兩大菩薩

나무　접인망령　대성인로왕보살마하살
南無　接引亡靈　大聖引路王菩薩摩訶薩

창혼 唱魂

거 사바세계 남섬부주 동양 대한민국 모사 청정
據 娑婆世界 南贍部洲 東洋 大韓民國 某寺 清淨

수월지도량 원아금차 지극지정성 ○○○영가 반혼
水月之道場 願我今此 至極之精誠 ○○○靈駕 返魂

재지신 설향단전 봉청재자 ○○○ 거주 ○○○
齋之辰 説香壇前 奉請齋者 ○○○ 居住 ○○○

복위 ○○○ 영가 영가위주 상서선망부모 원근친족
伏爲 ○○○ 靈駕 靈駕爲主 上逝先亡父母 遠近親族

누대종친 제형숙백 자매질손 일체애혼불자등 각열
累代宗親 弟兄叔伯 姉妹姪孫 一切哀魂佛子等 各列

위열명영가 차도량내외 동상동하 유주무주 운집
位列名靈駕 此道場内外 洞上洞下 有主無主 雲集

고혼 일체애혼불자등 각열위열명영가 철위산간
孤魂 一切哀魂佛子等 各列位列名靈駕 鐵圍山間

오무간지옥 일일일야 만사만생 수고함령등중 각열
五無間地獄 一日一夜 萬死萬生 受苦咸靈等衆 各列

위열명영가 내지 겸급법계 사생칠취 삼도팔난 사은
位列名靈駕 乃至 兼及法界 四生七趣 三途八難 四恩

삼유 일체 유주무주 애혼불자등 각열위열명영가
三有 一切 有主無主 哀魂佛子等 各列位列名靈駕

146

제불자등 각열위열명영가
諸佛者等 各列位列名靈駕

상래 승불섭수 장법가지 기무수계이임연
上來 承佛攝受 仗法加持 旣無因繫以臨筵

원획소요이취좌 하유안좌지게 대중수언후화
願獲逍遙而就座 下有安座之偈 大衆隨言後和

아금의교설화연　　종종진수열좌전
我今依敎設華筵　　種種珍羞列座前

대소의위차제좌　　전심제청연금언
大小依位次第座　　專心諦聽演金言

제가 이제 법식 따라 법연 열고자
여러 가지 귀한 음식 향단에 차려
크고 작은 지위 따라 다 앉으시어
일심으로 성인 말씀 잘 들으소서

수위안좌진언 受位安座眞言

옴 마니 군다니 훔훔 사바하

다게 茶偈

백초임중일미신 조주상권기천인 팽장석정강심수
百草林中一味新 趙州常勸幾千人 烹章石鼎江心水

원사망령헐고륜 원사고혼헐고륜 원사제령헐고륜
願使亡靈歇苦輪　願使孤魂歇苦輪　願使諸靈歇苦輪

원차가지식　보변만시방　식자제기갈　득생안양국
願此加持食　普遍滿十方　食者除飢渴　得生安養國

시귀식진언 施鬼食眞言

옴 미기미기 야야미기 사바하

보공양진언 普供養眞言

옴 아아나 삼바바 바아라 훔

보회향진언 普回向眞言

옴 삼마라 삼마라 미만나 사라마하 자가라 바 훔

● 이하 장엄염불은 관음시식의 내용과 동일함(121쪽 참고).

다비의식
茶毘儀式 시다림

시다림이란 산스크리트어 '시타바나'를 소리나는 대로 번역한 말로 '죽은 사람을 위한 법문'이란 뜻입니다. 상가에서 처음 초상이 났을 때부터 마지막 영결식과 화장 또는 매장을 할 때까지 행해지는 불교 장례의식 전반을 시다림이라 부릅니다.

다비란 화장으로 치러지는 장례의식입니다. 몸이 죽으면 땅과 물과 불과 바람으로 돌아간다고 해서 시신을 땅에 묻는 법, 물에 띄우는 법, 불로 태우는 법, 바람에 날리는 법이 있으나 불교에서는 불에 태우는 다비법으로 장례를 지냅니다.

1. 수계授戒

● 불자가 아니거나 계를 받지 못한 영가를 위해서 한다.(수계
   자는 생략함)
● 의식을 행할 경우, 천수경(28쪽) 일편을 한 다음 시작한다.

거불擧佛

나무 극락도사 아미타불
南無　極樂導師　阿彌陀佛

나무 관음세지 양대보살
南無　觀音勢至　兩大菩薩

나무 접인망령 대성인로왕보살마하살
南無　接引亡靈　大聖引路王菩薩摩訶薩

청혼請魂

거사바세계 (주소) 금차지성 다비재자 모인 복위
擧娑婆世界　(住所)　今此至誠　茶毘齊者　某人　伏爲

신원적 모인영가
新圓寂　某人靈駕

착어着語

생종하처래 사향하처거 생야일편부운기 사야일
生從何處來 死向何處去 生也一片浮雲起 死也一

편부운멸 부운자체본무실 생사거래역여연 독유
片浮雲滅 浮雲自體本無實 生死去來亦如然 獨有

일물상독로 담연불수어생사 신원적 모인영가 환
一物常獨露 湛然不隨於生死 新圓寂 某人靈駕 還

회득 담연저 일물마
會得 湛然底 一物麼

　삶은 어디에서 오며 죽음은 어디로 향하는가. 삶은
한 조각 뜬구름이 일어남이요, 죽음은 한조각 뜬구름
이 사라짐입니다. 뜬구름 자체가 실상이 없듯이 나고
죽고 오고 감도 그와 같습니다. 오직 한 물건이 드러나
있으니 항상 맑아 생사를 따르지 않습니다.
　새로이 원적에 든 ○○○ 영가시여. 맑고 고요한
이 한 물건을 알겠습니까? (요령 3하)

화탕풍요천지괴　　요요장재백운간
火蕩風搖天地壞　　寥寥長在白雲間

　불이 타고 바람이 흔들어 천지가 무너져도
　항상 맑고 고요하게 흰구름 사이에 있도다

수삼귀의계授三歸依戒

신원적 모인영가 여등불문삼보 불해귀의 소이윤
新圓寂 某人靈駕 汝等不聞三寶 不解歸依 所以輪

회삼유 아금수여등삼귀의 지심제청 모인영가
回三有 我今授汝等三歸依 至心諦聽 某人靈駕

귀의불 귀의법 귀의승 귀의불양족존 귀의법이욕존
歸依佛 歸依法 歸依僧 歸依佛兩足尊 歸依法離欲尊

귀의승중중존
歸依僧衆重尊

　새로이 원적에 든 ○○○ 영가여. 그대는 삼보를
듣지 못하고 귀의하지 못함으로써 삼계에 끊임없이
윤회했도다. 이제 삼귀의 계를 주리니 영가는 진심으
로 자세히 들을지어다. ○○○ 영가여. 지혜와 복덕
다 갖추신 부처님과 욕심을 떠난 높고 미묘한 법과
무리 중에 으뜸 되는 화합승가에 지심으로 귀의할지
어다.

모인영가 귀의불경 귀의법경 귀의승경
某人靈駕 歸依佛竟 歸依法竟 歸依僧竟

종금이왕 칭불위사 갱불귀의사마외도
從今以往 稱佛爲師 更不歸依邪魔外道

종금이왕 의법위사 갱불귀의외도전적
從今以往 依法爲師 更不歸依外道典籍

종금이왕 칭승위사 갱불귀의외도사중
從今以往 稱僧爲師 更不歸依外道邪衆

나무상주시방불 나무상주시방법 나무상주시방승
南無十方常住佛 南無十方常住法 南無十方常住僧

오늘 새로 원적에 든 ○○○ 영가여. 불법승 삼보에 귀의했으니 지금부터 부처님을 스승으로 삼아 다시는 사마외도에 귀의하지 않으며, 지금부터 불법을 스승으로 삼아 외도 책에 귀의하지 않으며, 지금부터 승가를 스승으로 삼아 다시는 외도의 삿된 무리에 귀의하지 말지라.

시방세계 항상 계신 부처님께 귀의합니다. 시방세계 항상 계신 가르침에 귀의합니다. 시방세계 항상 계신 스님들께 귀의합니다.

참회진언懺悔眞言

옴 살바못자 모지 사다야 사바하

수오계授五戒

제불자 이위여등 수삼귀경 복위여등 수불오계 기
諸佛子 已爲汝等 授三歸竟 復爲汝等 授佛五戒 其

오계자 시일체여래 평등대계 과현미래삼세제불
五戒者 是一切如來 平等大戒 過現未來三世諸佛

개인차계 득성정각 욕수차계 선수명심일경 능소
皆因此戒 得成正覺 欲受此戒 先須冥心一境 能所

양망 주적멸제 즉유무량제불 종정문입 타재장식
兩忘 住寂滅際 卽有無量諸佛 從頂門入 墮在藏識

아금당위여등 석기계상 각자징심 체청체수 제일
我今當爲汝等 釋其戒相 各自澄心 諦聽諦受 第一

조불계 불살생 제이조불계 불투도 제삼조불계 불사
條佛戒 不殺生 第二條佛戒 不偷盜 第三條佛戒 不邪

음 제사조불계 불망어 제오조불계 불음주 시오계상
淫 第四條佛戒 不妄語 第五條佛戒 不飮酒 是五戒相

종금생 지진미래제신 어기중간 부득범능지부
從今生 至盡未來際身 於其中間 不得犯能持否

자종금신지불신   견지금계불훼범
自從今身至佛身   堅持禁戒不毁犯

유원제불작증명   영사신명종불퇴
唯願諸佛作證明   寧捨身命終不退

　새로이 원적에 든 ○○○ 불자여. 그대 위해 삼귀
의계를 이미 주었으니 이제 오계를 주리라. 오계는
모든 부처님의 크고 평등한 진리의 계이니 삼세여래

154

가 이 계로써 정각을 이루었도다. 이 계를 받으려면 반드시 먼저 한 경계에 마음을 합해야 하니 주관과 객관 모두 잊어 적멸에 머물면 한량없는 부처님이 정수리로 와 여래장의 장식 속에 함께 하리라.

내가 이제 계의 모습 풀어주리니 영가는 마음을 고요히 하여 자세히 듣고 받아 지니라. 첫째 계는 산목숨을 죽이지 말며, 둘째 계는 남의 것 훔치지 말며, 셋째 계는 삿된 음행을 하지 말며, 넷째 계는 거짓말을 하지 말며, 다섯째 계는 술을 마시지 말라 함이니, 지금부터 미래제가 다할 때까지 이 계를 지키겠는가?

지금 이 몸으로 부처를 이룰 때까지
금계를 굳게 지켜 훼손하지 않으리
모든 부처님이시여 이를 증명하소서
목숨을 버릴지언정 물러나지 않으리

지계진언持戒眞言

옴 살바 바라제목차 히리다야 사바하

설육바라밀說六波羅蜜

제불자 이위여등 수불계경 종금이거 시여래위 시
諸佛子 已爲汝等 授佛戒竟 從今已去 是如來位 是

진불자 종법화생 차위여등 준마하연론 복령수습
眞佛子 從法化生 此爲汝等 準摩訶衍論 復令修習

육종바라밀다 용자보리근종
六種婆羅蜜多 用者菩提根種

요지심성무착 이간탐고 수순수행 보시바라밀
了知心性無着 離慳貪故 隨順修行 布施婆羅蜜

요지심성무염 이오욕고 수순수행 지계바라밀
了知心性無染 離五慾故 隨順修行 持戒羅羅蜜

요지심성무고 이진노고 수순수행 인욕바라밀
了知心性無苦 離嗔怒故 隨順修行 忍辱婆羅蜜

요지심성무상 이해태고 수순수행 정진바라밀
了知心性無相 離懈怠故 隨順修行 精進婆羅蜜

요지심성상정 체무란고 수순수행 선정바라밀
了知心性常定 體無亂故 隨順修行 禪定婆羅蜜

요지심성체명 이무명고 수순수행 지혜바라밀
了知心性體明 離無明故 隨順修行 智慧婆羅蜜

　오늘 새로 원적에 든 ○○○ 영가여. 그대 위해 부처님의 계 주었으니 오늘부터 언제까지나 여래 자리에 바로 앉은 참된 불자가 되어 부처님 법을 좇아 태어나리라. 이제 그대 위해 대승론에 따라 여섯 가지 바라밀다를 닦게 하리니 깨달음의 씨앗으로 받아서 쓸지라.

성품에 집착이 없음을 깨달아서 탐내는 마음을 떠나므로 보시바라밀을 따라 행하며, 성품에 오염이 없음을 깨달아서 다섯 욕망을 떠나므로 지계바라밀을 따라 행하며, 성품에 괴로움 없음을 깨달아서 성냄을 떠나므로 인욕바라밀을 행하며, 성품에 상이 없음을 깨달아서 게으름을 떠나므로 정진바라밀을 행하여, 성품이 늘 고요함을 깨달아서 어지러움이 없으므로 선정바라밀을 행하며, 성품의 본체가 밝음을 깨달아서 무명을 떠나므로 지혜바라밀을 행할지니라.

수무상계授無常戒

◉ 수지독송 편, 무상계(248쪽) 독송

장엄염불莊嚴念佛

◉ 천도의식 편, 장엄염불(121쪽) 독송

아미타불본심미묘진언阿彌陀佛本心微妙眞言

다냐타 옴 아리다라 사바하

무량수불설왕생정토주無量壽佛說往生淨土呪

나무 아미다바야 다타가다야 다디야타 아미리도
바 비아미리다 싯담바비 아미리다 비가란제 아미
리다 비가 란다가미니 가가나 깃다가례 사바하

원이차공덕	보급어일체	아등여중생
願以此功德	普及於一切	我等與衆生

당생극락국	동견무량수	개공성불도
堂生極樂國	同見無量壽	皆共成佛道

2. 염 습 殮襲

● 입관을 하기 전에 하며 영가 수계와 이어서 할 경우에는 거불과 천수경을 생략 한다.

나무상주시방불 나무상주시방법 나무상주시방승
南無十方常住佛 南無十方常住法 南無十方常住僧

시방세계 항상 계신 부처님께 귀의합니다.
시방세계 항상 계신 가르침에 귀의합니다.
시방세계 항상 계신 스님들께 귀의합니다.

삭발削髮

신원적 모인영가 생종하처래 사향하처거 생야일
新圓寂 某人靈駕 生從何處來 死向何處去 生也一

편부운기 사야일편부운멸 부운자체본무실 생사
片浮雲起 死也一片浮雲滅 浮雲自體本無實 生死

거래역여연 독유일물상독로 담연불수어생사 모
去來亦如然 獨有一物常獨露 湛然不隨於生死 某

인영가 환회득 담연저일물마 화탕풍요천지괴 요
人靈駕 還會得 湛然底一物麼 火蕩風搖天地壞 寥

요장재백운간 금자삭발단진무명 십사번뇌하유부
寥長在白雲間 今玆削髮斷盡無明 十使煩惱何由復

기 일편백운횡곡구 기다귀조진미소
起 一片白雲橫谷口 幾多歸鳥盡迷巢

신원적 ○○○ 영가시여. 이 세상 태어날 때 온 곳 어디며 이 세상 떠나실 때 갈 곳 어딘가? 나는 것은 한조각 구름 일어남이요 죽는 것은 한조각 구름 사라짐이라. 뜬구름 자체에 실체가 없나니 나고 죽은 인생사 그와 같아라. 비록 만물이 흩어져도 영가의 본분은 홀로 남아서 생사에 걸림 없는 한 물건이어라. 영가시여, 이 소식 알아듣는가? 불길이 타오르고 바람이 일어 하늘 땅 세간마저 허물어져도 흰 구름 그 사이에 자재하소서. 영가님은 이발을 하고 무명 끊으니 백발번뇌 온갖 죄업 어디서 나리. 일편백운 동구 밖에 비끼었으니 얼마나 많은 새가 길을 잃었던가.

목욕沐浴

신원적 모인영가 약인욕식불경계 당정기의여허공
新圓寂 某人靈駕 若人欲識佛境界 當淨其意如虛空

원리망상급제취 령심소향개무애 모인영가 환당
遠離妄想及諸趣 令心所向皆無碍 某人靈駕 還當

160

정기의 여허공마 기혹미연 갱청주각 차정각지성
淨其意 如虛空麼 其或未然 更聽註脚 此正覺之性

상지제불하지육범 일일당당일일구족 진진상통
上至諸佛下至六凡 一一當當一一具足 塵塵上通

물물상현 불대수성 요요명명 환견마 환문마 기요
物物上現 不待修成 了了明明 還見麼 還聞麼 旣了

요견기력력문 필경시개심마 불면유여정만월 역
了見旣歷歷聞 畢竟是箇甚麼 佛面猶如淨滿月 亦

여천일방광명 금자목욕환망진구 획득금강불괴지신
如千日放光明 今玆沐浴幻妄塵垢 獲得金剛不壞之身

청정법신무내외 거래생사일진상
清淨法身無內外 去來生死一眞常

신원적 ○○○ 영가. 누구나 부처경계 알고자 하면 그 뜻을 허공처럼 맑히옵소서. 모든 갈래 모든 망상 멀리 여의고 그 마음 걸림없이 향하옵소서. 영가시여, 그대 뜻이 청정하신가? 만약에 그러하지 못하시다면 다시 더 보태는 말 들어보소서. 위없는 깨달음의 이 성품은 위로는 삼세의 부처님들과 아래로 육도의 범부마저도 낱낱이 당당하게 두루 갖췄고, 온 세상 티끌마다 모두 통하여 천지만물 그 위에 나타났으니 이 도리는 닦아서 이룰 수 없고 어느 때나 또렷하고 분명하도다. (요령을 들어 보이고) 영가시여, 보소서 이 요령을. (요령을 들어 보이고) 영가시여, 들으소서 이 소리를. 영가님은 지금 분명 보고 들으니 필경에는 이 물건이 어떤 것인고? 부처님의 참 법신은 보름달 같고 일천 해가 광명을 놓으시도다. 영가님도 몽환의 때 씻어버리고 금강 같은 단단한 몸 얻으셨으니 청정한 법신불은 안팎이 없고 나고죽고 오고감이 한결같도다.

세수洗手

신원적 모인영가 래무소래 여랑월지영현천강 거무
新圓寂　某人靈駕　來無所來　如朗月之影現千江　去無

소거 사징공이형분제찰 모인영가 사대각리여몽중
所去　似澄空而形分諸刹　某人靈駕　四大各離如夢中

육진심식본래공 욕식불조회광처 일락서산월출동
六塵心識本來空　欲識佛祖回光處　日落西山月出東

금자세수취리분명 시방불법교연장내 만목청산무
今茲洗手取理分明　十方佛法皎然掌內　滿目青山無

촌수 현애살수장부아
寸樹　縣崖撒手丈夫兒

　신원적 ○○○ 영가시여. 오더라도 본래로 온 바 없으니 밝은 달이 일천 강에 비침과 같고 가더라도 본래로 간 바 없으니 허공이 온누리에 두루함이라.

○○○ 영가시여, 아시옵소서. 사대육신 흩어지니 꿈속과 같고 육진과 마음자리 본래 공하네. 부처 조사 광명자리 알고자 하면 서산에 해가 지고 동녘에 달이 뜨네. 영가님은 지금 다시 두 손 씻으니 모든 도리 분명하게 잡으시어서 시방 불법 두 손 안에 환히 밝아라. 두 눈에 푸른 청산 가득하여도 한 가지 나무조차 얻을 것 없고 천길만길 벼랑 끝에 매달렸다가 두 손마저 뿌리쳐야 대장부로다.

세족洗足

신원적 모인영가 생시적적불수생 사거당당불수사
新圓寂　某人靈駕　生時的的不隨生　死去當當不隨死

생사거래무간섭 정체당당재목전 금자세족만행원성
生死去來無干涉　正體當當在目前　今玆洗足萬行圓成

일거일보초등법운 단능일념귀무념 고보비로정상행
一擧一步超登法雲　但能一念歸無念　高步毗盧頂上行

　신원적 ○○○ 영가시여. 태어날 때 분명하게 나지 않았고 죽을 때 당당하여 죽지 않나니 생사의 오가는 길 걸림이 없고 본래 몸 당당히 눈앞에 있도다. 영가님 지금 다시 두 발 씻으니 만행이 원만하여 보살도 닦고 한 걸음 한 걸음 걸림 없으사 단번에 법운지에 올라지이다. 이제 다시 일념이 무념 되시면 비로자자

정상 지나 열반 들리라.

착군着裙

신원적 모인영가 사대성시 저일점영명불수성 사대
新圓寂 某人靈駕 四大成時 這一點靈明不隨成 四大

괴시 저일점영명불수괴 생사성괴등공화 원친숙업
壞時 這一點靈明不隨壞 生死成壞等空花 冤親宿業

금하재 금기불재멱무종 탄연무애약허공 모인영가
今何在 今旣不在覓無蹤 坦然無碍若虛空 某人靈駕

찰찰진진개묘체 두두물물총가옹 금자착군 정호
刹刹塵塵皆妙體 頭頭物物摠家翁 今玆着裙 淨護

근문 참괴장엄 초증보리 약득인언달근본 육진원
根門 慙愧莊嚴 超證菩提 若得因言達根本 六塵元

아일영광
我一靈光

신원적 ○○○ 영가시여. 사대로 이 몸을 이루실 적에 신령스런 한 물건 나지 않았고 색신이 무너져 죽어갈 때도 신령한 성품은 상관이 없네. 나고죽고 무너짐 환과 같으니 원망애착 죄와 복이 어디 있으랴. 지금 와서 찾아봐도 자취 없으니 허공처럼 탄탄하여 걸림 없도다. 영가시여. 시방세계 티끌들이 묘법체이고 산하대지 온갖 것이 주인공이라. 영가시여

지금 다시 속옷 입으시니 육근 빈 몸 정결하게 보호
하시어 참괴로 보리장엄 이룩하소서. 만약에 말씀 따
라 근본을 알면 육진이 원래 나의 광명일세라.

착의着衣

신원적 모인영가 래시시하물 거시시하물 래시거
新圓寂　某人靈駕　來時是何物　去時是何物　來時去

시본무일물 욕식명명진주처 청천백운만리통 금
時本無一物　欲識明明眞住處　青天白雲萬里通　今

자착의 엄비형예 여래유인 시아원상 아사득견연
兹着衣　掩庇形穢　如來柔忍　是我元常　我師得見燃

등불 다겁증위인욕선
燈佛　多劫曾爲忍辱仙

　신원적 ○○○ 영가시여. 오실 때 어떤 물건 오시
었으며 가실 때 어떤 물건 떠나십니까? 오고감에 한
물건도 본래 없어라. 영가시여, 참된 이 물건을 아시
겠습니까? 푸른 하늘 흰구름이 만리에 통했네. 영가
님 지금 다시 옷을 입으니 거친 형상 추한 모양 가리
오소서. 부처님이 옛적부터 인욕하신 것 이것이 우리
들의 원상이로세. 석가모니가 연등불을 뵙기 전부터
다겁생래 인욕선인 되시었도다.

착관着冠

신원적 모인영가 견문여환예 삼계약공화 문부예
新圓寂　某人靈駕　見聞如幻翳　三界若空華　聞復翳

근제 진소각원정 정극광통달 적조함허공 각래관
根除　塵消覺圓淨　淨極光通達　寂照含虛空　劫來觀

세간 유여몽중사 금자착관 최상정문 수릉엄삼매
世間　猶如夢中事　今玆着冠　最上頂門　首楞嚴三昧

천성공유 인지법행심불퇴 종등등묘야무의
千聖共由　因地法行心不退　終登等妙也無疑

신원적 ○○○ 영가시여. 보고들음 환 속의 그림자 같고 삼계의 모든 것 허공꽃이라. 이 말에 환의 근원 깨닫고 나면 티끌 사라져 깨달음을 이루오리다. 깨끗함 극진하면 광명 통하고 고요히 비춤에 허공을 머금도다. 돌이켜 이 세간 살펴볼진대 모두가 꿈속의 허상 같나니 영가님 지금 다시 관을 쓰시고 최상 법문 능엄삼매 이룩하소서. 모든 성인 이를 좇아 깨달았도다. 인을 닦는 마음 수행 후퇴 않으면 어김없이 등각묘각 얻으시리라.

정좌正坐 (출가자는 正坐, 재가자는 正臥로 씀)

신원적 모인영가 영광독로 형탈근진 체로진상 불구
新圓寂　某人靈駕　靈光獨露　迥脫根塵　體露眞常　不拘

166

문자 진성무염 본자원성 단이망연 즉여여불 금좌
文字　眞性無染　本自圓成　但離妄緣　卽如如佛　今茲

정좌 시위법공 제불보살 이위굴택
正坐　是爲法空　諸佛菩薩　以爲窟宅

　신원적 ○○○ 영가시여. 신령스런 광명은 홀로 빛
나서 몸과 마음 온갖 티끌 여의고 나니 본체가 당당
하게 드러났도다. 말과 글 온갖 희론 걸림이 없고 참
된 성품 본래로 물들지 않아 그대로 뚜렷이 이뤘음이
라. 만약 능히 허망인연 여의게 되면 그대로 여여부
처 드러나리라. 영가님 지금 다시 좌정하시니 이곳은
모든 법이 공한 자리며 부처님과 보살님들 안택이로
다. 장엄 중에 보리좌가 으뜸 되나니 모든 부처 여기
앉아 깨달았도다. 오늘의 영가님도 그러하오니 모든
중생 다함께 성불하소서.

헌좌진언獻座眞言

묘보리좌승장엄　　제불좌이성정각
妙菩提座勝莊嚴　　諸佛坐已成正覺

여금정좌역여시　　자타일시성불도
汝今正坐亦如是　　自他一時成佛道

　묘한보리 연화좌를 훌륭하게 장엄하니
　제불보살 앉으시어 깨달음을 이루었네

제가이제 올린법좌 그도또한 이같으니
나와남이 모두함께 성불하게 하옵소서

옴 바아라 미나야 사바하

안좌게安坐偈

만점청산위범찰　　일간홍일조영대
萬 點 青 山 圍 梵 刹　　一 竿 紅 日 照 靈 臺

원각묘장단좌처　　진심불매향연태
圓 覺 妙 場 端 坐 處　　真 心 不 昧 向 蓮 臺

천만겹 청산이 세계를 둘러싸고
한줄기 붉은해 영대를 비추시니
원각의 도량에 단정히 앉으시어
진심을 밝히사 연화대 향하소서

입감入龕

대중차도 고불야 이마거 금불야 이마거 모인영가
大 衆 且 道 古 佛 也 伊 麼 去 今 佛 也 伊 麼 去 某 人 靈 駕

이마거 하물불감괴 시수장견고 제인환지마 여삼
伊 麼 去 何 物 不 敢 壞 是 誰 長 堅 固 諸 人 還 知 麼 與 三

세제불일시성도 십류군생동일열반 기혹미연 유안
世 諸 佛 一 時 成 道 十 類 群 生 同 日 涅 槃 其 或 未 然 有 眼

168

석인제하루 무언동자암차허
石人齊下淚 無言童子暗嗟噓

　영가님과 대중들은 일러보소서. 옛 부처님 이렇게 이미 가셨고 우리의 부처님도 이리 가시며 영가님도 이렇게 또한 가시니 이 세상 무엇이 견고한 거며 어느 누가 영원히 머물 것인가. 영가님과 대중들은 아시겠는가? 오늘 영가 삼세제불 모두 다 함께 한날한시 열반을 증득하시고 십류의 중생들도 한날한시에 모두 함께 열반에 들어가소서. 만약에 이 도리를 알지 못하면 눈 있는 돌장승이 눈물 흘리고 벙어리동자 가만히 탄식하도다.

● 입관이 다 끝날 때까지 장엄염불(121쪽) 및 정근(아미타, 지장)을 한다.

3. 성복제成服祭

거불擧佛

나무 극락도사 아미타불
南無 極樂導師 阿彌陀佛

나무 관음세지 양대보살
南無 觀音勢至 兩大菩薩

나무 접인망령 대성인로왕보살마하살
南無 接引亡靈 大聖引路王菩薩摩訶薩

창혼唱魂

거사바세계 원아금차 지극지성 성복제지신 설향
據娑婆世界 願我今此 至極至誠 成服祭之辰 說香

단전 봉청재자 모처거주 모인복위 모인영가
壇前 奉請齋者 某處居住 某人伏爲 某人靈駕

반혼착어返魂着語

영명성각묘난사　　월타추담계영한
靈明性覺妙難思　　月墮秋潭桂影寒

금탁수성개각로　　잠사진계하향단
金鐸數聲開覺路　　暫辭眞界下香壇

신령하고 밝은성품 미묘하기 그지없어
가을못에 비친달이 계수나무 사무쳐라
목탁소리 요령소리 보리길이 열렸나니
가시는길 잠시쉬고 이향단에 내려오소서

진반시식進飯施食

아차일편향 생종일편심 원차향연하 훈발본진명
我 此 一 片 香　生 從 一 片 心　願 此 香 烟 下　熏 發 本 眞 明

절이 생사교사 한서질천 기래야 전격장공 기거야
切 以　生 死 交 謝　寒 署 迭 遷　其 來 也　電 擊 長 空　其 去 也

파징대해 신원적 모인영가 생연이진 대명아천 요
波 澄 大 海　新 圓 寂　某 人 靈 駕　生 緣 已 盡　大 命 俄 遷　了

제행지무상 내적멸이위락 공의대중 숙예전진 송제
諸 行 之 無 常　乃 宿 滅 而 爲 樂　恭 依 大 衆　肅 詣 前 進　誦 諸

성지홍명 천청혼어정토
聖 之 洪 名　薦 淸 魂 於 淨 土

신원적 ○○○ 영가시여.

재자들 지극정성 향을 드리니 바라건대 향연으로
어둠 벗고서 본래의 밝은 성품 빛나지이다. 가만히
생각하니 인생살이는 생사가 번갈아 쉴 사이 없고 춥
고 더움 잠시도 정함 없어라. 중생이 태어남은 무엇
이런가. 하늘에 번쩍이는 번개이런가. 중생이 죽어감

은 무어라 하나. 창해의 높은 물결 잠잠함이라. 영가님 세상인연 이미 다하여 목숨이 불현듯 옮겨갔으니 제행이 무상함을 밝게 깨치어 생멸 없는 적멸락을 누리옵소서. 이제 삼가 대중들은 공경 다하여 거룩하신 성현들의 명호 외워서 영가님들 극락정토 발원합니다.

십념十念

청정법신비로자나불 원만보신노사나불 천백억화
清淨法身毗盧遮那佛 圓滿報身盧舍那佛 千百億化

신석가모니불 구품도사아미타불 당래하생미륵존불
身釋迦牟尼佛 九品導師阿彌陀佛 當來下生彌勒尊佛

시방삼세일체제불 시방삼세일체존법 대성문수사
十方三世一切諸佛 十方三世一切尊法 大聖文殊師

리보살 대행보현보살 대비관세음보살 대원본존
利菩薩 大行普賢菩薩 大悲觀世音菩薩 大願本尊

지장보살 제존보살마하살 마하반야바라밀
地藏菩薩 諸尊菩薩摩訶薩 摩訶般若波羅蜜

● 다음 반상을 드리고 숟가락을 꽂고 절함.

아차일발반 불하향적찬 원차일미훈 선열포후후
我此一鉢飯 不下香積饌 願此一味薰 禪悅飽饙饙

172

한바루의 이 공양 청정하여서
향적세계 묘공양과 다르지 않아
바라건대 이 공양 향훈하시고
선열의 큰 기쁨 충만하소서

다게茶偈

조주청다진령좌　　**요표충정일편심**
趙州淸茶進靈座　　聊表沖情一片心

부음각지삼계몽　　**안심직도법왕성**
俯飮覺知三界夢　　安心直到法王城

조주스님 청정다를 드리오면서
재자들의 일편충정 표하옵나니
받으시고 이 세계는 꿈인 줄 알아
마음놓고 법왕성에 곧게 가소서

보공양진언普供養眞言

옴 아아나 삼바바 바아라 훔

● 반야심경 독송(25쪽)
● 시간이 넉넉할 때는 금강경(253쪽) 또는 장엄염불(121쪽)을
  같이 하면 된다.
● 간단하게 축원이나 극락왕생발원문(215쪽)을 하고 의식을 끝낸다.

4. 발인 發靷

기감편起龕篇

신원적 모인영가 묘각현전선열위식 남북동서수
新圓寂　某人靈駕　妙覺現前禪悅爲食　南北東西隨

처쾌활 수연여시감문대중 금일영가열반노두 재
處快活　雖然如是敢問大衆　今日靈駕涅槃路頭　在

심마처 처처녹양감계마 가가문외통장안
甚麽處　處處緣楊堪繫馬　家家門外通長安

　신원적 ○○○ 영가시여. 묘각이 훤칠하게 드러났
으니 선열로써 음식을 삼으셨도다. 동서며 남북이 걸
림 없으니 이르는 곳곳마다 쾌활하여라. 그러나 대중
에게 다시 묻노라. 오늘 영가 열반길은 어디쯤인가?
곳곳마다 푸른 버들 쉬기 좋으며 집집마다 문앞길은
피안으로 가네.

오방배례五方拜禮

나무　동방만월세계　약사유리광불
南無　東方滿月世界　藥師琉璃光佛

나무　남방환희세계　보승여래불
南無　南方歡喜世界　寶勝如來佛

나무 서방극락세계 아미타불
南無 西方極樂世界 阿彌陀佛

나무 북방무우세계 부동존불
南無 北方無憂世界 不動尊佛

나무 중방화장세계 비로자나불
南無 中方華藏世界 毗盧遮那佛

동방 만월세계 약사유리광 여래불께 귀의합니다.

남방 환희세계 보승여래불께 귀의합니다.

서방 극락세계 아미타불께 귀의합니다.

북방 무우세계 부동존여래불께 귀의합니다.

중방 화장세계 비로자불께 귀의합니다.

십이불 十二佛

나무서방극락세계 대자대비아미타불 유원금대보
南無西方極樂世界 大慈大悲阿彌陀佛 唯願金臺寶

좌 승공이래접인차신 왕생정토 귀명아미타불
座 乘空而來接引此身 往生淨土 歸命阿彌陀佛

나무서방극락세계 대자대비아미타불 유원편수불
南無西方極樂世界 大慈大悲阿彌陀佛 唯願便隨佛

호 탈차계신신수봉행 안락국토 귀명아미타불
號 脫此界身信受奉行 安樂國土 歸命阿彌陀佛

나무서방극락세계 대자대비아미타불 유원관음세
南無西方極樂世界 大慈大悲阿彌陀佛 唯願觀音勢

지 인도이행수상희인 유력불국 귀명아미타불
至 引導而行隨上喜人 遊歷佛國 歸命阿彌陀佛

나무서방극락세계 대자대비아미타불 유원경행실
南無西方極樂世界 大慈大悲阿彌陀佛 唯願經行實

지 유희원림대오삼공 불문팔고 귀명아미타불
地 遊戲園林大悟三空 不聞八苦 歸命阿彌陀佛

나무서방극락세계 대자대비아미타불 유원아유월
南無西方極樂世界 大慈大悲阿彌陀佛 唯願阿唯越

지 시불퇴심증피무생 달무생인 귀명아미타불
智 是不退心證彼無生 達無生忍 歸命阿彌陀佛

나무서방극락세계 대자대비아미타불 유원금사영
南無西方極樂世界 大慈大悲阿彌陀佛 唯願金沙瑩

수 보수부공오사총지 득육바라밀 귀명아미타불
水 寶樹浮空悟四摠持 得六波羅蜜 歸命阿彌陀佛

나무서방극락세계 대자대비아미타불 유원우무량
南無西方極樂世界 大慈大悲阿彌陀佛 唯願遇無量

수 득무량광자재우유 광상제등 귀명아미타불
壽 得無量光自在優遊 光相齊等 歸命阿彌陀佛

나무서방극락세계 대자대비아미타불 유원친근지
南無西方極樂世界 大慈大悲阿彌陀佛 唯願親近智

자 동상선인득우여래 편문수기 귀명아미타불
者 同上善人得遇如來 便聞授記 歸命阿彌陀佛

나무서방극락세계 대자대비아미타불 유원득불동
南無西方極樂世界 大慈大悲阿彌陀佛 唯願得不動

지 성자재신오분향연 육도원만 귀명아미타불
智 成自在身五分香燃 六度圓滿 歸命阿彌陀佛

나무서방극락세계 대자대비아미타불 유원환동제
南無西方極樂世界 大慈大悲阿彌陀佛 唯願還同諸

불 대화인천이청정신 연정묘법 귀명아미타불
佛 大化人天以清淨身 演淨妙法 歸命阿彌陀佛

나무서방극락세계 대자대비 관세음보살마하살
南無西方極樂世界 大慈大悲 觀世音菩薩摩訶薩

나무서방극락세계 대희대사 대세지보살마하살
南無西方極樂世界 大喜大捨 大勢至菩薩摩訶薩

유원 관음세지 대원류행 지수화대 영생정토 귀명
唯願 觀音勢至 大願流行 指授花臺 令生淨土 歸命

관음세지양대보살
觀音勢至兩大菩薩

서방극락세계 대자대비 아미타 부처님께 귀의합니다. 바라옵건대 황금보배 자리에서 허공 지나 왕림하여, 오늘 영가 영접하여 왕생극락 하옵도록 인도하여 주옵소서.

(다함께) 나무아미타불

서방극락세계 대자대비 아미타 부처님께 귀의합니다. 바라옵건대 부처님의 성호 따라 이승의 몸 벗어나서, 지체없이 왕생하여 안락국토 있단 말씀 믿게 하여 주옵소서.

(다함께) 나무아미타불

서방극락세계 대자대비 아미타부처님께 귀의합니다. 바라옵건대 관음 세지 인도 받고 선인들의 뒤를 따라, 한량없는 제불국토 거침없이 거닐도록 인도하여 주시옵소서.

(다함께) 나무아미타불

서방극락세계 대자대비 아미타부처님께 귀의합니다. 바라옵건대 황금벌판 칠보 숲을 한가로이 거니실 제, 삼공진리 활짝 깨쳐 고통이란 이름조차 모르도록 하옵소서.

(다함께) 나무아미타불

서방극락세계 대자대비 아미타부처님께 귀의합니다. 바라옵건대 일체지와 불퇴전의 멈춤 없는 동력으로, 생멸 없는 경계 깨쳐 마음으로 누리도록 인도하여 주옵소서.

(다함께) 나무아미타불

서방극락세계 대자대비 아미타부처님께 귀의합니다. 바

라옵건대 물 속에는 황금모래 하늘 덮는 보배나무, 극락 국토 풍광에서 네가지의 다라니와 육바라밀 도두 얻게 하옵소서.

(다함께) **나무아미타불**

서방극락세계 대자대비 아미타부처님께 귀의합니다. 바라옵건대 아미타의 무량수광 모두 얻어 누리실 제, 상호광명 빠짐없이 부처님과 똑같도록 인도하여 주옵소서.

(다함께) **나무아미타불**

서방극락세계 대자대비 아미타 부처님께 귀의합니다. 바라옵건대 지혜자를 친근하여 보살과 같아져서 부처님을 뵈옵거든 바로 수기 모두 얻게 하옵소서.

(다함께) **나무아미타불**

서방극락세계 대자대비 아미타 부처님께 귀의합니다. 바라옵건대 부동지와 오분향을 고루고루 얻으신 뒤, 자재신과 육바라밀 두루두루 이루도록 인도하여 주옵소서.

(다함께) **나무아미타불**

서방극락세계 대자대비 아미타 부처님께 귀의합니다. 바라옵건대 그런 뒤엔 부처님처럼 인천중생 건지시되, 청정하신 몸매 나퉈 미묘한 법 연설토록 인도하여 주옵소서.

(다함께) 나무아미타불

　서방극락세계 대자대비 관세음보살마하살께 귀의합니다. 서방극락세계 대희대사 대세지보살마하살께 귀의합니다. 바라옵건대 관음세지 양대보살 크신 서원 베푸시어 연화대쪽 가리키사 오늘 영가 왕생토록 인도하여 주옵소서.

(다함께) 나무아미타불

영사사바　왕생서방　친견미타　시위극락
永辭娑婆　往生西方　親見彌陀　是爲極樂

　사바세계 하직하고 서방정토 왕생하여
　아미타불 친견하면 이를일러 극락이라

하직게下直偈

성현행보진허공　이탈색신도정방
聖賢行步振虛空　已脫色身到淨邦

여금망자역여시　불수오음향락방
如今亡者亦如是　不受五陰向樂方

　성현님네 가시는 길 허공중에 가득하여
　이승 몸 벗어나서 청정국토 이루었네
　오늘의 영가님도 언제나 그러하셔서
　오온의 몸 받지 말고 안락국토 가옵소서

보례삼보普禮三寶

보례시방상주불 보례시방상주법 보례시방상주승
普禮十方常住佛 普禮十方常住法 普禮十方常住僧

● 시간이 있거나 이동하는 중에는 의상조사 법성게(130쪽) 독송

산화락
散花落

나무 영상회상불보살
南無 靈山會上佛菩薩

나무 대성인로왕보살마하살
南無 大聖引路王菩薩摩訶薩

5. 영결永訣

십념十念

청정법신비로자나불 원만보신노사나불 천백억화
清淨法身毗盧遮那佛　圓滿報身盧舍那佛　千百億化

신석가모니불 구품도사아미타불 당래하생미륵존불
身釋迦牟尼佛　九品導師阿彌陀佛　當來下生彌勒尊佛

시방삼세일체제불 시방삼세일체존법 대성문수사
十方三世一切諸佛　十方三世一切尊法　大聖文殊師

리보살 대행보현보살 대비관세음보살 대원본존
利菩薩　大行普賢菩薩　大悲觀世音菩薩　大願本尊

지장보살 제존보살마하살 마하반야바라밀
地藏菩薩　諸尊菩薩摩訶薩　摩訶般若波羅蜜

거불擧佛

나무 극락도사 아미타불
南無　極樂導師　阿彌陀佛

나무 관음세지 양대보살
南無　觀音勢至　兩大菩薩

나무 접인망령 대성인로왕보살마하살
南無　接引亡靈　大聖引路王菩薩摩訶薩

182

창혼唱魂

거사바세계 원아금차 지극지성 성복제지신 설향
據娑婆世界 願我今此 至極至誠 成服祭之辰 說香

단전 봉청재자 모처거주 모인복위 모인영가
壇前 奉請齋者 某處居住 某人伏爲 某人靈駕

반혼착어返魂着語

영명성각묘난사　월타추담계영한
靈明性覺妙難思　月墮秋潭桂影寒

금탁수성개각로　잠사진계하향단
金鐸數聲開覺路　暫辭眞界下香壇

신령하고 밝은 성품 미묘하기 그지없어
가을못에 비친 달이 계수나무 사무쳐라
목탁소리 요령소리 보리길이 열렸나니
가시는 길 잠시 쉬고 이 향단에 내려오소서

가지공양加持供養

보방광명향장엄 종종묘향집위장 보산시방제국토
普放光明香莊嚴 種種妙香集爲帳 普散十方諸國土

공양일체대덕존 우방광명다장엄 종종묘다집위장
供養一切大德尊 又放光明茶莊嚴 種種妙茶集爲帳

보산시방제국토 공양일체영가중 우방광명미장엄
普散十方諸國土　供養一切靈駕衆　又放光明米莊嚴

종종묘미집위장 보산시방제국토 공양일체고혼중
種種妙米集爲帳　普散十方諸國土　供養一切孤魂衆

우방광명법자재 차광능각일체중 영득무진다라니
又放光明法自在　此光能覺一切衆　令得無盡陀羅尼

실지일체제불법 법력난사의 대자무장애 입립편
悉持一切諸佛法　法力難思議　大悲無障礙　粒粒遍

시방 보시주법계 금일소수복 보첨어귀취 식이면
十方　普施周法界　今以所修福　普沾於鬼趣　食已免

극고 사신생락처
極苦　捨身生樂處

　향 장엄의 광명을 널리 놓으려 가지가지 묘한 향
구름 지어서 시방세계 온 국토에 흩날리나니 대자대
비 성존이여, 공양하소서. 차 공양의 광명을 놓고자
하여 가지가지 묘한 차 받아 지어서 시방세계 온 국
토에 널리 뿌리니 일체 모든 영가님들 공양하소서.
쌀 장엄의 광명을 놓고자 하여 가지가지 묘한 쌀 산
을 만들어 시방세계 온 국토에 널리 뿌리니 일체 모
든 고혼이여 공양하소서. 법자재 광명을 널리 놓으사
이 빛으로 온갖 중생 깨우쳐 주고 다함없는 다라니를
모두 다 얻어 위없는 미묘법문 지니게 하니 법의 위

184

력 어찌 다 헤아리리까. 대자대비 위신력 걸림 없으니 이 공양 두루 다 시방에 퍼져 법계에 빠짐없이 넘쳐지이다. 이와 같이 이룩된 모든 장엄을 일체 법계 영혼에게 베푸옵나니 먹는 자 괴로움 즉시 면하고 몸을 바꿔 극락정토 태어나소서.

상주가 먼저 잔을 올림.

시귀식진언施鬼食眞言

옴 미기미기 야야미기 사바하

시무차법식진언施無遮法食眞言

옴 목역능 사바하

보공양진언普供養眞言

옴 아아나 삼바바 바아라 훔

보회향진언普回向眞言

옴 삼마라 삼마라 미만나 사라마하 자가라 바 훔

조객 헌향 및 헌화

제문祭文

오늘 ○○○ 영가시여, ○○년 ○○월 ○○일 행효자 ○○○ 등이 삼가 일가친척과 생전 친지들이 향과 꽃을 갖추어 영가님 전에 올리오니 받으시고 자세히 감응하소서.

슬프도다, 이렇게 무상한 바람이 불어 닥친 ○○○ 영가시여, 이제 세간 인연을 순리대로 따르니, 일월이 빛을 잃고 천지가 방소를 잃었나이다. 그토록 밝으신 모습 찾을 길 없고 맑으신 음성 멀리 여의니 유족과 친지들의 적막한 심정을 무엇으로 비유하오리까? 하늘을 우러르고 땅을 치며 스스로 마음 가눌 길 잃었나이다. 그러나 오로지 염불로 마음을 돌이키니 염불에서 바야흐로 길이 열리고 마음이 잡히는 것을 알겠나이다.

○○○ 영가시여!

꽃 맺힌 나뭇가지를 보고 봄이 온 것을 알고, 낙엽 한 잎 뜨락을 뒹구니 가히 천지가 가을임을 알겠나이다. 영가께서 이와 같이 오고 가시니, 오고 가는 한 물건은 무엇입니까? 이 한 물건은 가고 옴에 상관하지 아니하며, 세월이 흐르고 천지가 바뀌어도 동요가 없는 물건입니다. 이 도리는 부처님을 생각하고, 일심으로 아미타 부처님의 성호를 일컬을 때 더욱 또렷이 드러나이다.

○ ○ ○ 영가시여!

바라옵건대, 아미타 부처님의 자비하신 원력에 의지하여 극락세계 왕생하시고, 대자재 무량공덕을 이룩하소서.

영가의 육신은 비록 멸하였으나, 영가의 본체는 멸함이 없어 당당한 법신이 항상 머물고, 맑고 밝은 한마음은 만고에 태평하여 환희가 넘치며 겁 밖에 자재하나이다.

영가께서는 이제 허공보다 앞서 있고, 태양보다 밝은 본분광명으로 자재하나이다.

영가께서는 나무아미타불 한 구절 아래 광명길이 열리고 다시 걸음걸음 연꽃이 피어나며, 곧바로 극락세계 이르러 연꽃 봉우리에 피어나소서.

부처님 법문 듣고 크신 지혜 깨달아 모든 중생 제도하게 되오리니, 바라옵건대 이 세상 인연 저버리지 마시옵고 찬란한 빛으로 돌아오시사 중생을 성숙시키는 큰 뜻을 거듭 밝히소서.

나무 석가모니불

나무 석가모니불

나무 시아본사 석가모니불

- 조가(왕생가, 빛으로 돌아오소서, 회심곡 등) 합창
- 장엄염불(121쪽)과 아미타불 정근을 시간에 따라 알맞게 한다.

출상出喪

- 상여 앞에 제상을 차려 거행함

거불擧佛

나무상주시방불 나무상주시방법 나무상주시방승
南無十方常住佛 南無十方常住法 南無十方常住僧

시방세계 항상 계신 부처님께 귀의합니다.
시방세계 항상 계신 가르침에 귀의합니다.
시방세계 항상 계신 스님들께 귀의합니다.

노제문路祭文

유세차 모모년 모월 모일 행효자 모등 복위 근이
維歲次 某某年 某月 某日 行孝子 某等 伏爲 謹以

향다지전 감소고우 선영지하 오호 영변여작 엄급
香茶之奠 敢昭告于 先靈之下 嗚呼 靈變如昨 奄及

모일 음용통격 하태추모 신위부평 주지동서 생불
某日　音容洞隔　何迨追慕　身爲浮萍　住止東西　生不

주삼평 사불효신찬 앙천구지 익자망망료장박전
做三平　死不效神贊　仰天扣地　益自茫茫聊將薄奠

용소진영 복유상향
用訴眞靈　伏惟尚饗

　유세차 ○○년 ○월 ○일 행효자 ○○ 등은 향과 다과의 제물로써 열반의 세계로 떠나시는 ○○○ 영가님께 고하나이다. 이제 머무르시던 집을 떠나 생사에 구애받지 않는 해탈의 길로 나왔소이다. 살아서 못다한 인연에 연연하지 마시고 정신을 가다듬어 간소한 음식을 흠향하시고 먼저 돌아가신 선영과 함께 극락왕생 하옵소서.

● 반야심경(25쪽) 혹은 무상계(208쪽)를 독송하고 법성게(130쪽) 혹은 장엄염불(121쪽)로 운구함.

6. 다비茶毗

● 매장을 하지 않고 화장 할 때(화장장에서)

거불擧佛

나무 극락도사 아미타불
南無　極樂導師　阿彌陀佛

나무 관음세지 양대보살
南無　觀音勢至　兩大菩薩

나무 접인망령 대성인로왕보살마하살
南無　接引亡靈　大聖引路王菩薩摩訶薩

신원적 모인영가 색신수멸 법신상주 심체담연 시
新圓寂　某人靈駕　色身雖滅　法身常住　心體湛然　是

명대헐지지 욕식진주처 건곤만리통 모인영가 성
名大歇之地　欲識眞住處　乾坤萬里通　某人靈駕　性

본광대승허공 진성탁연초법계 약유업장 선당참
本廣大勝虛空　眞性卓然超法界　若有業障　先當懺

회 하유진언 근당선념
悔　下有眞言　謹當宣念

　　신원적 ○○○ 영가시여. 몸은 비록 없어지나 법신

은 항상 머무나니 마음의 본체가 맑고 밝은 것을 일러 해탈이라 하나이다. 참마음 있는 곳을 알고자 하나이까? 하늘과 땅 사이에 수만리 통하였도다.

○○○ 영가시여. 성품은 넓고 커서 허공보다 수승하고 진성은 탁월하여 법계를 초월하니, 만약 업장이 있거든 먼저 참회하고 다음의 진언을 삼가 생각할지어다.

참회진언懺悔眞言

옴 살바 못자모지 사다야 사바하

아미타불본심미묘진언阿彌陀佛本心微妙眞言

다냐타 옴 아리다바 사바하

거화擧火

차일거화 비삼독지화 시여래일등삼매지화 기광
此一炬火　非三毒之火　是如來一燈三昧之火　其光

혁혁 편조삼제 기염황황 동철십방 득기광야 등제
赫赫　遍照三際　其燄煌煌　洞徹十方　得其光也　等諸

불어일조 실기광야 순생사지만겁 모인영가 회광
佛於一朝　失其光也　順生死之萬劫　某人靈駕　廻光

반조 돈오무생 이열뇌고 득쌍림락
返照 頓悟無生 離熱惱苦 得雙林樂

이 불은 삼독의 불이 아니라 부처님 일등삼매 불이오니 그 빛은 밝고 밝아 영겁 비추고 불꽃은 사방으로 타오르도다. 이 광명 얻은 자 부처님 같고 이 광명 잃은 자 생사 따르니 영가시여 돌이켜 스스로 비춰 무생법인 단번에 요달하여서 다함없는 고통바다 길의 여의고 열반의 즐거움을 누릴지어다.

하화下火

삼연화합 잠시성유 사대이산 홀득환공 기년유어
三緣和合 暫時成有 四大離散 忽得還空 幾年遊於

환해 금조탈각 경쾌여봉 대중차도 모인영가 향십
幻海 今朝脫却 慶快如蓬 大衆且道某人靈駕 向甚

마처거 목마도기번일전 대홍염리방한풍
麼 處去 木馬倒騎飜一轉 大紅焰裡放寒風

세 인연 화합하여 몸 이루다가 사대가 흩어지니 문득 공이라. 몇 년의 환의 바다 돌고 헤매다 오늘 이제 벗어나니 경쾌하도다. 대중들은 분명하게 일러 보소서. 오늘 영가 간 곳이 어느 곳인가. 거꾸로 탄 목마로 재주넘으니 활활 타는 불길 속에 찬바람 이네.

192

봉송奉送

● 보통 출가 스님 다비식 때만 함

절이 신원적 모인영가 기수연이순적 내의법이다비
切以　新圓寂　某人靈駕　旣隨緣而順寂　乃依法而茶毗

분백년년홍지신 입일로열반지문 앙빙대중 자조
焚百年幻夢之身　入一路涅槃之門　仰憑大衆　資助

각로
覺路

　애달프다. 저승으로 떠나는 이여. 세상 인연 따라서 원적에 들고 법다웁게 정성 들여 다비 행하여 백년 동안 법을 펼칠 거룩하신 몸 오늘 이제 걸림 없이 열반길 가니 대중들은 밝은 길을 넓히오소서.

십념十念

청정법신비로자나불 원만보신노사나불 천백억화
清淨法身毗盧遮那佛　圓滿報身盧舍那佛　千百億化

신석가모니불 구품도사아미타불 당래하생미륵존
身釋迦牟尼佛　九品導師阿彌陀佛　當來下生彌勒尊

불 시방삼세일체제불 시방삼세일체존법 대성문
佛　十方三世一切諸佛　十方三世一切尊法　大聖文

수사리보살 대행보현보살 대비관세음보살 대원
殊師利菩薩　大行普賢菩薩　大悲觀世音菩薩　大願

본존지장보살 제존보살마하살 마하반야바라밀
本尊地藏菩薩　諸尊菩薩摩訶薩　摩訶般若波羅蜜

표백表白

상래칭양성호자천왕생　유원혜감분명진풍산채
上來稱揚聖號資薦往生　惟願慧鑑分明眞風散彩

보리원리개부각의지화　법성해중탕척신심지구
菩提園裡開敷覺意之花　法性海中蕩滌身心之垢

고어운정화남성중
高馭雲程和南聖衆

　염불하여 천도하는 이 공덕으로 오늘 영가 지혜 밝
고 빛나지이다. 깨달음의 동산에 보리꽃 피고 법의
성품 바다에서 심신 맑으며 하늘 달려 모든 성존 뵈
어지이다.

봉송진언奉送眞言

옴 바아라 사다 목차목

창의唱衣

인차향연강연석 증명창의견문지 법신본래환청정
因此香烟降筵席 證明唱衣見聞知 法身本來還淸淨

단제번뇌증보제 부운산이영불류 잔촉진이광자멸
斷除煩惱證菩提 浮雲散而影不留 殘燭盡而光自滅

금자우창용표무상 앙빙대중념십념 상래창의념송
今玆佑唱用表無常 仰憑大衆念十念 上來唱衣念誦

공덕 봉위영가 형탈근진 초출삼계 맥답천성지정로
功德 奉爲靈駕 逈脫根塵 超出三界 驀踏千聖之正路

유희일승지묘장 해천명월초생처 암수제원정헐시
遊戲一乘之妙場 海天明月初生處 巖峀啼猿正歇時

　향 연기 법석에 두루 퍼지니 창의의식 증명을 듣고
보소서. 법신은 본래 항상 청정하시니 번뇌를 끊으면
보리 얻도다. 뜬구름 흩어지니 자취가 없고 남은 초
다하면 불빛 꺼지듯 이제 와서 옷가지 들어 외침은
무상을 일깨우기 위함이오니 바라건대 대중들이 십념
외우신 이상의 창의와 염송 공덕에 오늘의 영가시여,
육근육진 벗고서 삼계를 넘어 천 성인의 바른 길을
밟으시고 일불승의 묘한 도량 거니소서. 바다 끝 먼
하늘에 밝은 달뜨니 벼량 숲에 원숭이도 잠들었도다.

기골起骨

일점영명 요무소득 일척번신 다소자재 무상무공
一 點 靈 明　了 無 所 得　一 擲 飜 身　多 少 自 在　無 相 無 空

무불공 즉시여래진실상
無 不 空　卽 是 如 來 眞 實 相

　일점이라 영명이여 걸림 없으니 한번 던져 몸 뒤치어 비로소 얻네. 상도 없고 공도 없고 불공도 없어 이것 바로 부처님의 진실상이라.

습골拾骨

취부득 사부득 정당이마시 여하위실 돌 척기미모
取 不 得　捨 不 得　正 當 伊 麼 時　如 何 委 悉　咄　剔 起 眉 毛

화리간 분명일국황금골
火 裡 看　分 明 一 掬 黃 金 骨

　잡을 것도 버릴 것도 참으로 없으니 이러한 바로 이때 어찌할 건가. 돌! 두 눈을 부릅뜨고 불 속을 보라. 분명히 한 무더기 황금 뼈로다.

쇄골碎骨

약인투득상두관 시각산하대지관 불락인간분별계
若 人 透 得 上 頭 關　始 覺 山 河 大 地 寬　不 落 人 間 分 別 界

196

하구녹수여청산 저개백골 괴야미괴야

何拘綠水與靑山　這箇白骨　壞也未壞也

괴즉유여벽공 미괴즉청천백운 영식독로 유재부

壞則猶如碧空　未壞則靑天白雲　靈識獨露　有在不

재 환식저개마 불리당처상담연 멱즉지군불가견

在　還識這箇麽　不離當處常湛然　覓則知君不可見

　누구나 상두관을 뚫어내고서 산하대지 넓은 곳을 비로소 아네. 인간세상 분별세계 안 떨어지니 푸른 물 푸른 산에 구애되리오. 이 백골 부서지는가 아닌가? 부서지면 푸른 하늘 아니던가. 그러하지 않으면 청천백운이로다. 신령한 심식만이 홀로 드러나 있고 없고 에는 상관없도다. 누가 있어 이 도리를 능히 알손가. 당처를 여의잖고 항상 맑거늘 이를 두고 찾는 자 결코 못 보리라.

■ 참고 ■

보통 상주분이 뼈 가루를 뿌리는 곳에 동참 하자고 할 때, 상주분들이 뼈를 뿌리는 동안 요령을 흔들며 아래의 산골편부터 해 주며 마지막에 반야심경(25쪽 참조)으로 끝을 낸다

산골散骨

회비대야 골절하안 몌지일성 시도뇌관 돌 일점영
灰飛大野 骨節何安 驀地一聲 始到牢關 咄 一點靈

명비내외 오대공쇄백운간
明非內外 五臺空鎖白雲間

　넓은 들에 흩날리니 어디 있는가. 땅을 차고 소리 치니 관문 열리네. 돌! 영명한 이 한 점은 안팎 없으 니 오대산이 부질없이 구름 얽노라.

환귀본토진언還歸本土眞言

옴 바자나 사다모

산좌송散座頌

법신편만백억계	**보방금색조인천**
法身遍滿百億界	普放金色照人天

응물현형담저월	**체원정좌보연대**
應物現形潭底月	體圓正座寶蓮臺

　법신불이 두루하여 누리에 차고
　금빛광명 널리놓아 인천 밝아라
　그릇따라 형상나툰 물속 달인양
　연화대엔 거룩한 몸 원만하여라

● 반야심경 독송(25쪽 참조)

198

7. 매장埋葬

거불擧佛

나무 극락도사 아미타불
南無 極樂導師 阿彌陀佛

나무 관음세지 양대보살
南無 觀音勢至 兩大菩薩

나무 접인망령 대성인로왕보살마하살
南無 接引亡靈 大聖引路王菩薩摩訶薩

십념十念

청정법신비로자나불 원만보신노사나불 천백억화
清淨法身毗盧遮那佛 圓滿報身盧舍那佛 千百億化

신석가모니불 구품도사아미타불 당래하생미륵존
身釋迦牟尼佛 九品導師阿彌陀佛 當來下生彌勒尊

불 시방삼세일체제불 시방삼세일체존법 대성문
佛 十方三世一切諸佛 十方三世一切尊法 大聖文

수사리보살 대행보현보살 대비관세음보살 대원
殊師利菩薩 大行普賢菩薩 大悲觀世音菩薩 大願

본존지장보살 제존보살마하살 마하반야바라밀
本尊地藏菩薩 諸尊菩薩摩訶薩 摩訶般若波羅蜜

산왕찬山王讚

영산석일여래촉   위진강산도중생
靈山昔日如來囑   威振江山度衆生

만리백운청장리   운거학가임한정
萬里白雲青嶂裡   雲車鶴駕任閑情

　오랜 옛날 영산회상 여래부촉 받으시고
　크신 위엄 갖추시고 중생제도 하시어라
　수만리 흰 구름과 깊고 푸른 산속에서
　학 이끄는 구름수레 한가로이 지내시네

하관下棺

신원적 모인영가 일체제중생 신심개여환 신상속
新圓寂 某人靈駕 一切諸衆生 身心皆如幻 身相屬

사대 심성귀육진 사대체각이 수위화합자 대중차도
四大 心性歸六塵 四大體各離 誰爲和合者 大衆且道

금일영가 향십마처거 일체불세계 유여허공화 삼
今日靈駕 向什麼處去 一切佛世界 猶如虛空花 三

세실평등 필경무래거 모인영가 환회득 차평등 무
世悉平等 畢竟無來去 某人靈駕 還會得 此平等 無

200

래거저 일구마 기혹미연 퇴양일보 화이합수 갱청
來去底 一句麼 旣或未然 退讓一步 和泥合水 更聽

주각 기사인간 백세환신 엄귀지하 영년유택 체백
註脚 旣捨人間 百世幻身 奄歸地下 永年幽宅 體魄

안녕 장보자손 혼귀안양 자재우유
安寧 長保子孫 魂歸安養 自在優遊

　신원적 ○○○ 영가시여. 중생의 몸과 마음 모두 환이니 육신은 사대이고 마음은 육진 사대로 모인 몸이 다 흩어지면 무엇이 남아 있어 화합할런가. 대중이여, 일러보라. 영가 간 곳을. 일체 모든 부처세계 허공이리니 삼계 모두 평등하여 거래 끊어라. 거래 없는 이 소식을 영가는 아는가? 그대 만약 이 도리를 알지 못하면 한 걸음 물러서서 군말 들으라. 백세 미만 몽환의 몸 땅에 묻히니 이곳이 길이 쉴 유택이런가. 몸은 필경 흩어져 자취 없으니 영혼은 극락에서 편안하리라.

환귀본토진언還歸本土眞言

옴 바자나 사다모

산좌송散座頌

법신편만백억계   **보방금색조인천**
法身遍滿百億界   普放金色照人天

응물현형담저월   **체원정좌보연대**
應物現形潭底月   體圓正座寶蓮臺

    법신불이 두루하여 누리에 차고
    금빛광명 널리놓아 인천 밝아라
    그릇따라 형상나툰 물속 달인양
    연화대엔 거룩한 몸 원만하여라

● 장엄염불(121쪽) 독송

평토제平土祭

● 매장이 끝난 후에 한다.

거불擧佛

나무 극락도사 아미타불
南無 極樂導師 阿彌陀佛

나무 관음세지 양대보살
南無 觀音勢至 兩大菩薩

나무 접인망령 대성인로왕보살마하살
南無 接引亡靈 大聖引路王菩薩摩訶薩

202

창혼唱魂

거사바세계 원아금차 지극지성 평토제지신 설향
據娑婆世界　願我今此　至極至誠　平土祭之辰　說香

단전 봉청재자 모처거주 모인복위 모인영가
壇前　奉請齋者　某處居住　某人伏爲　某人靈駕

착어着語

영명성각묘난사　월타추담계영한
靈明性覺妙難思　月墮秋潭桂影寒

금탁수성개각로　잠사진계하향단
金鐸數聲開覺路　暫辭眞界下香壇

　신령하고 밝은 성품 미묘하기 그지없어
　가을못에 비친 달이 계수나무 사무쳐라
　목탁소리 요령소리 보리길이 열렸나니
　가시는 길 잠시 쉬고 이 향단에 내려오소서

진령게振鈴偈

이차진령신소청　명도귀계보문지
以此振鈴伸召請　冥途鬼界普聞知

원승삼보력가지　금일금시내부회
願承三寶力加持　今日今時來赴會

　요령소리 떨치고서 청하옵노니

오늘의 영가시여 잘 들으소서
바라건대 삼보님의 위신력 빌어
이 시간 이 향단에 내려오소서

수위안좌진언受位安座眞言

옴 마니 군다니 훔훔 사바하

변식진언變食眞言

나막 살바다타 아다 바로기제 옴 삼바라 삼바라 훔

시감로수진언施甘露水眞言

나무 소로바야 다타 아다야 다냐타 옴 소로소로
바라소로 바라소로 사바하

일자수륜관진언一字水輪觀眞言

옴 밤 밤 밤밤

유해진언乳海眞言

나무 사만다 못다남 옴 밤

시귀식진언施鬼食眞言

옴 미기미기 야야미기 사바하

시무차법식진언施無遮法食眞言

옴 목역능 사바하

보공양진언普供養眞言

옴 아아나 삼바바 바아라 훔

보회향진언普回向眞言

옴 삼마라 삼마라 미만나 사라마하 자거라 바 훔

원차가지식 보변만시방 식자제기갈 득생안양국
願 此 加 持 食　普 遍 滿 十 方　食 者 除 飢 渴　得 生 安 養 國

　바라건대 법다운 이 공양이여
　시방세계 두두두루 넘칠지어다
　먹는 자는 굶주림을 길이 여의고
　아미타불 극락세계 태어나소서

● 의상조사 법성게(130쪽) 독송.

수지독송

경전은 중생을 위해 부처님께서 설하신 말씀입니다. 청정한 마음으로 경전을 받아 지녀 읽고 외우며, 사구게만이라도 남을 위해 설한다면 무량복덕을 얻는다고 합니다. 이러한 독송을 통해 죄업을 소멸하고 모든 복덕을 성취하여 기필코 성불할 수 있다고 부처님은 말씀하셨습니다. 경전의 종류와 내용이 다르고 기도하는 방법은 다르지만 불교경전은 모두 중생으로 하여금 성불을 이루게 하는 것에 그 목적이 있습니다.

부처님의 가르침을 읽고 그 가르침을 이해하고 실천하는 것이 곧 정진이며 수행의 첫걸음입니다.

1. 무상계 無常戒

부무상계자 입열반지요문 월고해지자항 시고 일체
夫無常戒者 入涅槃之要門 越苦海之慈航 是故 一切

제불 인차계고 이입열반 일체중생 인차계고 이도
諸佛 因此戒故 而入涅槃 一切衆生 因此戒故 而度

고해 모령 여금일 형탈근진 영식독로 수불무상정계
苦海 某靈 汝今日 逈脱根塵 靈識獨露 受佛無上淨戒

하행여야
何幸如也

모령 겁화통연 대천구괴 수미거해 마멸무여 하황
某靈 劫火洞然 大千俱壞 須彌巨海 磨滅無餘 何況

차신 생로병사 우비고뇌 능여원위 모령 발모조치
此身 生老病死 憂悲苦惱 能與遠違 某靈 髮毛爪齒

피육근골 수뇌구색 개귀어지 타체농혈 진액연말
皮肉筋骨 髓腦垢色 皆歸於地 唾涕膿血 津液涎沫

담누정기 대소편리 개귀어수 난기귀화 동전귀풍
痰涙精氣 大小便利 皆歸於水 煖氣歸火 動轉歸風

사대각리 금일망신 당재하처 모령 사대허가 비가
四大各離 今日亡身 當在何處 某靈 四大虛假 非可

208

애석 여종무시이래 지우금일 무명연행 행연식 식
愛惜 汝從無始已來 至于今日 無名緣行 行緣識 識

연명색 명색연육입 육입연촉 촉연수 수연애 애연
緣名色 名色緣六入 六入緣觸 觸緣受 受緣愛 愛緣

취 취연유 유연생 생연노사 우비고뇌
取 取緣有 有緣生 生緣老死 憂悲苦惱

무명멸즉행멸 행멸즉식멸 식멸즉명색멸 명색멸
無明滅則行滅 行滅則識滅 識滅則名色滅 名色滅

즉육입멸 육입멸즉촉멸 촉멸즉수멸 수멸즉애멸
則六入滅 六入滅則觸滅 觸滅則受滅 受滅則愛滅

애멸즉취멸 취멸즉유멸 유멸즉생멸 생멸즉노사
愛滅則取滅 取滅則有滅 有滅則生滅 生滅則老死

우비고뇌멸
憂悲苦惱滅

제법종본래 상자적멸상 불자행도이 내세득작불
諸法從本來 常自寂滅相 佛子行道已 來世得作佛

제행무상 시생멸법 생멸멸이 적멸위락
諸行無常 是生滅法 生滅滅已 寂滅爲樂

귀의불타계 귀의달마계 귀의승가계
歸依佛陀戒　歸依達磨戒　歸依僧伽戒

나무과거보승여래 응공 정변지 명행족 선서 세간해
南無過去寶勝如來　應供　正遍知　明行足　善逝　世間解

무상사 조어장부 천인사 불 세존
無上士　調御丈夫　天人師　佛　世尊

모령 탈각오음각루자 영식독로 수불무상정계 기불
某靈　脫却五陰殼漏子　靈識獨露　受佛無上淨戒　豈不

쾌재 천당불찰 수념왕생 쾌활쾌활
快哉　天堂佛刹　隨念往生　快活快活

서래조의최당당　자정기심성본향
西來祖意最當當　自淨其心性本鄉

묘체담연무처소　산하대지현진광
妙體湛然無處所　山河大地現眞光

○○○ 영가
내 이제 영가와 인연이 깊어
무상계 묘법문을 다시 주리니
일심으로 마음 비워 받을지로다
무상계는 열반 얻는 긴한 문이며
고통바다 건너는 든든한 배라

210

부처님도 이 계로써 열반 드셨고
중생들도 고통바다 건너느니라
그대 이제 몸과 마음 놓아버리고
신령한 심식이 말끔히 밝아
위없는 청정계를 이제 받으니
이런 다행 또다시 어디 있으랴
금일영가 지성으로 살필지어다.

겁의 불길 활활활 불타오르고
대천세계 모두가 무너진다면
수미산도 쓰러지고 바다도 말라
그대 몸이 나고늙고 죽는 일이며
근심하고 슬퍼하고 아파하거나
그대 뜻에 맞거나 어기는 일들
이 같은 온갖 것이 어찌 있으랴
영가여 다시 깊이 살필지어다
뼈와 살과 빛깔은 흙으로 가고
피와 침과 물기는 물로 다 가고
따뜻한 몸기운은 불로 다 가며
움직이는 힘이란 바람으로 가
사대가 제각기 흩어졌으니
영가 몸이 어디메에 있다할손가

사대로 이루어진 그대의 몸은
실로는 거짓이오 허망함이니
애석하게 여길바 못되느니라
그대는 옛적부터 오늘날까지
무명으로 인하여 행이 있었고
행을 인연하여 식이 있었고
식을 인연하여 명색이 있고
명색을 인연하여 육입 있으며
육입을 인연하여 촉이 있었고
촉을 인연하여 수가 있으며
수를 인연하여 애가 있었고
애를 인연하여 취가 있으며
취를 인연하여 유가 있었고
유를 인연하여 생이 있으며
생을 인연하여 늙고 병들고
근심슬픔 죽음이 있게 되니라
그렇다면 이 도리를 돌이켜볼 때
무명이 멸한즉 행이 멸하고
행이 멸한즉 식이 멸하며
식이 멸한즉 명색 멸하고
명색이 멸한즉 육입 멸하며
육입이 멸한즉 촉이 멸하고

촉이 멸한즉 수가 멸하며
수가 멸한즉 애가 멸하고
애가 멸한즉 취가 멸하며
취가 멸한즉 유가 멸하고
유가 멸한즉 생이 멸하며
생이 멸한즉 늙음 죽음과
근심이나 슬픔이 없게 되니라

모든 법은 본래로 좇아오면서
어느때나 스스로 적멸상이니
불자가 진실한 길 모두 행하면
오는 세상 기어이 성불하리라

이 세상 모든 것은 무상하나니
그 모두는 생멸하는 현상이로다
생하고 멸함이 다해 마치면
적멸의 즐거움이 드러나느니

위없는 부처님께 귀의하오리
위없는 가르침에 귀의하오리
거룩한 스님들께 귀의하오리
나무과거 보승여래 응공 정변지

명행족 선서 세간해 무상사
조어장부 천인사 불 세존

○ ○ ○ 영가
오온의 빈주머니 시원히 벗고
신령한 심식이 홀로 드러나
위없는 청정계를 받아지니니
이 어찌 유쾌하지 아니하리오
천당이나 불국토를 뜻대로 가니
이어찌 쾌활하고 기쁘잖으리

달마조사 전하신 법 분명도 해라
이 마음 밝혀보니 성품 빛나라
묘체가 맑고밝아 처소 없으니
산과 물과 온천지 진리 나퉈라

2. 극락왕생 발원문

영가시여 저희들이 일심으로 염불하니
무명업장 소멸하고 반야지혜 드러내어
생사고해 벗어나서 해탈열반 성취하사
극락왕생 하옵시고 모두성불 하옵소서
사대육신 허망하여 결국에는 사라지니

이육신에 집착말고 참된도리 깨달으면
모든고통 벗어나고 부처님을 친견하리
살아생전 애착하던 사대육신 무엇인고
한순간에 숨거두니 주인없는 목석일세
인연따라 모인것은 인연따라 흩어지니

태어남도 인연이요 돌아감도 인연인걸
그무엇을 애착하고 그무엇을 슬퍼하랴
몸뚱이를 가진자는 그림자가 따르듯이
일생동안 살다보면 죄없다고 말못하리
죄의실체 본래없어 마음따라 생기나니

마음씀이 없어질때 죄업역시 사라지네

죄란생각 없어지고 마음또한 텅비어서
무념처에 도달하면 참회했다 말하리라
한마음이 청정하면 온세계가 청정하니
모든업장 참회하여 청정으로 돌아가면
영가님이 가시는길 광명으로 가득하리
가시는길 천리만리 극락정토 어디인가
번뇌망상 없어진곳 그자리가 극락이니
삼독심을 버리고서 부처님께 귀의하면
무명업장 벗어나서 극락세계 왕생하리

모든것은 무상이요 생한자는 필멸이라
태어났다 죽는것은 모든생명 이치이니
임금으로 태어나서 온천하를 호령해도
결국에는 죽는것을 영가님은 모르는가
영가시여 어디에서 이세상에 오셨다가

가신다니 가시는곳 어디인줄 아시는가
태어났다 죽는것은 중생계의 흐름이라
이곳에서 가시면은 저세상에 태어나니
오는듯이 가시옵고 가는듯이 오신다면
이육신의 마지막을 걱정할것 없잖은가

일가친척 많이있고 부귀영화 높았어도
죽는길엔 누구하나 힘이되지 못한다네
맺고쌓은 모든감정 가시는길 짐되오니
염불하는 인연으로 남김없이 놓으소서
미웠던일 용서하고 탐욕심을 버려야만

청정하신 마음으로 불국정토 가시리라
삿된마음 멀리하고 미혹함을 벗어나야
반야지혜 이루시고 왕생극락 하오리다
본마음은 고요하여 옛과지금 없다하니
태어남은 무엇이고 돌아감은 무엇인가
부처님이 관밖으로 양쪽발을 보이셨고
달마대사 총령으로 짚신한짝 갖고갔네

이와같은 높은도리 영가님이 깨달으면
생과사를 넘었거늘 그무엇을 슬퍼하랴
뜬구름이 모였다가 흩어짐이 인연이듯
중생들의 생과사도 인연따라 나타나니
좋은인연 간직하고 나쁜인연 버리시면

이다음에 태어날때 좋은인연 만나리라
사대육신 흩어지고 업식만을 가져가니

탐욕심을 버리시고 미움또한 거두시며
사견마저 버리시어 청정해진 마음으로
부처님의 품에안겨 왕생극락 하옵소서

돌고도는 생사윤회 자기업을 따르오니
오고감을 슬퍼말고 환희로써 발심하여
무명업장 밝히시면 무거운짐 모두벗고
삼악도를 뛰어넘어 극락세계 가오리다
이세상에 처음올때 영가님은 누구셨고

사바일생 마치고서 가시는이 누구신가
물이얼어 얼음되고 얼음녹아 물이되듯
이세상의 삶과죽음 물과얼음 같으오니
육친으로 맺은정을 가벼웁게 거두시고
청정해진 업식으로 극락왕생 하옵소서
영가시여 사바일생 다마치는 임종시에
지은죄업 남김없이 부처님께 참회하고

한순간도 잊지않고 부처님을 생각하면
가고오는 곳곳마다 그대로가 극락이니
첩첩쌓인 푸른산은 부처님의 도량이요
맑은하늘 흰구름은 부처님의 발자취며

218

뭇생명의 노랫소리 부처님의 설법이고

대자연의 고요함은 부처님의 마음이니
불심으로 바라보면 온세상이 불국토요
범부들의 마음에는 불국토가 사바로다
애착하던 사바일생 하룻밤의 꿈과같고
나다너다 모든분별 본래부터 공이거니

빈손으로 오셨다가 빈손으로 가시거늘
그무엇에 얽매어서 극락왕생 못하시나
저희들이 일심으로 독송하는 진언따라
지옥세계 무너지고 맺은원결 풀어지며
아미타불 극락세계 상품상생 하옵소서

3. 원각경 보안보살장 圓覺經 普眼菩薩章

어시 보안보살 재대중중 즉종좌기 정례불족 우요
於是 菩眼菩薩 在大衆中 卽從座起 頂禮佛足 右繞

삼잡 장궤차수 이백불언
三匝 長蛻叉手 而白佛言

대비세존 원위차회 제보살중 급위말세일체중생
大悲世尊 願爲此會 諸菩薩衆 及爲末世一切衆生

연설보살수행점차 운하사유 운하주지 중생미오
演說菩薩修行漸次 云何思惟 云何住持 衆生未悟

작하방편 보령개오 세존 약피중생 무정방편 급정
作何方便 普令開悟 世尊 若彼衆生 無正方便 及正

사유 문불여래 설차삼매 심생미민 즉어원각 불능
思惟 聞佛如來 說此三昧 心生迷悶 則於圓覺 不能

오입 원흥자비 위아등배 급말세중생 가설방편
悟入 願興慈悲 爲我等輩 及末世衆生 假說方便

작시어이 오체투지 여시삼청 종이부시 이시세존
作是語已 五體投地 如是三請 終而復始 爾時世尊

고보안보살언
告普眼菩薩言

선재선재 선남자 여등 내능위제보살 급말세중생
善哉善哉 善男子 汝等 乃能爲諸菩薩 及末世衆生

문어여래수행점차 사유주지 내지 가설종종방편
問於如來修行漸次 思惟住持 乃至 假說種種方便

여금제청 당위여설
汝今諦聽 當爲汝說

시 보안보살 봉교환희 급제대중 묵연이청
時 普眼菩薩 奉敎歡喜 及諸大衆 默然而聽

선남자 피신학보살 급말세중생 욕구여래 정원
善男子 彼新學菩薩 及末世衆生 欲求如來 淨圓

각심 응당정념 원리제환 선의여래사마타행 견지
覺心 應當正念 遠離諸幻 先依如來奢摩他行 堅持

금계 안처도중 연좌정실 항작시념 아금차신 사대
禁戒 安處徒衆 宴坐靜室 恒作是念 我今此身 四大

화합소위 발모조치 피육근골 수뇌구색 개귀어지
和合所謂 髮毛爪齒 皮肉筋骨 髓腦垢色 皆歸於地

타제농혈 진액연말 담루정기 대소변리 개귀어수
唾涕膿血 津液涎沫 痰淚精氣 大小便利 皆歸於水

난기귀화 동전귀풍 사대각리 금자망신 당재하처
煖氣歸火 動轉歸風 四大各離 今者亡身 當在何處

즉지차신 필경무체 화합위상 실동환화 사연가합
卽知此身 畢竟無體 和合爲相 實同幻化 四緣假合

망유육근 육근사대 중외합성 망유연기 어중적취
妄有六根　六根四大　中外合成　妄有緣氣　於中積聚

사유연상 가명위심
似有緣相　假名爲心

선남자 차허망심 약무육진 즉불능유 사대환신
善男子　此虛妄心　若無六塵　則不能有　四大幻身

분해 무진가득 어중연진 각귀산멸 필경무유
分解　無塵可得　於中緣塵　各歸散滅　畢竟無有

연심가견
緣心可見

선남자 피지중생 환신멸고 환심역멸 환심멸고
善男子　彼之衆生　幻身滅故　幻心亦滅　幻心滅故

환진역멸 환진멸고 환멸역멸 환멸멸고 비환불멸
幻塵亦滅　幻塵滅故　幻滅亦滅　幻滅滅故　非幻不滅

비여마경 구진명현
譬如磨鏡　垢盡明現

선남자 당지신심 개위환구 구상영멸 시방청정
善男子　當知身心　皆爲幻垢　垢相永滅　十方清淨

선남자 비여청정 마니보주 영어오색 수방각현
善男子　譬如清淨　摩尼寶珠　映於五色　隨方各現

제우치자 견피마니 실유오색
諸愚癡者　見彼摩尼　實有五色

222

선남자 원각정성 현어신심 수류각응 피우치자 설정
善男子 圓覺淨性 現於身心 隨類各應 彼愚癡者 説淨

원각 실유여시 신심자상 역부여시 유차불능 원어
圓覺 實有如是 身心自相 亦復如是 由此不能 遠於

환화 시고아설 신심환구 대리환구 설명보살 구진
幻化 是故我説 身心幻垢 對離幻垢 説名菩薩 垢盡

대제 즉무대구 급설명자
對除 則無對垢 及説名者

선남자 차보살급 말세중생 증득제환 멸영상고 이시
善男子 此菩薩及 末世衆生 證得諸幻 滅影像故 爾時

편득 무방청정 무변허공 각소현발 각원명고 현심
便得 無方清淨 無邊虛空 覺所顯發 覺圓明故 顯心

청정 심청정고 견진청정 견청정고 안근청정 근청
清淨 心清淨故 見塵清淨 見清淨故 眼根清淨 根清

정고 안식청정 식청정고 개진청정 문청정고 이근
淨故 眼識清淨 識清淨故 聞塵清淨 聞清淨故 耳根

청정 근청정고 이식청정 식청정고 각진청정 여시
清淨 根清淨故 耳識清淨 識清淨故 覺塵 清淨 如是

내지 비설신의 역부여시
乃至 鼻舌身意 亦復如是

선남자 근청정고 색진청정 색청정고 성진청정 향
善男子 根清淨故 色塵清淨 色清淨故 聲塵清淨 香

미촉법 역부여시
味觸法 亦復如是

선남자 육진청정고 지대청정 지청정고 수대청정
善男子 六塵清淨故 地大清靜 地清淨故 水大清淨

화대풍대 역부여시
火大風大 亦復如是

선남자 사대청정고 십이처 십팔계 이십오유청정
善男子 四大清淨故 十二處 十八界 二十五有清淨

피청정고 십력 사무소외 사무애지 불십팔십공법
彼清淨故 十力 四無所畏 四無碍智 佛十八不共法

삼십칠조도품청정 여시내지 팔만사천다라니문
三十七助道品清淨 如是乃至 八萬四千陀羅尼門

일체청정
一切清淨

선남자 일체실상 성청정고 일신청정 일신청정고
善男子 一切實相 性清淨故 一身清淨 一身清淨故

다신청정 다신청정고 여시내지 시방중생 원각청정
多身清淨 多身清淨故 如是乃至 十方衆生 圓覺清淨

선남자 일세계청정고 다세계청정 다세계청정고
善男子 一世界清淨故 多世界清淨 多世界清淨故

여시내지 진어허공 원리삼세 일체평등 청정부동
如是乃至 盡於虛空 圓裏三世 一切平等 清淨不動

224

선남자 허공여시 평등부동 당지각성 평등부동
善男子　虛空如是　平等不動　當知覺性　平等不動

사대부동고 당지각성 평등부동 여시내지 팔만
四大不動故　當知覺性　平等不動　如是乃至　八萬

사천다라니문 평등부동 당지각성 평등부동
四千陀羅尼門　平等不動　當知覺性　平等不動

선남자 각성변만 청정부동 원무제고 당지육근
善男子　覺性偏滿　清淨不動　圓無際故　當知六根

변만법계 근변만고 당지육근 변만법계 진변만고
偏滿法界　根偏滿故　當知六塵　偏滿法界　塵偏滿故

당지사대 변만법계 여시내지다라니문 변만법계
當知四大　偏滿法界　如是乃至陀羅尼門　偏滿法界

선남자 유치묘각 성변만고 근성진성 무괴무잡 근진
善男子　由彼妙覺　性偏滿故　根性塵性　無壞無雜　根塵

무괴고 여시내지 다라니문 무괴무잡 여백천등 광조
無壞故　如是乃至　陀羅尼門　無壞無雜　如百千燈　光照

일실 기광변만 무괴무잡
一室　其光偏滿　無壞無雜

선남자 각성취고 당지보살 불여법박 불구법탈 불염
善男子　覺成就故　當知菩薩　不與法縛　不求法脫　不厭

생사 불애열반 불경지계 부증훼금 부중구습 불경
生死　不愛涅槃　不敬持戒　不增毀禁　不重久習　不經

초학 하이고 일체각고 비여안광 효요전경 기광원만
初學 何以故 一切覺故 譬如眼光 曉了前境 其光圓滿

득무증애 하이고 광체무이 무증애고
得無增愛 何以故 光體無二 無增愛故

선남자 차보살급 말세중생 수습차심 득성취자 어차
善男子 此菩薩及 末世衆生 修習此心 得成就者 於此

무수 역무성취 원각보조 적멸무이 어중 백천만억
無修 亦無成就 圓覺菩照 寂滅無二 於中 百千萬億

아승지 불가설항하사 제불세계 유여공화 난기난멸
阿僧祇 不可說恒河沙 諸佛世界 猶如空化 亂起亂滅

부즉불리 무박무탈 시지중생 본래성불 생사열반
不卽不離 無縛無脫 始知衆生 本來成佛 生死涅槃

유여작몽
猶如作夢

선남자 여작몽고 당지생사 급여열반 무기무멸 무래
善男子 如昨夢故 當知生死 及與涅槃 無起無滅 無來

무법 기소증자 무득무실 무취무사 기능증자 무작
無去 其所證者 無得無失 無取無捨 其能證者 無作

무지 무임무멸 어차증중 무능무소 필경무증 역무
無止 無任無滅 於此證中 無能無所 畢竟無證 亦無

증자 일체법성 평등불괴
證者 一切法性 平等不壞

선남자 피제보살 여시수행 여시점차 여시사유 여시
善男子 彼諸菩薩 如是修行 如是漸次 如是思惟 如是

주지 여시방편 여시개오 구여시법 역불미민
住持 如是方便 如是開悟 求如是法 亦不迷悶

이시세존 욕중선차의 이설게언
爾時世尊 欲重宣此義 而説偈言

보안여당지	일체제중생	신심개여환	신상속사대
普眼汝當知	一切諸衆生	身心皆如幻	身相屬四大

심성귀육진	사대체각리	수위화합자	여시점수행
心性歸六塵	四大體各離	誰爲和合者	如是漸修行

일체실청정	부동변법계	무작지임멸	역무능증자
一切悉清淨	不動偏法界	無作止任滅	亦無能證者

일체불세계	유여허공화	삼세실평등	필경무래거
一切佛世界	猶如虛空華	三世悉平等	畢竟無來去

초발심보살	급말세중생	욕구입불도	응여시수습
初發心菩薩	及末世衆生	欲求入佛道	應如是修習

우리말 원각경 보안장

어느 때 보안보살이 대중과 함께 있다가 곧 자리에서 일어나 부처님의 발에 정례하고 오른쪽으로 세 번 돌고 두 무릎을 꿇고 합장하고서 부처님께 여쭈었다.

"대비하신 세존이시여! 원하옵니다. 이 법회에 모든 보살들과 말세의 일체 중생들을 위하여 보살이 수행하는 점차를 말씀해 주소서. 어떻게 사유하며 어떻게 지켜야 합니까? 깨치지 못한 중생들은 무슨 방편이라야 널리 깨칠 수 있습니까? 세존이시여! 만일 중생들이 바른 방편과 바른 사유가 없다면 부처님에게 삼매법문을 듣는다 해도 마음이 어지러워 곧바로 원각에 깨치어 들어가지 못할 것입니다. 원하오니 자비를 베푸시어 저희들과 말세 중생들을 위하여 방편을 설해 주소서."

이 말을 마치고 오체투지하면서 이와 같이 세 번 거듭 청하고 다시 청하려 함에 그때 세존께서 보안보살에게 말씀하셨다.

"선재 선재로다. 선남자여! 그대가 모든 보살과 말세 중생들을 위하여 수행과 점차와 사유와 주지와 갖가지 방편을 여래에게 묻는구나. 그대는 이제 자세히 들으라. 그대를 위하여 설하리라."

이때 보안보살이 기뻐하면서 대중들과 함께 조용히 들었다.

"선남자여! 새로 배우는 보살과 말세 중생이 여래의 맑은 원각을 구하고자 하는 마음을 가지려면 응당 바른 생각으로 모든 환상을 멀리 여의어야 하느니라. 먼저 여래의 사마타행에 의하여 금계를 굳게 가지고 대중과 함께 편히 살면서 고요한 방에 단정히 앉아 항상 이러한 생각을 하여라. '지금 내 이 몸은 사대로 화합된 것이다. 이른바 머리카락, 털, 손발톱, 치아, 가죽, 살, 힘줄, 뼈, 골수 등 더러운 덩어리는 모두 흙으로 돌아가고 침, 콧물, 고름, 피, 진액, 가래, 눈물, 정기, 대소변 등은 다 물로 돌아가고 따뜻한 기운은 불로 돌아가고 움직이는 동작은 바람으로 돌아가 사대가 각각 분리되면 지금 허망한 내 몸은 어디에 존재하는가?' 라고. 곧 알고 보면 몸이란 끝내 실체가 있는 것이 아니고 가상으로 화합하여 이루어진 것이기에 진실로 허깨비와 같으니라. 네 가지 인연이 임시로 화합해서 망령으로 육근이 되었고 육근과 사대가 안팎으로 합성하여 허망한 기체가 이루어지고 그 반연된 모습들을 잘못 알고 마음이라 이름하나 이것은 어디까지나 가명이니라.

선남자여! 허망한 이 마음은 육진이 없다면 있을 수 없고 사대가 분해된다면 한점 티끌도 얻을 수 없을 것이며 그 가운데 반연된 티끌마저도 각각 흩어져 없어지면 마침내 반연하는 마음도 얻을 수 없게 되느니라.

선남자여! 저 중생들을 보라. 환의 몸이 멸하는 연고로 환의 마음도 멸하며 환의 마음이 멸하는 연고로 환의 티끌도 멸하며 환의 티끌이 멸하는 연고로 환의 멸함도 멸하여 환의 멸함이 또한 멸했기 때문에 환 아닌 것은 멸하지 않느니라. 비유하면 거울을 닦아 때가 다하면 밝음이 나타나는 것과 같으니라.

선남자여! 마땅히 알라. 몸과 마음, 모두 환의 때이니 그 때가 영원히 사라지면 시방이 모두 청정하리라.

선남자여! 비유하면 맑은 마니 보배구슬이 빛 방향에 따라 오색이 각각 나타나나니 어리석은 이들은 그 마니 구슬에 오색이 실제로 있는 것으로 착각하는 것과 같으니라.

선남자여! 원각의 맑은 성품에 몸과 마음이 부류에 따라 상응하나니 어리석은 이들은 청정한 원각에 몸과 마음의 모습들이 실제인 양 착각하는 것도 이와 같느니라. 이러한 착각으로 인하여 환화를 능히 멀리

여의지 못하나니 그러므로 나는 말하노라 '몸과 마음이란 환의 때일 뿐이라고.' 환구를 여읜 대를 보살이라 이름하고 때가 다하고 대가 없어지면 곧 대와 때, 그리고 이름조차 없느니라.

선남자여! 만약 보살과 말세 중생들이 모든 환을 환이라고 깨치면 이것은 영상이 멸해진 연고니라. 이 때에 문득 청정한 곳곳마다 끝없는 허공들이 원각에서 나왔느니라. 원각이 뚜렷이 밝은 까닭에 나타난 마음이 청정하고 마음이 청정한 까닭에 보는 경계가 청정하고 보는 경계가 청정한 까닭에 안근이 청정하고 안근이 청정한 까닭에 안식이 청정하고 안식이 청정한 까닭에 듣는 경계가 청정하고 듣는 경계가 청정한 까닭에 이근이 청정하고 이근이 청정한 까닭에 이식이 청정하고 이식이 청정한 까닭에 감각 경계가 청정해서 이와 같이 비, 설, 신, 의도 또한 그러하니라.

선남자여! 육근이 청정한 까닭에 빛 경계가 청정하고 빛이 청정한 까닭에 소리 경계가 청정하여 냄새, 맛, 촉각, 대상도 그러하니라.

선남자여! 육진이 청정한 까닭에 지대가 청정하고 지대가 청정한 까닭에 수대가 청정하며 화대, 풍대도 또한 그러하니라.

선남자여! 사대가 청정한 까닭에 십이처, 십팔계,

이십오유가 청정하고 그들이 청정한 까닭에 십력, 사무소외, 사무애지, 불십팔불공법, 삼십칠조도품이 청정하여 이와 같이 팔만사천 다라니문 일체가 청정하니라.

선남자여! 일체 실상의 성품이 청정한 까닭에 한 몸이 청정하고 한 몸이 청정한 까닭에 여러 몸이 청정하고 여러 몸이 청정한 까닭에 이와 같이 시방 중생들의 원각도 청정하니라.

선남자여! 한 세계가 청정한 까닭에 여러 세계가 청정하고 여러 세계가 청정한 까닭에 이와 같이 온 허공과 삼세를 둘러 싼 일체가 평등하고 청정하여 동요하지 않느니라.

선남자여! 허공이 이와 같이 평등하여 동요하지 않으므로 마땅히 알라! 깨달음의 성품도 평등하여 동요하지 않으며 사대가 동요하지 않으므로 깨달음의 성품도 평등하여 동요하지 않으며 이와 같이 팔만사천 다라니문이 평등하여 동요하지 않으므로 깨달음의 성품도 평등하여 동요하지 않느니라.

선남자여! 깨달음의 성품이 두루 원만하고 청정 부동하여 뚜렷해 자투리가 없으므로 마땅히 알라! 육근이 법계에 두루 충만하며 육근이 두루 충만하므로 육진이 법계에 두루 충만하며 육진이 두루 충만하므로 사대가 법계에 두루 충만하며 이와 같이 다라니문이 법계에 두루 충만 하느니라.

선남자여! 저 묘한 깨달음의 성품이 두루 충만한 까닭에 근의 성품과 진의 성품이 무너짐도 없고 섞임도 없으며 근과 진이 무너짐이 없는 까닭에 이와 같이 다라니문이 무너짐도 없고 섞임도 없는 것이, 마치 백천 개의 등불의 빛이 한 방에 비치면 그 빛이 함께 가득하여도 무너짐도 없고 섞임도 없는 것과 같으니라.

선남자여! 깨달음이 성취된 까닭에 마땅히 알라! 보살은 법의 속박을 싫어하지도 법의 해탈을 구하지도 않으며 생사를 싫어하지도 열반을 좋아하지도 않으며 지계하는 이를 공경하지도 않고 계율 범한 이를 미워하지도 않으며 오래 수행한 이를 소중히 여기지도 않고 처음 배우는 이를 가벼이 여기지도 않느니라. 무슨 까닭인가? 일체가 깨달음이기 때문이니라. 비유하면 안광이 눈앞의 경계를 봄에 그 빛이 원만하여 미워할 것도 좋아할 것도 없거니 무슨 까닭인가? 빛 자체가 둘이 아니어서 미워할 것도 좋아할 것도 없기 때문이니라.

선남자여! 저 보살과 말세 중생으로서 이 마음을 닦아 성취한 자일지라도 여기에는 닦음도 없고 성취함도 없으며 원각이 두루 비치는 것과 적멸이 둘 없는 것도 저 가운데에는 백천만억 불가설 아승지 항하사의 모든 부처님 세계가 마치 허공 꽃과 같아서 어지러이 일어나기도 하고 어지러이 사라지기도 하면서 하나도 아니고 분리도 아니며 속박도 아니고 해탈도 아니니 비로소 알라! 중생이 본래성이며 생사와 열반이 지난밤의 꿈이었느니라.

선남자여! 지난밤 꿈과 같으므로 마땅히 알라! 생사와 열반이 일어남도 없고 사라짐도 없으며 옴도 없고 감도 없느니라. 그 증득할 바를 얻음도 없고 잃음도 없으며 취함도 없고 버림도 없느니라. 그 능히 증득하는 이라도 지음도 그침도 맡김도 사라짐도 없고 이러한 증득함 중에도 증득할 자도 증득될 자도 없어서 필경에는 증자와 또한 무증자도 없으니 일체법의 성품이 평등하여 무너지지 않는 까닭이니라.

선남자여! 보살들이 이와 같은 수행과 이와 같은 점차와 이와 같은 사유와 이와 같은 주지와 이와 같은 방편과 이와 같은 깨침으로 이와 같은 법을 구한다면 또한 어리석지 않으리라."

그때에 세존께서 이 뜻을 거듭 펴시고자 계송으로 말씀하셨다.

보안아 그대는 마땅히 알아라.
일체 중생들의
몸과 마음이 모두 환과 같아서
몸의 모습은 사대에 속하고
마음의 성품은 육진으로 돌아가나니
사대의 체가 각각 분리되면
무엇을 화합한 자라 하리오.
이와 같이 점차 수행하면
일체가 모두 청정해져서
동요하지 않고 법계에 변만하여
지음도 그침도 맡김도 멸함도 없고
능히 증득하는 이도 없으리라.
모든 부처님 세계들이
마치 허공 꽃과 같아서
삼세가 모두 평등하여
필경에 오고감이 없느니라.
처음 발심한 보살과
말세의 중생들이
불도에 들고자 하면
마땅히 이 같이 닦아 익힐지니라.

4. 불설아미타경 佛說阿彌陀經

여시아문 일시 불 재사위국기수급고독원 여대
如是我聞 一時 佛 在舍衛國祇樹給孤獨園 與大

비구승 천이백오십인 구 개시 대아라한 중소지식
比丘僧 千二百 五十人俱 皆是 大阿羅漢 衆所知識

장로사리불 마하목건련 마하가섭 마하가전연
長老舍利弗 摩訶目揵連 摩訶迦葉 摩訶迦玲延

마하구치라 리바다 주리반타가 난타 아난타 라후라
摩訶俱絺羅 離婆多 周利槃陀伽 難陀 阿難陀 羅睺羅

교범바제 빈두로 파라타 가류타이 마하겁빈라
憍梵婆提 賓頭盧 頗羅墮 迦留陀夷 摩訶劫賓羅

박구라 아니루타 여시등 제대제자 병제보살마하살
縛拘羅 阿尼樓馱 如是等 諸大弟子 曇諸菩薩摩訶薩

문수사리법왕자 아일다보살 건타하제보살 상정
文殊師利法王子 阿逸多菩薩 乾陀訶提菩薩 常精

진보살 여여시등 제대보살 급석제환인등 무량제
進菩薩 與如是等 諸大菩薩 及釋提桓因等 無量諸

천대중 구 이시 불고 장로사리 불
天大衆 俱 爾時 佛告 長老舍利 弗

종시서방 과십만억불토 유세계 명왈극락 기토
從是西方 過十萬億佛土 有世界 名曰極樂 其土

236

유불 호아미타 금현재설법
有佛　號阿彌陀　今現在説法

사리불 피토 하고 명위극락 기국중생 무유중고
舍利弗　彼土　何故　名爲極樂　其國衆生　無有衆苦

단수제락 고명극락
但受諸樂　故名極樂

우 사리불 극락국토 칠중난순 칠중나망 칠중항수
又　舍利弗　極樂國土　七重欄楯　七重羅網　七重行樹

개시사보 주잡위요 시고 피국 명위극락
皆是四寶　周帀圍繞　是故　彼國　名爲極樂

우 사리불 극락국토 유칠보지 팔공덕수 충만기중
又　舍利弗　極樂國土　有七寶池　八功德水　充滿其中

지저 순이금사 포지 사변계도 금은유리파려 합성
池底　純以金沙　布地　四邊階道　金銀琉璃煥語　合成

상유누각 역이금은유리파려자거적주마노 이엄
上有樓閣　亦以金銀琉璃坡玻瓈硨磲珠瑪瑙　而嚴

식지 지중연화 대여거륜 청색청광 황색황광 적색
飾之　池中連華　大如車輪　靑色靑光　黃色黃光　赤色

적광 백색백광 미묘향결 사리불 극락국토 성취여
赤光　白色白光　黴妙香潔　舍利弗　極樂國土　成就如

시공덕장엄
是功德莊嚴

우 사리불 피불국토 상작천악 황금위지 주야육시
又 舍利弗 彼佛國土 常作天樂 黃金爲地 晝夜六時

우천만다라화 기토중생 상이청단 각이의극 성중
雨天曼多羅華 其土衆生 常以淸旦 各以衣裓 盛衆

묘화 공양타방십만억불 즉이식시 환도본국 반사
妙華 供養他方十萬億佛 卽以食時 還到本國 飯食

경행 사리불 극락국토 성취여시공덕장엄
經行 舍利弗 極樂國土 成就如是功德莊嚴

부차 사리불 피국 상유종종기묘잡색지조 백학 공작
復次 舍利弗 彼國 常有種種奇妙雜色之鳥 白鶴 孔雀

앵무 사리 가릉빈가 공명지조 시제중조 주야육시
鸚鵡 舍利 迦陵頻伽 共命之鳥 是諸衆鳥 晝夜六時

출화아음 기음 연창오근오력 칠보리분 팔성도분
出和雅音 其音 演暢五根五力 七菩提分 八聖道分

여시등법 기토중생 문시음이 개실염불염법염승
如是等法 其土衆生 聞是音已 皆悉念佛念法念僧

사리불 여물위차조 실시죄보소생 소이자하 피불
舍利弗 汝勿謂此鳥 實是罪報所生 所以者何 彼佛

국토 무삼악도 사리불 기불국토 상무악도지명
國土 無三惡道 舍利弗 其佛國土 尚無惡道之名

하황유실 시제중조 개시아미타불 욕령법음선류
何況有實 是諸衆鳥 皆是阿彌陀佛 欲令法音宣流

238

변화소작
變化所作

사리불 피불국토 미풍 취동 제보항수 급보라망
舍利弗 彼佛國土 微風 吹動 諸寶行樹 及寶羅網

출미묘음 비여백천종악 동시구작 문시음자 자연
出微妙音 譬如百千種樂 同時俱作 聞是音者 自然

개생염불염법염승지심 사리불 기불국토 성취여
皆生念佛念法念僧之心 舍利弗 其佛國土 成就如

시공덕장엄
是功德莊嚴

사리불 어의운하 피불 하고 호아미타 사리불 피
舍利弗 於意云何 彼佛 何故 號阿彌陀 舍利弗 彼

불광명 무량 조시방국 무소장애 시고 호위아미타
佛光明 無量 照十方國 無所障碍 是故 號爲阿彌陀

우 사리불 피불수명 급기인민 무량무변 아승지겁
又 舍利弗 彼佛壽命 及其人民 無量無邊 阿僧祇劫

고명아미타 사리불 아미타불 성불이래 어금십겁
故名阿彌陀 舍利弗 阿彌陀佛 成佛以來 於今十劫

우 사리불 피불 유무량무변 성문제자 개아라한
又 舍利弗 彼佛 有無量無邊 聲聞弟子 皆阿羅漢

비시산수지소능지 제보살중 역부여시 사리불 피불
非是算數之所能知 諸菩薩衆 亦復如是 舍利弗 彼佛

국토 성취여시공덕장엄
國土 成就如是功德莊嚴

우 사리불 극락국토 중생생자 개시아비발치 기중
又 舍利弗 極樂國土 衆生生者 皆是阿鞞跋致 其中

다유일생보처 기수심다 비시산수 소능지지 단가
多有一生補處 其數甚多 非是算數 所能知之 但可

이무량무변아승지설 사리불 중생문자 응당
以無量無邊阿僧祇說 舍利弗 衆生聞者 應當

발원 원생피국 소이자하 득여여시제상선인
發願 願生彼國 所以者何 得與如是諸上善人

구회일처
俱會一處

사리불 불가이소선근복덕인연 득생피국 사리불
舍利弗 不可以少善根福德因緣 得生彼國 舍利弗

약유선남자선여인 문설아미타불 집지명호 약일일
若有善男子善女人 聞說阿彌陀佛 執持名號 若一日

약이일 약삼일 약사일 약오일 약육일 약칠일 일심
若二日 若三日 若四日 若五日 若六日 若七日 一心

불란 기인 임명종시 아미타불 여제성중 현재기전
不亂 其人 臨命終詩 阿彌陀佛 與諸聖衆 現在其前

시인종시 심불전도 즉득왕생 아미타불 극락국토
是人終詩 心不顛倒 卽得往生 阿彌陀佛 極樂國土

사리불 아견시리 고설차언 약유중생 문시설자
舍利弗　我見是利　故説此言　若有衆生　聞是説者

응당발원 생피국토
應當發願　生彼國土

사리불 여아금자 찬탄아미타불 불가사의공덕지리
舍利弗　如我今者　讃嘆阿彌陀佛　不可思議功德之利

동방 역유아촉비불 수미상불 대수미불 수미광불
東方　亦有阿堆厦佛　須彌相佛　大須彌佛　須彌光佛

묘음불 여시등항하사수제불 각어기국 출광장설상
妙音佛　如是等恒河沙數諸佛　各於其國　出廣長舌相

변부삼천대천세계 설성실언 여등중생 당신시칭찬
邊覆三千大千世界　説誠實言　汝等衆生　當信是稱讃

불가사의공덕 일체제불 소호념경
不可思議功德　一切諸佛　所護念經

사리불 남방세계 유일월등불 명문광불 대염견불
舍利弗　南方世界　有日月燈佛　名聞光佛　大牢肩佛

수미등불 무량정진불 여시등항하사수제불 각어
須彌燈佛　無量精進佛　如是等恒河沙數諸佛　各於

기국 출광장설상 변부삼천대천세계 설성실언 여등
其國　出廣場舌相　遍覆三千大千世界　説誠實言　汝等

중생 당신시칭찬 불가사의공덕 일체제불 소호념경
衆生　當信是稱讃　不可思議功德　一切諸佛　所護念經

사리불 서방세계 유무량수불 무량상불 무량당불
舍利弗 西方世界 有無量 壽佛 無量相佛 無量幢佛

대광불 대명불 보상불 정광불 여시등항하사수제불
大光佛 大明佛 寶相佛 淨光佛 如是等恒河沙數諸佛

각어기국 출광장설상 변부삼천대천세계 설성실언
各於其國 出廣長舌相 遍覆三千大千世界 說誠實言

여등중생 당신시칭찬불가사의공덕 일체제불
汝等衆生 當信是稱讚不可思議功德 一切諸佛

소호념경
所護念經

사리불 북방세계 유염견불 최승음불 난저불 일생불
舍利弗 北方世界 有牢肩佛 最勝音佛 難沮佛 日生佛

망명불 여시등항하사수제불 각어기국 출광장설상
網明佛 如是等恒河沙數諸佛 各於其國 出廣長舌相

변부삼천대천세계 설성실언 여등중생 당신시칭찬
遍覆三千大千世界 說誠實言 汝等衆生 當信是稱讚

불가사의공덕 일체제불 소호념경
不可思議功德 一切諸佛 所護念經

사리불 하방세계 유사자불 명문불 명광불 달마불
舍利弗 下方世界 有獅子佛 名聞佛 名光佛 達磨佛

법당불 지법불 여시등항하사수제불 각어기국 출광
法幢佛 持法佛 如是等恒河沙數諸佛 各於其國 出廣

242

장설상 변부상천대천세계 설성실언 여등중생 당신
長舌相 遍覆三千大千世界 說誠實言 汝等衆生 當信

시칭찬불가사의공덕 일체제불 소호념경
是稱讚不可思議功德 一切諸佛 所護念經

사리불 상방세계 유범음불 숙왕불 향상불 향광불
舍利弗 上方世界 有梵音佛 宿王佛 香上佛 香光佛

대염견불 잡색보화엄신불 사라수왕불 보화덕불
大牢肩佛 雜色寶貨嚴身佛 娑羅樹王佛 寶貨德佛

견일체의불 여수미산불 여시등항하사수제불 각어
見一切義佛 如須彌山佛 如是等恒河沙數諸佛 各於

기국 출광장설상 변부삼천대천세계 설성실언 여등
其國 出廣長舌相 遍覆三千大千世界 說誠實言 汝等

중생 당신시칭찬불가사의공덕 일체제불 소호념경
衆生 當信是稱讚不可思議功德 一切諸佛 所護念經

사리불 어여의운하 하고 명위일체제불 소호념경
舍利弗 於汝意云何 何故 名爲一切諸佛 所護念經

사리불 약유선남자선여인 문시경수지자 급문제
舍利弗 若有善男子善女人 聞是經受持者 及聞諸

불명자 시제선남자선여인 개위일체제불지소호념
佛名者 是諸善男子善女人 皆爲一切諸佛之所護念

개득불퇴전어아뇩다라삼먁삼보리 시고 사리불 여등
皆得不退轉於阿耨多羅三藐三菩提 是故 舍利弗 汝等

개당신수아어 급제불소설

皆當信受我語　及諸佛所說

사리불 약유인 이발원 금발원 당발원 욕생아미타불

舍利弗　若有人　已發願　今發願　當發願　欲生阿彌陀佛

국자 시제인등 개득불퇴전어아뇩다라삼먁삼보리

國者　是諸人等　皆得不退轉於阿耨多羅三藐三菩提

어피국토 약이생 약금생 약당생 시고 사리불 제선

於彼國土　若已生　若今生　若當生　是故　舍利弗　諸善

남자선여인 약유신자 응당발원 생피국토

男子善女人　若有信者　應當發願　生彼國土

사리불 여아금자 칭찬제불불가사의공덕 피제불등

舍利弗　如我今者　稱讚諸佛不可思議功德　彼諸佛等

역칭찬아불가사의공덕 이작시언 석가모니불 능위

亦稱讚我不可思議功德　而作是言　釋迦牟尼佛　能爲

심난 희유지사 능어사바국토오탁악세 겁탁 견탁

甚難　希有之事　能於娑婆國土五濁惡世　劫濁　見濁

번뇌탁 중생탁 명탁중 득아뇩다라삼먁삼보리 위제

煩惱濁　衆生濁　命濁中　得阿耨多羅三藐三菩提　爲諸

중생 설시일체세간난신지법

衆生　說是一切世間難信之法

사리불 당지 아어오탁악세 행차난사 득아뇩다라

舍利弗　當知　我於五濁惡世　行此難事　得阿耨多羅

삼먁삼보리 위일체세간 설차난신지법 시위심난
三藐三菩提　爲一切世間　說此難信之法　是爲甚難

불설차경이 사리불 급제비구 일체세간 천인아수
佛說此經已　舍利弗　及諸比丘　一切世間　天人阿修

라등 문불소설 환희신수 작례이거
羅等　聞佛所說　歡喜信受　作禮以去

우리말 아미타경

이와 같이 내가 들었다. 한때 부처님께서 천이백오십 인이나 되는 많은 비구들과 함께 사위국 기원정사에 계셨다. 그들은 모두 덕이 높은 큰 아라한으로 여러 사람들이 잘 아는 이들이었다. 즉 장로 사리불, 마하 목건련, 마하 가섭, 마하 가전연, 마하 구치라, 리바다, 주리반탁가, 난다, 아난다, 라후라, 교범바제, 빈두로 파라타, 가루다이, 마하 겁빈나, 박구라, 아누루타와 같은 큰 제자들이었다. 이밖에 보살 마하살과 법의 왕자인 문수사리를 비롯하여 아일다보살, 건타하제보살, 상정진보살 등 대보살과 석제환인 등 수많은 천인들도 함께 계셨다.

그때에 부처님께서 장로 사리불에게 말씀하셨다.

"여기서 서쪽으로 십 만억 국토를 지난 곳에 〈극락〉이라고 하는 세계가 있느니, 거기에는 아미타불이 지금도 법을 설하고 계시느니라.

사리불아, 저 세계를 어째서 극락이라 하는 줄 아느냐? 거기에 있는 중생들은 아무 괴로움도 없이 즐거운 일만 있으므로 극락이라 하느니라.

그리고 극락세계에는 일곱 겹으로 된 난간과 일곱 겹의 구슬로 장식된 그물과 일곱 겹 가로수가 있는데, 금, 은, 청옥, 수정의 네 가지 보석으로 눈부시게 장식되어 있느니라.

극락세계에는 칠보로 된 연못이 있고, 그 연못에는 여덟 가지 공덕이 있는 물로 가득 찼으며, 연못 바닥은 금모래가 깔려 있으며 연못 둘레에는 금, 은, 청옥, 수정의 네 가지 보석으로 된 네 개의 층계가 있고, 그 위에는 누각이 있는데 금, 은, 청옥, 수정, 붉은 진주, 마노, 호박으로 찬란하게 꾸며져 있으며, 연못 가운데에는 수레바퀴만한 연꽃이 피어, 푸른 꽃에서는 푸른 광채가 나고, 누른 꽃에서는 누른 광채가, 붉은 꽃에서는 붉은 광채가, 흰 꽃에서는 흰 광채가 나는데, 참으로 아름답고 향기롭고 정결하느니라. 사리불아, 극락세계는 이와 같은 공덕장엄으로 이루어졌느니라.

사리불아, 또 저 불국토에는 항상 천상의 음악이 연주되고, 대지는 황금색으로 빛나고, 그리고 밤낮으로 천상의 만다라 꽃비가 내리는데 그 불국토의 사람들은 항상 이른 아침마다 바구니에 여러 가지 아름다운 꽃을 담아 가지고 다른 세계로 다니면서 십만억 부처님께 공양하고, 조반 전에 돌아와 식사를 마치고 산책하느니라. 사리불아, 극락세계는 이와 같은 공덕 장엄으로 이루어졌느니라. 사리불아, 극락세계는 아름답고 기묘한 여러 빛깔을 가진 백학, 공작, 앵무새, 사리새, 가릉빈가, 공명조 등이 밤낮을 가리지 않고 항상 화평하고 맑은 소리로 노래하는데, 그 노래 소리에서 오근과 오력과, 칠보리분과 팔정도를 설하는 소리가 흘러나오느니라. 그 나라 중생들은 그 소리를 들으면, 부처님을 생각하고 법문을 생각하며, 스님들을 생각하게 되느니라.

사리불아, 그대는 그 새들이 죄업으로 인하여 생긴 것이라고 생각하지 말지니라. 왜냐하면 그 불국토에는 지옥, 아귀, 축생의 삼악도가 없기 때문이니라. 사리불아, 거기에는 지옥이라는 이름도 없거늘 어떻게 실제로 그런 것이 있으랴. 이와 같은 새들은 법문을 설하기 위해 모두 아미타불께서 화현으로 만든 것이니라.

사리불아, 그 불국토에는 미풍이 불면 보석으로 장

식된 가로수와 나망에서 아름다운 소리가 나는데 그것은 마치 백천 가지 악기가 합주되는 듯하거니와 이 소리를 듣는 사람은 모두 부처님을 생각하고 법문을 생각하며 스님들을 생각하는 마음이 저절로 우러나느니라. 사리불아, 극락세계는 이와 같은 공덕장엄으로 이루어졌느니라.

사리불아, 그 부처님을 어찌하여 〈아미타불〉이라 하는 줄 아느냐? 그 부처님의 광명이 한량없어 시방세계를 두루 비추어도 조금도 걸림이 없기 때문에 아미타불이라 하느니라. 또 그 부처님의 수명과 그 나라 인민의 수명이 한량없고 끝이 없는 아승지겁이므로 아미타불이라 하나니 아미타불이 부처가 된 지도 벌써 열겁이 되었느니라.

사리불아, 그 부처님에게는 헤아릴 수 없이 많은 성문 제자들이 있으니 모두 아라한이라. 어떠한 산수로도 그 수효를 헤아릴 수 없으며, 보살 대중의 수도 또한 그러하니라. 사리불아, 극락세계는 이와 같은 공덕으로 장엄되었느니라.

사리불아, 극락세계에 태어나는 중생들은 다 보리심에서 물러나지 않는 이들이며, 그 가운데는 일생보처에 오른 이들이 수없이 많아 숫자와 비유로도 헤아릴 수 없으며, 다만 무량무변 아승지로 표현할 수밖에 없느니라.

사리불아, 이 말을 들은 중생들은 마땅히 서원을 세워 저 세계에 가서 나기를 원해야 할 것이니라. 왜냐하면 거기 가면 그와 같이 으뜸가는 사람들과 한데 모여 살 수 있기 때문이니라.

사리불아, 작은 선근이나 복덕의 인연으로는 저 세계에 가서 날 수는 없느니라. 어떤 선남자 선여인이 아미타불에 대한 이야기를 듣고 하루나 이틀, 혹은 사흘, 나흘, 닷새, 엿새, 이랫 동안 한결같은 마음으로 아미타불의 이름을 외우되 조금도 마음이 흐트러지지 않으면 그가 임종할 때에 아미타불이 여러 거룩한 분들과 함께 그 사람 앞에 나타나느니라. 그러면 그가 목숨을 마칠 때에 마음이 휘둘리지 아니하여 곧바로 아미타불 극락세계에 왕생하게 될 것이니라.

사리불아, 여래는 이러한 도리를 알고 이런 말을 한 것이니, 어떤 중생이든지 이 말을 들으면 마땅히 저 국토에 가서 나기를 발원해야 할지니라.

사리불아, 여래가 지금 아미타불의 한량없는 공덕을 찬탄한 것처럼 동방에도 아촉비불, 수미상불, 대수미불, 수미광불, 묘음불 등 항하사수의 여러 부처님이 계셔서 각기 그 세계에서 삼천대천세계에 두루 미치도록 진실한 말씀으로 법을 설하시기를, '너희 중생들은 마땅히 불가사의한 공덕을 칭찬하시는 모든 부처님이 한결같이 보호하신다고 하는 이 법문을 믿으라'고 설법하시느니라.

사리불아, 남방세계에도 일월등불, 명문광불, 대염견불, 수미등불, 무량정진불 등 항하사의 여러 부처님이 계시는데, 그 부처님들도 각기 그 세계에서 삼천대천세계에 두루 미치도록 진실한 말씀으로 법을 설하시기를, '너희 중생들은 불가사의한 공덕을 칭찬하시는 모든 부처님이 한결같이 보호하신다고 하는 이 법문을 믿으라'고 설법하시느니라.

사리불아, 서방세계에도 무량수불, 무량상불, 무량당불, 대광불, 대명불, 보상불, 정광불 등 항하사의 여러 부처님이 계시는데, 그 부처님들도 각기 그 세계에서 삼천대천세계에 두루 미치도록 진실한 말씀으로 법을 설하시기를, '너희 중생들은 불가사의한 공덕을 칭찬하시는 모든 부처님이 한결같이 보호하신다고 하는 이 법문을 믿으라'고 설법하시느니라.

사리불아, 북방세계에도 염견불, 최승음불, 난저불, 일생불, 망명불 등 항하사수의 부처님이 계셔서 각기 그 세계에서 삼천대천세계에 두루 미치도록 진실한 말씀으로 법을 설하시기를 '너희 중생들은 불가사의한 공덕을 칭찬하시는 모든 부처님이 한결같이 보호하신다고 하는 이 법문을 믿으라'고 설법하시느니라.

사리불아, 하방세계에도 사자불, 명문불, 명광불, 달마불, 법당불, 지법불 등 항하사수의 부처님이 계시어 각기 그 세계에서 삼천대천세계에 두루 미치도록 진실한 말씀으로 법을 설하시기를, '너희 중생들은 불가사의한 공덕을 칭찬하시는 모든 부처님이 한결같이 보호하신다고 하는 이 법문을 믿으라'고 설법하시느니라.

사리불아, 상방세계에도 범음불, 숙왕불, 향상불, 향광불, 대염견불, 잡색보화엄신불, 사라수왕불, 보화덕불, 견일체의불, 여수미산불 등 항하사의 부처님이 계시어 각기 그 세계에서 삼천대천세계에 두루 미치도록 진실한 말씀으로 법을 설하시기를, '너희 중생들은 불가사의한 공덕을 칭찬하시는 모든 부처님이 한결같이 보호하신다고 하는 이 법문을 믿으라'고 설법하시느니라.

사리불아, 이 경을 가리켜 어찌하여 모든 부처님이 한결같이 보호하는 법문이라 하는 줄 아는가? 선남자 선여인이 이 법문을 듣고 받아 지니거나 부처님의 이름을 들으면 모든 부처님의 보호를 받아 바른 깨달음에서 물러나지 않기 때문이니라. 사리불아, 너희들은 내 말과 여러 부처님의 말씀을 잘 믿을지니라.

사리불아, 어떤 사람이 아미타불 세계에 가서 나기를 이미 발원하였거나, 지금 발원하거나, 혹은 장차 발원한다면, 그는 바른 깨달음에서 물러나지 않고, 그 세계에 벌써 났거나, 지금 나거나, 혹은 장차 날 것이니라. 그러므로 신심이 있는 선남자 선여인은 마땅히 극락세계에 가서 나기를 발원해야 하느니라.

사리불아, 여래가 지금 여러 부처님의 불가사의한 공덕을 칭찬하듯이, 저 부처님들도 또한 나의 불가사의한 공덕을 칭찬하시기를, '석가모니 부처님이 어렵고 희유한 일을 하셨다. 시대가 흐리고, 견해가 흐리고, 번뇌가 흐리고, 중생이 흐리고, 생명이 흐린 사바세계의 오탁악세에서 바른 깨달음을 얻고 중생들을 위해 세상에서 믿기 어려운 법을 설한다'고 설법하시느니라.

사리불아, 내가 이 오탁악세에서 갖은 고행 끝에 바른 깨달음을 얻고, 모든 세상을 위해 믿기 어려운 법을 설하는 것은 결코 쉬운 일이 아님을 마땅히 알지니라.”

부처님이 이 경을 말씀하시니, 사리불과 비구 비구니들과 모든 세간의 천인 아수라들도 부처님의 말씀을 듣고 기뻐하면서 예배하고 물러갔다.

5. 금강반야바라밀경 金剛般若波羅密經

법회인유분 제일 法會因由分 第一

여시아문 일시 불 재사위국기수급고독원 여대비
如是我聞 一時 佛 在舍衛國祇樹給孤獨園 與大比

구중 천이백오십인구 이시 세존식시 착의지발 입사
丘衆 千二百五十人俱 爾時 世尊食時 着衣持鉢 入舍

위대성걸식 어기성중 차제걸이 환지본처 반사흘
衛大城乞食 於其城中 次第乞已 環至本處 飯食訖

수의발 세족이 부좌이좌
收衣鉢 洗足已 敷座而坐

선현기청분 제이 善現起請分 第二

시 장로수보리 재대중중 즉종좌기 편단우견
時 長老須菩堤 在大衆中 卽從座起 偏袒右肩

우슬착지 합장공경 이백불언 희유세존 여래
右膝着地 合掌恭敬 而白佛言 希有世尊 如來

선호념제보살 선부촉제보살 세존 선남자선
善護念諸菩薩 善付囑諸菩薩 世尊 善男子善

여인 발아뇩다라삼먁삼보리심 응운하주 운하
女人 發阿耨多羅三藐三菩提心 應云何住 云何

항복기심 불언 선재선재 수보리 여여소설 여래
降伏其心　佛言　善哉善哉　須菩提　如汝所説　如來

선호념제보살 선부촉제보살 여금제청 당위여설
善護念諸菩薩　善付囑諸菩薩　汝今諦請　當爲如説

선남자선여인 발아뇩다라삼먁삼보리심 응여시주
善男子善女人　發阿耨多羅三藐三菩提心　應如是住

여시항복기심 유연세존 원요욕문
如是降伏其心　唯然世尊　願樂欲聞

대승정종분 제삼大乘正宗分 第三

불고수보리 제보살마하살 응여시항복기심 소유
佛告須菩提　諸菩薩摩訶薩　應如是降伏其心　所有

일체중생지류 약난생 약태생 약습생 약화생 약유색
一切衆生之類　若卵生　若胎生　若濕生　若化生　若有色

약무색 약유상 약무상 약비유상비무상 아개영입
若無色　若有想　若無想　若非有想非無想　我皆令入

무여열반 이멸도지 여시멸도무량무수무변중생
無餘涅槃　而滅度之　如是滅度無量無數無邊衆生

실무중생득멸도자 하이고 수보리 약보살 유아상
實無衆生得滅度者　何以故　須菩提　若菩薩　有我相

인상 중생상 수자상 즉비보살
人相　衆生相　壽者相　則非菩薩

묘행무주분 제사妙行無住分 第四

부차수보리 보살어법 응무소주 행어보시 소위부주
復次須菩提 菩薩於法 應無所住 行於布施 所謂不住

색보시 부주성향미촉법보시 수보리 보살응여시
色布施 不住聲香味觸法布施 須菩提 菩薩應如是

보시 부주어상 하이고 약보살부주상보시 기복덕
布施 不住於相 何以故 若菩薩不住相布施 其福德

불가사량 수보리 어의운하 동방허공 가사량부 불야
不可思量 須菩提 於意云何 東方虛空 可思量不 不也

세존 수보리 남서북방 사유상하허공 가사량부 불야
世尊 須菩提 南西北方 四維上下虛空 可思量不 不也

세존 수보리 보살무주상보시복덕 역부여시 불가
世尊 須菩提 菩薩無住相布施福德 亦復如是 不可

사량 수보리 보살단응여소교주
思量 須菩提 菩薩但應如所教住

여리실견분 제오如理實見分 第五

수보리 어의운하 가이신상 견여래부 불야세존 불가
須菩提 於意云何 可以身相 見如來不 不也世尊 不可

이신상 득견여래 하이고 여래소설신상 즉비신상
以身相 得見如來 何以故 如來所説身相 卽非身相

불고수보리 범소유상 개시허망 약견제상비상
佛告須菩堤　凡所有相　皆是虛妄　若見諸相非相

즉견여래
卽見如來

정신희유분 제육正信希有分 第六

수보리백불언 세존 파유중생 득문여시언설장구
須菩堤白佛言　世尊　頗有衆生　得聞如是言說章句

생실신부 불고수보리 막작시설 여래멸후 후오백세
生實信不　佛告須菩堤　莫作是說　如來滅後　後五百歲

유지계수복자 어차장구 능생신심 이차위실 당지
有持戒修福者　於此章句　能生信心　以此爲實　當知

시인 불어일불이불삼사오불 이종선근 이어무량
是人　不於一佛二佛三四五佛　而種善根　已於無量

천만불소 종제선근 문시장구 내지일념 생정신자
千萬佛所　種諸善根　聞是章句　乃至一念　生淨信者

수보리 여래실지실견 시제중생 득여시무량복덕
須菩堤　如來悉知悉見　是諸衆生　得如是無量福德

하이고 시제중생 무부아상인상중생상수자상
何以故　是諸衆生　無復我相人相衆生相壽者相

무법상 역무비법상 하이고 시제중생 약심취상 즉위
無法相　亦無非法相　何以故　是諸衆生　若心取相　則爲

256

착아인중생수자 약취법상 즉착아인중생수자
着我人衆生壽者　若取法相　卽着我人衆生壽者

하이고 약취비법상 즉착아인중생수자 시고 불응
何以故　若取非法相　卽着我人衆生壽者　是故　不應

취법 불응취비법 이시의고 여래상설 여등비구 지아
取法　不應取非法　以是義故　如來常設　汝等比丘　知我

설법 여벌유자 법상응사 하황비법
說法　如筏喩者　法尙應捨　何況非法

무득무설분 제칠無得無說分 第七

수보리 어의운하 여래득아뇩다라삼먁삼보리야
須菩堤　於意云何　如來得阿耨多羅三藐三菩提耶

여래유소설법야 수보리언 여아해불소설의 무유
如來有所說法耶　須菩堤言　如我解佛所說義　無有

정법명아뇩다라삼먁삼보리 역무유정법여래가설
定法名阿耨多羅三藐三菩提　亦無有定法如來可說

하이고 여래소설법 개불가취 불가설 비법 비비법
何以故　如來所說法　皆不可取　不可說　非法　非非法

소이자하 일체현성 개이무위법 이유차별
所以者何　一切賢聖　皆以無爲法　而有差別

의법출생분 제팔依法出生分 第八

수보리 어의운하 약인 만삼천대천 세계칠보 이용
須菩提 於意云何 若人 滿三千大千 世界七寶 以用

보시 시인 소득복덕 영위다부 수보리언 심다세존
布施 是人 所得福德 寧爲多不 須菩提言 甚多世尊

하이고 시복덕 즉비복덕성 시고여래설복덕다 약부
何以故 是福德 卽非福德性 是故如來說福德多 若復

유인 어차경중 수지내지사구게등 위타인설 기복
有人 於此經中 受持乃至四句偈等 爲他人說 其福

승피 하이고 수보리 일체제불 급제불아뇩다라삼먁
勝彼 何以故 須菩提 一切諸佛 及諸佛阿耨多羅三藐

삼보리법 개종차경출 수보리 소위불법자 즉비불법
三菩提法 皆從此經出 須菩提 所謂佛法者 卽非佛法

일상무상분 제구一相無相分 第九

수보리 어의운하 수다원 능작시념 아득수다원과부
須菩提 於意云何 須陀洹 能作是念 我得須陀洹果不

수보리언 불야세존 하이고 수다원 명위입류 이무
須菩提言 不也世尊 何以故 須陀洹 名爲入流 而無

소입 불입색성향미촉법 시명수다원 수보리 어의
所入 不入色聲香味觸法 是名須陀洹 須菩提 於意

운하 사다함 능작시념 아득사다함과부 수보리언
云何 斯陀含 能作是念 我得斯陀含果不 須菩堤言

불야세존 하이고 사다함 명일왕래 이실무왕래 시
不也世尊 何以故 斯陀含 名一往來 而實無往來 是

명사다함 수보리 어의운하 아나함 능작시념 아득
名斯陀含 須菩堤 於意云何 阿那含 能作是念 我得

아나함과부 수보리언 불야세존 하이고 아나함
阿那含果不 須菩堤言 不也世尊 何以故 阿那含

명위불래 이실무불래 시고 명아나함 수보리 어의
名爲不來 而實無不來 是故 名阿那含 須菩堤 於意

운하 아라한 능작시념 아득아라한도부 수보리언
云何 阿羅漢 能作是念 我得阿羅漢道不 須菩堤言

불야세존 하이고 실무유법명아라한 세존 약아라
不也世尊 何以故 實無有法名阿羅漢 世尊 若阿羅

한 작시념 아득아라한도 즉위착아인중생수자 세
漢 作是念 我得阿羅漢道 卽爲着我人衆生壽者 世

존 불설아득무쟁 삼매인중 최위제일 시제일이욕
尊 佛說我得無諍 三昧人中 最爲第一 是第一離欲

아라한 아부작시념 아시이욕아라한 세존 아약작
阿羅漢 我不作是念 我是離欲阿羅漢 世尊 我若作

시념 아득아라한도 세존즉불설 수보리시요아란
是念 我得阿羅漢道 世尊則不說 須菩堤是樂阿蘭

나행자 이수보리실무소행 이명수보리 시요아란
那行者 以須菩提實無所行 而名須菩提 是樂阿蘭

나행
那行

장엄정토분 제십莊嚴淨土分 第十

불고수보리 어의운하 여래 석재연등불소 어법유
佛告須菩提 於意云何 如來 昔在燃燈佛所 於法有

소득부 불야세존 여래재연등불소 어법실무소득
所得不 不也世尊 如來在燃燈佛所 於法實無所得

수보리 어의운하 보살 장엄불토부 불야세존 하이
須菩提 於意云何 菩薩 莊嚴佛土不 不也世尊 何以

고 장엄불토자 즉비장엄 시명장엄 시고 수보리
故 莊嚴佛土者 卽非莊嚴 是名莊嚴 是故 須菩提

제보살마하살 응여시생청정심 불응주색생심 불
諸菩薩摩訶薩 應如是生清淨心 不應住色生心 不

응주성향미촉법생심 응무소주 이생기심 수보리
應住聲香味觸法生心 應無所住 而生其心 須菩提

비여유인 신여수미산왕 어의운하 시신위대부 수
譬如有人 身如須彌山王 於意云何 是身爲大不 須

보리언 심대세존 하이고 불설비신 시명대신
菩提言 甚大世尊 何以故 佛說非身 是名大身

260

무위복승분 제십일無爲福勝分 第十一

수보리 여항하중소유사수 여시사등항하 어의운
須菩堤　如恒河中所有沙數　如是沙等恒河　於意云

하 시제항하사 영위다부 수보리언 심다세존 단제
何　是諸恒河沙　寧爲多不　須菩堤言　甚多世尊　但諸

항하 상다무수 하황기사 수보리 아금실언고여 약
恒河　尚多無數　何況其沙　須菩堤　我今實言告汝　若

유선남자선여인 이칠보만이소항하사수삼천대천
有善男子善女人　以七寶滿爾所恒河沙數三千大千

세계 이용보시 득복다부 수보리언 심다세존 불고
世界　以用布施　得福多不　須菩堤言　甚多世尊　佛告

수보리 약선남자선여인　어차경중 내지수지사구
須菩堤　若善男子善女人　於此經中　乃至受持四句

게등 위타인설 이차복덕 승전복덕
偈等　爲他人說　而此福德　勝前福德

존중정교분 제십이尊重正教分 第十二

부차 수보리 수설시경 내지사구게등 당지차처 일
復次　須菩堤　隨說是經　乃至四句偈等　當知此處　一

체세간천인아수라 개응공양 여불탑묘 하황유인
切世間天人阿修羅　皆應供養　如佛塔廟　何況有人

진능수지독송 수보리 당지시인 성취최상제일희
盡能受持讀誦　須菩提　當知是人　成就最上第一希

유지법 약시경전소재지처 즉위유불 약존중제자
有之法　若是經典所在之處　則爲有佛　若尊重弟子

여법수지분 제십삼如法受持分 第十三

이시 수보리백불언 세존 당하명차경 아등운하봉
爾時　須菩提白佛言　世尊　當何名此經　我等云何奉

지 불고수보리 시경명위금강반야바라밀 이시명
持　佛告須菩提　是經名爲金剛般若波羅蜜　以是名

자 여당봉지 소이자하 수보리 불설반야바라밀
字　汝當奉持　所以者何　須菩提　佛說般若波羅蜜

즉비반야바라밀 시명반야바라밀 수보리 어의운
卽非般若波羅蜜　是名般若波羅蜜　須菩提　於意云

하 여래유소설법부 수보리백불언 세존 여래무소
何　如來有所說法不　須菩提白佛言　世尊　如來無所

설 수보리 어의운하 삼천대천세계 소유미진 시위
說　須菩提　於意云何　三千大千世界　所有微塵　是爲

다부 수보리언 심다세존 수보리 제미진 여래설비
多不　須菩提言　甚多世尊　須菩提　諸微塵　如來說非

미진 시명미진 여래설세계 비세계 시명세계 수보
微塵　是名微塵　如來說世界　非世界　是名世界　須菩

262

리 어의운하 가이삼십이상 견여래부 불야세존
堤 於意云何 可以三十二相 見如來不 不也世尊

불가이삼십이상 득견여래 하이고 여래설삼십이
不可以三十二相 得見如來 何以故 如來説三十二

상 즉시비상 시명삼십이상 수보리 약유선남자선
相 卽是非相 是名三十二相 須菩堤 若有善男子善

여인 이항하사등신명보시 약부유인 어차경중 내
女人 以恒河沙等身命布施 若復有人 於此經中 乃

지수지사구게등 위타인설 기복심다
至受持四句偈等 爲他人説 其福甚多

이상적멸분 제십사離相寂滅分 第十四

이시 수보리 문설시경 심해의취 체루비읍 이백불
爾時 須菩堤 聞説是經 深解義趣 涕淚悲泣 而白佛

언 희유세존 불설여시심심경전 아종석래소득혜
言 希有世尊 佛説如是甚深經典 我從昔來所得慧

안 미증득문여시지경 세존 약부유인 득문시경
眼 未曾得聞如是之經 世尊 若復有人 得聞是經

신심청정 즉생실상 당지시인 성취제일희유공덕
信心清淨 卽生實相 當知是人 成就第一希有功德

세존 시실상자 즉시비상 시고 여래설명실상 세
世尊 是實相者 卽是非相 是故 如來説名實相 世

존 아금득문여시경전 신해수지 부족위난 약당래
尊 我今得聞如是經典 信解受持 不足爲難 若當來

세 후오백세 기유중생 득문시경 신해수지 시인
世 後五百歲 其有衆生 得聞是經 信解受持 是人

즉위제일희유 하이고 차인 무아상인상중생상수
卽爲第一希有 何以故 此人 無我相人相衆生相壽

자상 소이자하 아상즉시비상 인상중생상수자상
者相 所以者何 我相卽是非相 人相衆生相壽者相

즉시비상 하이고 이일체제상 즉명제불 불고수보
卽是非相 何以故 離一切諸相 則名諸佛 佛告須菩

리 여시여시 약부유인 득문시경 불경불포불외 당
堤 如是如是 若復有人 得聞是經 不驚不怖不畏 當

지시인 심위희유 하이고 수보리 여래설제일바라
知是人 甚爲希有 何以故 須菩堤 如來說第一波羅

밀 비제일바라밀 시명제일바라밀 수보리 인욕바
蜜 非第一波羅蜜 是名第一波羅蜜 須菩堤 忍辱波

라밀 여래설비인욕바라밀 하이고 수보리 여아석
羅蜜 如來說非忍辱波羅蜜 何以故 須菩堤 如我昔

위가리왕 할절신체 아어이시 무아상 무인상 무중
爲歌利王 割截身體 我於爾時 無我相 無人相 無衆

생상 무수자상 하이고 아어왕석절절지해시 약유
生相 無壽者相 何以故 我於往昔節節支解時 若有

264

아상인상중생상수자상 응생진한 수보리 우념과
我相人相衆生相壽者相　應生嗔恨　須菩堤　又念過

거어오백세 작인욕선인 어이소세 무아상 무인상
去於五百世　作忍辱仙人　於爾所世　無我相　無人相

무중생상 무수자상 시고 수보리 보살 응리일체
無衆生相　無壽者相　是故　須菩堤　菩薩　應離一切

상 발아뇩다라삼먁삼보리심 불응주색생심 불응
相　發阿耨多羅三藐三菩堤心　不應住色生心　不應

주성향미촉법생심 응생무소주심 약심유주 즉위
住聲香味觸法生心　應生無所住心　若心有住　卽爲

비주 시고 불설보살 심불응주색보시 수보리 보살
非住　是故　佛說菩薩　心不應住色布施　須菩堤　菩薩

위이익일체중생 응여시보시 여래설일체제상 즉
爲利益一切衆生　應如是布施　如來說一切諸相　卽

시비상 우설일체중생 즉비중생 수보리 여래 시
是非相　又說一切衆生　卽非衆生　須菩堤　如來　是

진어자 실어자 여어자 불광어자 불이어자 수보리
眞語者　實語者　如語者　不誑語者　不異語者　須菩堤

여래소득법 차법 무실무허 수보리 약보살 심주
如來所得法　此法　無實無虛　須菩堤　若菩薩　心住

어법 이행보시 여인입암 즉무소견 약보살 심부주
於法　而行布施　如人入闇　則無所見　若菩薩　心不住

법 이행보시 여인유목 일광명조 견종종색 수보리
法 而行布施 如人有目 日光明照 見種種色 須菩提

당래지세 약유선남자선여인 능어차경 수지독송
當來之世 若有善男子善女人 能於此經 受持讀誦

즉위여래 이불지혜 실지시인 실견시인 개득성
則爲如來 以佛智慧 悉知是人 悉見是人 皆得成

취무량무변공덕
就無量無邊功德

지경공덕분 제십오持經功德分 第十五

수보리 약유선남자선여인 초일분 이항하사등신
須菩堤 若有善男子善女人 初日分 以恒河沙等身

보시 중일분 부이항하사등신보시 후일분 역이항
布施 中日分 復以恒河沙等身布施 後日分 亦以恒

하사등신보시 여시무량백천만억겁 이신보시 약
河沙等身布施 如是無量百千萬億劫 以身布施 若

부유인 문차경전 신심불역 기복승피 하황서사수
復有人 聞此經典 信心不逆 其福勝彼 何況書寫受

지독송 위인해설 수보리 이요언지 시경 유불가
持讀誦 爲人解説 須菩堤 以要言之 是經 有不可

사의 불가칭량무변공덕 여래위발대승자설 위발
思議 不可稱量無邊功德 如來爲發大乘者説 爲發

최상승자설 약유인 능수지독송 광위인설 여래실
最上乘者説　若有人　能受持讀誦　廣爲人説　如來悉

지시인 실견시인 개득성취불가량불가칭무유변
知是人　悉見是人　皆得成就不可量不可稱無有邊

불가사의공덕 여시인등 즉위하담여래아뇩다라
不可思議功德　如是人等　則爲荷擔如來阿耨多羅

삼먁삼보리 하이고 수보리 약요소법자 착아견인
三藐三菩提　何以故　須菩堤　若樂小法者　着我見人

견중생견 수자견 즉어차경 불능청수독송 위인해
見衆生見　壽者見　則於此經　不能聽受讀誦　爲人解

설 수보리 재재처처 약유차경 일체세간천인아수
説　須菩堤　在在處處　若有此經　一切世間天人阿修

라 소응공양 당지차처 즉위시탑 개응공경 작례위
羅　所應供養　當知此處　則爲是塔　皆應恭敬　作禮圍

요 이제화향 이산기처
遶　以諸華香　而散其處

능정업장분 제십육能淨業障分 第十六

부차 수보리 선남자선여인 수지독송차경 약위인
復次　須菩堤　善男子善女人　受持讀誦此經　若爲人

경천 시인 선세죄업 응타악도 이금세인경천고 선
輕賤　是人　先世罪業　應墮惡道　以今世人輕賤故　先

세죄업 즉위소멸 당득아뇩다라삼먁삼보리 수보
世罪業　則爲消滅　當得阿耨多羅三藐三菩提　須菩

리 아념과거무량아승지겁 어연등불전 득치팔백
堤　我念過去無量阿僧祈劫　於燃燈佛前　得値八百

사천만억나유타제불 실개공양승사 무공과자 약
四千萬億那由他諸佛　悉皆供養承事　無空過者　若

부유인 어후말세 능수지독송차경 소득공덕 어아
復有人　於後末世　能受持讀誦此經　所得功德　於我

소공양제불공덕 백분불급일 천만억분 내지산수
所供養諸佛功德　百分不及一　千萬億分　乃至算數

비유 소불능급 수보리 약선남자선여인 어후말세
譬喩　所不能及　須菩提　若善男子善女人　於後末世

유수지독송차경 소득공덕 아약구설자 혹유인문
有受持讀誦此經　所得功德　我若具説者　或有人聞

심즉광란 호의불신 수보리 당지 시경의 불가사
心則狂亂　狐疑不信　須菩提　當知　是經義　不可思

의 과보역불가사의
議　果報亦不可思議

구경무아분 제십칠究竟無我分 第十七

이시 수보리백불언 세존 선남자선여인 발아뇩다
爾時　須菩提白佛言　世尊　善男子善女人　發阿耨多

라삼먁삼보리심 운하응주 운하항복기심 불고수
羅 三 藐 三 菩 堤 心　云 何 應 住　云 何 降 伏 其 心　佛 告 須

보리 선남자선여인 발아뇩다라삼먁삼보리자
菩 堤　若 善 男 子 善 女 人　發 阿 耨 多 羅 三 藐 三 菩 堤 者

당생여시심 아응멸도일체중생 멸도일체중생이
當 生 如 是 心　我 應 滅 度 一 切 衆 生　滅 度 一 切 衆 生 已

이무유일중생실멸도자 하이고 수보리 약보살 유
而 無 有 一 衆 生 實 滅 度 者　何 以 故　須 菩 堤　若 菩 薩　有

아상인상중생상수자상 즉비보살 소이자하 수보
我 相 人 相 衆 生 相 壽 者 相　則 非 菩 薩　所 以 者 何　須 菩

리 실무유법 발아뇩다라삼먁삼보리심자 수보리
提　實 無 有 法　發 阿 耨 多 羅 三 藐 三 菩 提 心 者　須 菩 堤

어의운하 여래 어연등불소 유법득아뇩다라삼먁
於 意 云 何　如 來　於 燃 燈 佛 所　有 法 得 阿 耨 多 羅 三 藐

삼보리부 불야세존 여아해불소설의 불어연등불
三 菩 堤 不　不 也 世 尊　如 我 解 佛 所 説 義　佛 於 燃 燈 佛

소 무유법득아뇩다라삼먁삼보리 불언 여시여시
所　無 有 法 得 阿 耨 多 羅 三 藐 三 菩 堤　佛 言　如 是 如 是

수보리 실무유법여래득아뇩다라삼먁삼보리 수
須 菩 提　實 無 有 法 如 來 得 阿 耨 多 羅 三 藐 三 菩 提　須

보리 약유법여래득아뇩다라삼먁삼보리자 연등불
菩 堤　若 有 法 如 來 得 阿 耨 多 羅 三 藐 三 菩 堤 者　燃 燈 佛

즉불여아수기 여어래세 당득작불 호석가모니 이
則不與我授記 汝於來世 當得作佛 號釋迦牟尼 以

실무유법득아뇩다라삼먁삼보리 시고 연등불 여
實無有法得阿耨多羅三藐三菩提 是故 燃燈佛 與

아수기 작시언 여어래세 당득작불 호석가모니 하
我授記 作是言 汝於來世 當得作佛 號釋迦牟尼 何

이고 여래자 즉제법여의 약유인언 여래득아뇩다
以故 如來者 卽諸法如義 若有人言 如來得阿耨多

라삼먁삼보리 수보리 실무유법불득아뇩다라삼먁
羅三藐三菩提 須菩提 實無有法佛得阿耨多羅三藐

삼보리 수보리 여래소득아뇩다라삼먁삼보리 어
三菩提 須菩提 如來所得阿耨多羅三藐三菩提 於

시중 무실무허 시고 여래설 일체법 개시불법 수
是中 無實無虛 是故 如來說 一切法 皆是佛法 須

보리 소언일체법자 즉비일체법 시고 명일체법 수
菩提 所言一切法者 卽非一切法 是故 名一切法 須

보리 비여인신장대 수보리언 세존 여래설인신장
菩提 譬如人身長大 須菩提言 世尊 如來說人身長

대 즉위비대신 시명대신 수보리 보살역여시 약작
大 卽爲非大身 是名大身 須菩提 菩薩亦如是 若作

시언 아당멸도 무량중생 즉불명보살 하이고 수보
是言 我當滅度 無量衆生 則不名菩薩 何以故 須菩

270

리 실무유법명위보살 시고 불설일체법 무아무인

堤 實無有法名爲菩薩 是故 佛説一切法 無我無人

무중생무수자 수보리 약보살작시언 아당장엄불

無衆生無壽者 須菩提 若菩薩作是言 我當莊嚴佛

토 시불명보살 하이고 여래설장엄불토자 즉비장

土 是不名菩薩 何以故 如來説莊嚴佛土者 卽非莊

엄 시명장엄 수보리 약보살 통달무아법자 여래설

嚴 是名莊嚴 須菩提 若菩薩 通達無我法者 如來説

명진시보살

名眞是菩薩

일체동관분 제십팔一體同觀分 第十八

수보리 어의운하 여래유육안부 여시세존 여래유

須菩提 於意云何 如來有肉眼不 如是世尊 如來有

육안 수보리 어의운하 여래유천안부 여시세존 여

肉眼 須菩提 於意云何 如來有天眼不 如是世尊 如

래유천안 수보리 어의운하 여래유혜안부 여시세

來有天眼 須菩提 於意云何 如來有慧眼不 如是世

존 여래유혜안 수보리 어의운하 여래유법안부 여

尊 如來有慧眼 須菩提 於意云何 如來有法眼不 如

시세존 여래유법안 수보리 어의운하 여래유불안

是世尊 如來有法眼 須菩提 於意云何 如來有佛眼

부 여시세존 여래유불안 수보리 어의운하 여항하
不　如是世尊　如來有佛眼　須菩提　於意云何　如恒河

중소유사 불설시사부 여시세존 여래설시사 수보
中所有沙　佛説是沙不　如是世尊　如來説是沙　須菩

리 어의운하 여일항하중소유사 유여시사등항하
堤　於意云何　如一恒河中所有沙　有如是沙等恒河

시제항하소유사수불세계 여시영위다부 심다세
是諸恒河所有沙數佛世界　如是寧爲多不　甚多世

존 불고수보리 이소국토중 소유중생 약간종심
尊　佛告須菩提　爾所國土中　所有衆生　若干種心

여래실지 하이고 여래설제심 개위비심 시명위심
如來悉知　何以故　如來説諸心　皆爲非心　是名爲心

소이자하 수보리 과거심불가득 현재심불가득 미
所以者何　須菩提　過去心不可得　現在心不可得　未

래심불가득
來心不可得

법계통화분 제십구 法界通化分 第十九

수보리 어의운하 약유인 만삼천대천세계칠보 이
須菩提　於意云何　若有人　滿三千大千世界七寶　以

용보시 시인 이시인연 득복다부 여시세존 차인
用布施　是人　以是因緣　得福多不　如是世尊　此人

이시인연 득복심다 수보리 약복덕유실 여래불설
以是因緣　得福甚多　須菩提　若福德有實　如來不說

득복덕다 이복덕무고 여래설 득복덕다
得福德多　以福德無故　如來說　得福德多

이색이상분 제이십離色離相分 第二十

수보리 어의운하 불가이구족색신견부 불야세존
須菩提　於意云何　佛可以具足色身見不　不也世尊

여래불응이구족색신견 하이고 여래설구족색신
如來不應以具足色身見　何以故　如來說具足色身

즉비구족색신 시명구족색신 수보리 어의운하 여
卽非具足色身　是名具足色身　須菩提　於意云何　如

래가이구족제상견부 불야세존 여래불응이구족제
來可以具足諸相見不　不也世尊　如來不應以具足諸

상견 하이고 여래설 제상구족 즉비구족 시명제상
相見　何以故　如來說　諸相具足　卽非具足　是名諸相

구족
具足

비설소설분 제이십일非說所說分 第二十一

수보리 여물위여래작시념 아당유소설법 막작시
須菩提　汝勿謂如來作是念　我當有所說法　莫作是

념 하이고 약인언 여래유소설법 즉위방불 불능
念　何以故　若人言　如來有所説法　則爲謗佛　不能

해아소설고 수보리 설법자 무법가설 시명설법 이
解我所説故　須菩提　説法者　無法可説　是名説法　爾

시 혜명수보리 백불언 세존 파유중생 어미래세
時　慧命須菩提　白佛言　世尊　頗有衆生　於未來世

문설시법 생신심부불언 수보리 피비중생 비불중
聞説是法　生信心不佛言　須菩提　彼非衆生　非不衆

생 하이고 수보리 중생중생자 여래설비중생 시명
生　何以故　須菩提　衆生衆生者　如來説非衆生　是名

중생
衆生

무법가득분 제이십이無法可得分 第二十二

수보리백불언 세존 불득아뇩다라삼먁삼보리 위
須菩提白佛言　世尊　佛得阿耨多羅三藐三菩提　爲

무소득야 불언 여시여시 수보리 아어아뇩다라삼
無所得耶　佛言　如是如是　須菩提　我於阿耨多羅三

먁삼보리 내지무유소법가득 시명아뇩다라삼먁삼
藐三菩提　乃至無有少法可得　是名阿耨多羅三藐三

보리
菩提

정심행선분 제이십삼淨心行善分 第二十三

부차 수보리 시법평등 무유고하 시명아뇩다라삼
復次　須菩提　是法平等　無有高下　是名阿耨多羅三

약삼보리 이무아무인 무중생무수자 수일체선법
藐三菩提　以無我無人　無衆生無壽者　修一切善法

즉득아뇩다라삼약삼보리 수보리 소언선법자 여
則得阿耨多羅三藐三菩提　須菩提　所言善法者　如

래설 즉비선법 시명선법
來説　卽非善法　是名善法

복지무비분 제이십사福智無比分 第二十四

수보리 약삼천대천세계중 소유제수미산왕 여시
須菩提　若三千大千世界中　所有諸須彌山王　如是

등칠보취 유인 지용보시 약인 이차반야바라밀경
等七寶聚　有人　持用布施　若人　以此般若波羅蜜經

내지사구게등 수지독송 위타인설 어전복덕 백분
乃至四句偈等　受持讀誦　爲他人説　於前福德　百分

불급일 백천만억분 내지산수비유 소불능급
不及一　百千萬億分　乃至算數譬喩　所不能及

화무소화분 제이십오化無所化分 第二十五

수보리 어의운하 여등물위여래작시념 아당도중
須菩提　於意云何　汝等勿爲如來作是念　我當度衆

생 수보리 막작시념　하이고 실무유중생여래도자
生　須菩提　莫作是念　何以故　實無有衆生如來度者

약유중생 여래도자 여래즉유아인중생수자 수보리
若有衆生　如來度者　如來則有我人衆生壽者　須菩提

여래설 유아자 즉비유아 이범부지인 이위유아 수
如來說　有我者　卽非有我　而凡夫之人　以爲有我　須

보리 범부자 여래설즉비범부
菩提　凡夫者　如來說卽非凡夫

법신비상분 제이십육法身非相分 第二十六

수보리 어의운하 가이삼십이상 관여래부 수보리
須菩提　於意云何　可以三十二相　觀如來不　須菩提

언 여시여시 이삼십이상 관여래 불언 수보리 약
言　如是如是　以三十二相　觀如來　佛言　須菩提　若

이삼십이상 관여래자 전륜성왕 즉시여래 수보리
以三十二相　觀如來者　轉輪聖王　則是如來　須菩提

백불언 세존 여아해불소설의 불응이삼십이상 관
白佛言　世尊　如我解佛所說義　不應以三十二相　觀

여래 이시세존 이설게언

如來 爾時世尊 而說偈言

약이색견아 이음성구아 시인행사도 불능견여래

若以色見我 以音聲求我 是人行邪道 不能見如來

무단무멸분 제이십칠無斷無滅分 第二十七

수보리 여약작시념 여래불이구족상고 득아뇩다

須菩提 汝若作是念 如來不以具足相故 得阿耨多

라삼먁삼보리 수보리 막작시념 여래불이구족상

羅三藐三菩提 須菩提 莫作是念 如來不以具足相

고 득아뇩다라삼먁삼보리 수보리 여약작시념 발

故 得阿耨多羅三藐三菩提 須菩提 汝若作是念 發

아뇩다라삼먁삼보리심자 설제법단멸상 막작시념

阿耨多羅三藐三菩提心者 說諸法斷滅相 莫作是念

하이고 발아뇩다라삼먁삼보리심자 어법 불설단

何以故 發阿耨多羅三藐三菩提心者 於法 不說斷

멸상

滅相

불수불탐분 제이십팔不受不貪分 第二十八

수보리 약보살 이만항하사등세계칠보 지용보시

須菩提 若菩薩 以滿恒河沙等世界七寶 持用布施

약부유인 지일체법무아 득성어인 차보살 승전보
若復有人　知一切法無我　得成於忍　此菩薩　勝前菩

살소득공덕 수보리 이제보살 불수복덕고 수보리
薩所得功德　須菩提　以諸菩薩　不受福德故　須菩提

백불언 세존 운하보살 불수복덕 수보리 보살 소
白佛言　世尊　云何菩薩　不受福德　須菩提　菩薩　所

작복덕 불응탐착 시고 설불수복덕
作福德　不應貪着　是故　說不受福德

위의적정분 제이십구威儀寂靜分 第二十九

수보리 약유인언 여래약래약거약좌약와 시인 불
須菩提　若有人言　如來若來若去若坐若臥　是人　不

해아소설의 하이고 여래자 무소종래 역무소거 고
解我所說義　何以故　如來者　無所從來　亦無所去　故

명여래
名如來

일합이상분 제삼십一合理相分 第三十

수보리 약선남자선여인 이삼천대천세계 쇄위미
須菩提　若善男子善女人　以三千大千世界　碎爲微

진 어의운하 시미진중 영위다부 심다세존 하이고
塵　於意云何　是微塵衆　寧爲多不　甚多世尊　何以故

278

약시미진중 실유자 불즉불설시미진중 소이자하
若是微塵衆 實有者 佛則不說是微塵衆 所以者何

불설미진중 즉비미진중 시명미진중 세존 여래소
佛說微塵衆 即非微塵衆 是名微塵衆 世尊 如來所

설삼천대천세계 즉비세계 시명세계 하이고 약세
說三千大千世界 即非世界 是名世界 何以故 若世

계 실유자 즉시일합상 여래설일합상 즉비일합상
界 實有者 則是一合相 如來說一合相 即非一合相

시명일합상 수보리 일합상자 즉시불가설 단범부
是名一合相 須菩提 一合相者 則是不可說 但凡夫

지인 탐착기사
之人 貪着其事

지견불생분 제삼십일知見不生分 第三十一

수보리 약인언 불설아견인견중생견 수자견 수보
須菩提 若人言 佛說我見人見衆生見 壽者見 須菩

리 어의운하 시인 해아소설의부 불야세존 시인
堤 於意云何 是人 解我所說義不 不也世尊 是人

불해여래소설의 하이고 세존설아견인견중생견
不解如來所說義 何以故 世尊說我見人見衆生見

수자견 즉비아견인견중생견수자견 시명아견인견
壽者見 即非我見人見衆生見壽者見 是名我見人見

중생견수자견 수보리 발아뇩다라삼먁삼보리심
衆生見壽者見　須菩提　發阿耨多羅三藐三菩提心

자 어일체법 응여시지 여시견 여시신해 불생법상
者　於一切法　應如是知　如是見　如是信解　不生法相

수보리 소언법상자 여래설즉비법상 시명법상
須菩提　所言法相者　如來說卽非法相　是名法相

응화비진분 제삼십이應化非眞分 第三十二

수보리 약유인 이만무량아승지세계칠보 지용보
須菩提　若有人　以滿無量阿僧祇世界七寶　持用布

시 약유선남자선여인 발보살심자 지어차경 내지
施　若有善男子善女人　發菩薩心者　持於此經　乃至

사구게등 수지독송 위인연설 기복승피 운하위인
四句偈等　受持讀誦　爲人演說　其福勝彼　云何爲人

연설 불취어상 여여부동 하이고 일체유위법 여몽
演說　不取於相　如如不動　何以故　一切有爲法　如夢

환포영 여로역여전 응작여시관 불설시경이 장로
幻泡影　如露亦如電　應作如是觀　佛說是經已　長老

수보리 급제비구비구니 우바새우바이 일체세간
須菩提　及諸比丘比丘尼　優婆塞優婆尼　一切世間

천인아수라 문불소설 개대환희 신수봉행
天人阿修羅　聞佛所說　皆大歡喜　信受奉行

280

우리말 금강경
-확고한 지혜의 완성에 이르는 길

1. 법회의 인연

이와 같이 나는 들었습니다. 어느 때 부처님께서 거룩한 비구 천이백오십 명과 함께 사위국 기수급고독원에 계셨습니다. 그때 세존께서는 공양 때가 되어 가사를 입고 발우를 들고 걸식하고자 사위대성으로 들어가셨습니다. 성 안에서 차례로 걸식하신 후 본래의 처소로 돌아와 공양을 드신 뒤 가사와 발우를 거두고 발을 씻으신 다음 자리를 펴고 앉으셨습니다.

2. 수보리가 법을 물음

그때 대중 가운데 있던 수보리 장로가 자리에서 일어나 오른쪽 어깨를 드러내고 오른 무릎을 땅에 대며 합장하고 공손히 부처님께 여쭈었습니다.

"경이롭습니다 세존이시여! 여래께서는 보살들을 잘 보호해 주시며 보살들을 잘 격려해 주십니다. 세존이시여! 가장 높고 바른 깨달음을 얻고자 하는 선남자 선여인이 어떻게 살아야 하며 어떻게 그 마음을 다스려야 합니까?"

부처님께서 말씀하셨습니다.

"훌륭하고 훌륭하다. 수보리여! 그대의 말과 같이 여래는 보살들을 잘 보호해 주며, 보살들을 잘 격려해 준다. 그대는 자세히 들어라. 그대에게 설하리라. 가장 높고 바른 깨달음을 얻고자 하는 선남자 선여인이 이와 같이 살아야 하며 이와 같이 그 마음을 다스려야 한다.

"예, 세존이시여!"라고 하며 수보리는 즐거이 듣고자 하였습니다."

3. 대승의 근본 뜻

부처님께서 수보리에게 말씀하셨습니다.

"모든 보살마하살은 다음과 같이 그 마음을 다스려야 한다. '알에서 태어난 것이나, 태에서 태어난 것이나, 습기에서 태어난 것이나, 변화하여 태어난 것이나, 형상이 있는 것이나, 형상이 없는 것이나, 생각이 있는 것이나, 생각이 없는 것이나, 생각이 있는 것도 아니고 없는 것도 아닌 온갖 중생들을 내가 모두 완전한 열반에 들게 하리라. 이와 같이 헤아릴 수 없이 많은 중생을 열반에 들게 하였으나, 실제로는 완전한 열반을 얻은 중생이 아무도 없다.'

왜냐하면 수보리여! 보살에게 자아가 있다는 관념, 개아가 있다는 관념, 중생이 있다는 관념, 영혼이 있다는 관념이 있다면 보살이 아니기 때문이다."

4. 집착 없는 보시

"또한 수보리여! 보살은 어떤 대상에도 집착 없이 보시해야 한다. 말하자면 형색에 집착이 없이 보시해야 한다. 말하자면 형색에 집착이 없이 보시해야 하며 소리, 냄새, 맛, 감촉, 마음의 대상에도 집착 없이 보시해야 한다.

수보리여! 보살은 이와 같이 보시하되 어떤 대상에 대한 관념에도 집착하지 않아야 한다. 왜냐하면 보살이 대상에 대한 관념에 집착 없이 보시한다면 그 복덕은 헤아릴 수 없기 때문이다.

수보리여! 그대 생각은 어떠한가? 동쪽 허공을 헤아릴 수 있겠는가?

"없습니다, 세존이시여!"

"수보리여! 남서북방, 사이사이, 아래 위 허공을 헤아릴 수 있겠는가?"

"없습니다, 세존이시여!"

"수보리여! 보살이 대상에 대한 관념에 집착하지 않고 보시하는 복덕도 이와 같이 헤아릴 수 없다. 수보리여! 보살은 반드시 가르친 대로 살아야 한다."

5. 여래의 참 모습

"수보리여! 그대 생각은 어떠한가? 신체적 특징을 가지고 여래라고 볼 수 있는가?"

"없습니다, 세존이시여! 신체적 특징을 가지고 여래라

고 볼 수는 없습니다. 왜냐하면 여래께서 말씀하신 신체
적 특징은 바로 신체적 특징이 아니기 때문입니다."

부처님께서 수보리에게 말씀하셨습니다.

"신체적 특징들은 모두 헛된 것이니 신체적 특징이 신
체적 특징 아님을 본다면 바로 여래를 보리라."

6. 깊은 믿음

수보리가 부처님께 여쭈었습니다.

"세존이시여! 이와 같은 말씀을 듣고 진실한 믿음을 내
는 중생들이 있겠습니까?"

부처님께서 수보리에게 말씀하셨습니다.

"그런 말 하지 말라. 여래가 열반에 든 오백년 뒤에도
계를 지니고 복덕을 닦는 이는 이러한 말에 신심을 낼 수
있고 이것을 진실한 말로 여길 것이다. 이 사람은 한 부
처님이나 두 부처님, 서너 다섯 부처님께 선근을 심었을
뿐만 아니라 이미 한량없는 부처님 처소에서 여러 가지
선근을 심었으므로 이 말씀을 듣고 잠깐이라도 청정한
믿음을 내는 자임을 알아야 한다.

수보리여! 여래는 이러한 중생들이 이와 같이 한량없는
복덕 얻음을 다 알고 다 본다. 왜냐하면 이러한 중생들은
다시는 자아가 있다는 관념, 개아가 있다는 관념, 중생이
있다는 관념, 영혼이 있다는 관념이 없고, 법이라는 관념

이 없으며 법이 아니라는 관념도 없기 때문이다.

왜냐하면 이러한 중생들이 마음에 관념을 가지면 자아·개아·중생·영혼에 집착하는 것이기 때문이다.

왜냐하면 법이 아니라는 관념을 가져도 자아·개아·중생·영혼에 집착하는 것이기 때문이다. 그러므로 법에 집착해도 안 되고 법 아닌 것에 집착해서도 안 된다.

그러기에 여래는 늘 설했다. 너희 비구들이여! 나의 설법은 뗏목과 같은 줄 알아라. 법도 버려야 하거늘 하물며 법 아닌 것이랴!"

7. 깨침과 설법이 없음

"수보리여! 그대 생각은 어떤한가? 여래가 가장 높고 바른 깨달음을 얻었는가? 여래가 설한 법이 있는가?"

수보리가 대답하였습니다.

"제가 부처님께서 말씀하신 뜻을 이해하기로는 가장 높고 바른 깨달음이라 할 만한 정해진 법이 없고, 또한 여래께서 설한 단정적인 법도 없습니다. 왜냐하면 여래께서 설한 법은 모두 얻을 수도 없고 설할 수도 없으며, 법도 아니고 법 아님도 아니기 때문입니다. 그것은 모든 성현들이 다 무위법 속에서 차이가 있는 까닭입니다."

8. 부처와 깨달음의 어머니, 금강경

"수보리여! 그대 생각은 어떠한가? 어떤 사람이 삼천대천세계에 칠보를 가득 채워 보시한다면 이 사람의 복덕이 진정 많겠는가?"

수보리가 대답하였습니다.

"매우 많습니다, 세존이시여! 왜냐하면 이 복덕은 바로 복덕의 본질이 아닌 까닭에 여래께서는 복덕이 많다고 하셨기 때문입니다."

"다시 어떤 사람이 이 경의 사구게만이라도 받고 지니고 다른 사람을 위해 설해 준다고 하자. 그러면 이 복이 저 복보다 더 뛰어나다. 왜냐하면 수보리여! 모든 부처님과 모든 부처님의 가장 높고 바른 깨달음의 법은 다 이 경에서 나왔기 때문이다. 수보리여! 부처의 가르침이라고 말하는 것은 부처의 가르침이 아니다."

9. 관념과 그 관념의 부정

"수보리여! 그대 생각은 어떠한가? 수다원이 '나는 수다원과를 얻었다.'고 생각하겠는가?"

수보리가 대답하였습니다.

"아닙니다, 세존이시여! 왜냐하면 수다원은 '성자의 흐름에 든 자'라고 불리지만 들어간 곳이 없으니 형색, 소리, 냄새, 맛, 감촉, 마음의 대상에 들어가지 않는 것을 수다원이라 하기 때문입니다."

"수보리여! 그대 생각은 어떠한가? 사다함이 '나는 사다함과를 얻었다.'고 생각하겠는가?"

수보리가 대답하였습니다.

"아닙니다, 세존이시여! 왜냐하면 사다함은 '한 번만 돌아올 자'라고 불리지만 실로 돌아옴이 없는 것을 사다함이라 하기 때문입니다."

"수보리여! 그대 생각은 어떠한가? 아나함이 '나는 아나함과를 얻었다.'고 생각하겠는가?"

수보리가 대답하였습니다.

"아닙니다, 세존이시여! 왜냐하면 아나함은 '되돌아오지 않는 자'라고 불리지만 실로 되돌아오지 않음이 없는 것을 아나함이라 하기 때문입니다."

"수보리여! 그대 생각은 어떠한가? 아라한이 '나는 아라한의 경지를 얻었다.'고 생각하겠는가?"

수보리가 대답하였습니다.

"아닙니다, 세존이시여! 왜냐하면 실제 아라한이라 할 만한 법이 없기 때문입니다. 세존이시여! 아라한이 '나는 아라한의 경지를 얻었다.'고 생각한다면 자아·개아·영혼에 집착하는 것입니다.

세존이시여! 부처님께서 저를 다툼 없는 삼매를 얻은 사람 가운데 제일이고 욕망을 여읜 제일가는 아라한이라고 말씀하셨습니다. 저는 '나는 욕망을 여읜 아라한이다.'라고 생각하지 않습니다.

세존이시여! 제가 '나는 아라한의 경지를 얻었다.'고 생각한다면 세존께서는 '수보리는 적정행을 즐기는 사람이다. 수보리는 실로 적정행을 한 것이 없으므로 수보리는 적정행을 즐긴다고 말한다.'라고 설하지 않으셨을 것입니다."

10. 불국토의 장엄

부처님께서 수보리에게 말씀하셨습니다.

"그대 생각은 어떠한가? 여래가 옛적에 연등부처님 처소에서 법을 얻은 것이 있는가?"

"없습니다, 세존이시여! 여래께서 연등부처님 처소에서 실제로 법을 얻은 것이 없습니다."

"수보리여! 그대 생각은 어떠한가? 보살이 불국토를 아름답게 꾸미는가?"

"아닙니다, 세존이시여! 왜냐하면 불국토를 아름답게 꾸민다는 것은 아름답게 꾸미는 것이 아니므로 아름답게 꾸민다고 말하기 때문입니다."

"그러므로 수보리여! 모든 보살마하살은 이와 같이 깨끗한 마음을 내어야 한다. 형색에 집착하지 않고 마음을 내어야 하고 소리, 냄새, 맛, 감촉, 마음의 대상에도 집착하지 않고 마음을 내어야 한다. 마땅히 집착 없이 그

마음을 내어야 한다.

수보리여! 어떤 사람의 몸이 산들의 왕 수미산만큼 크다면 그대 생각은 어떠한가? 그 몸이 크다고 하겠는가?"

수보리가 대답하였습니다.

"매우 큽니다, 세존이시여! 왜냐하면 부처님께서는 몸 아님을 설하셨으므로 큰 몸이라 말씀하셨기 때문입니다."

11. 무위법의 뛰어난 복덕

"수보리여! 항하의 모래 수만큼 항하가 있다면 그대 생각은 어떠한가? 이 모든 항하의 모래 수는 진정 많다고 하겠는가?"

수보리가 대답하였습니다.

"매우 많습니다, 세존이시여! 항하들만 해도 헤아릴 수 없이 많은데 하물며 그것의 모래이겠습니까?"

"수보리여! 내가 지금 진실한 말로 그대에게 말한다. 선남자 선여인이 그 항하 모래 수만큼의 삼천대천세계에 칠보를 가득 채워 보시한다면 그 복덕이 많겠는가?"

수보리가 대답하였습니다.

"매우 많습니다, 세존이시여!"

부처님께서 수보리에게 말씀하셨습니다.

"선남자 선여인이 이 경의 사구게만이라도 받고 지니

고 다른 사람을 위해 설해 준다면 이 복이 저 복보다 더 뛰어나다."

12. 올바른 가르침의 존중

"또한 수보리여! 이 경의 사구게만이라도 설해지는 곳 곳마다 어디든지 모든 세상의 천신·인간·아수라가 마 땅히 공양할 부처님의 탑묘임을 알아야 한다. 하물며 이 경 전체를 받고 지니고 읽고 외우는 사람이랴!

수보리여! 이 사람은 가장 높고 가장 경이로운 법을 성 취할 것임을 알아야 한다. 이와 같이 경전이 있는 곳은 부처님과 존경받는 제자들이 계시는 곳이다."

13. 이 경을 수지하는 방법

그때 수보리가 부처님께 여쭈었습니다.

"세존이시여! 이 경을 무엇이라 불러야 하며 저희들이 어떻게 받들어 지녀야 합니까?"

부처님께서 수보리에게 말씀하셨습니다.

"이 경의 이름은 '금강반야바라밀'이니, 이 제목으로 너희들은 받들어 지녀야 한다. 그것은 수보리여! 여래는 반야바라밀을 반야바라밀이 아니라고 설하였으므로 반 야바라밀이라 말한 까닭이다. 수보리여! 그대 생각은 어 떠한가? 여래가 설한 법이 있는가?"

수보리가 부처님께 말씀드렸습니다.

"세존이시여! 여래께서는 설하신 법이 없습니다."

"수보리여! 그대 생각은 어떠한가? 삼천대천세계를 이루고 있는 티끌이 많다고 하겠는가?"

수보리가 대답하였습니다.

"매우 많습니다, 세존이시여!"

"수보리여! 여래는 티끌들을 티끌이 아니라고 설하였으므로 티끌이라 말한다. 여래는 세계를 세계가 아니라고 설하였으므로 세계라고 말한다. 수보리여! 그대 생각은 어떠한가? 서른두 가지 신체적 특징을 가지고 여래라고 볼 수 있는가?"

"없습니다. 세존이시여! 서른두 가지 신체적 특징을 가지고 여래라고 볼 수는 없습니다. 왜냐하면 여래께서는 서른두 가지 신체적 특징은 신체적 특징이 아니라고 설하셨으므로 서른두 가지 신체적 특징이라고 말씀하셨기 때문입니다."

"수보리여! 어떤 선남자 선여인이 항하의 모래 수만큼 목숨을 보시한다고 하자. 또 어떤 사람이 이 경의 사구게만이라도 받고 지니고 다른 사람을 위해 설해 준다고 하자. 그러면 이 복이 저 복보다 더욱 많으리라."

14. 관념을 떠난 열반

그때 수보리가 이 경 설하심을 듣고 뜻을 깊이 이해하여 감격의 눈물을 흘리며 부처님께 말쓰드렸습니다.

"경이롭습니다, 세존이시여! 제가 지금까지 얻은 혜안으로는 부처님께서 이 같이 깊이 있는 경전 설하심을 들은 적이 없습니다. 세존이시여! 만일 어떤 사람이 이 경을 듣고 믿음이 청정해지면 바로 궁극적 지혜가 일어날 것이니, 이 사람은 가장 경이로운 공덕을 성취할 것임을 알아야 합니다.

세존이시여! 이 궁극적 지혜라는 것은 궁극적 지혜가 아닌 까닭에 여래께서는 궁극적 지혜라고 말씀하셨습니다. 세존이시여! 제가 지금 이 같은 경전을 듣고서 믿고 이해하고 받고 지니기는 어렵지 않습니다. 그러나 미래 오백년 뒤에도 어떤 중생이 이 경전을 듣고 믿고 이해하고 받고 지닌다면 이 사람은 가장 경이로울 것입니다.

왜냐하면 이 사람은 자아가 있다는 관념, 개아가 있다는 관념, 중생이 있다는 관념, 영혼이 있다는 관념이 없기 때문입니다. 그것은 자아가 있다는 관념은 관념이 아니며, 개아가 있다는 관념, 중생이 있다는 관념, 영혼이 있다는 관념은 관념이 아닌 까닭입니다. 왜냐하면 모든 관념을 떠난 이를 부처님이라 말하기 때문입니다."

부처님께서 수보리에게 말씀하셨습니다.

"그렇다, 그렇다. 만일 어떤 사람이 이 경을 듣고 놀라지도 않고 무서워하지도 않고 두려워하지도 않는다면 이 사람은 매우 경이로운 줄 알아야 한다. 왜냐하면 수보리여! 여래는 최고의 바라밀을 최고의 바라밀이 아니라고 설하였으므로 최고의 바라밀이라 말하기 때문이다.

수보리여! 인욕바라밀을 여래는 인욕바라밀이 아니라고 설하였다. 왜냐하면 수보리여! 내가 옛적에 가리왕에게 온 몸을 마디마디 잘렸을 때, 나는 자아가 있다는 관념, 개아가 있다는 관념, 중생이 있다는 관념, 영혼이 있다는 관념이 없었기 때문이다.

왜냐하면 내가 옛날 마디마디 사지가 잘렸을 때, 자아가 있다는 관념, 개아가 있다는 관념, 중생이 있다는 관념, 영혼이 있다는 관념이 있었다면 성내고 원망하는 마음이 생겼을 것이기 때문이다.

수보리여! 여래는 과거 오백 생 동안 인욕수행자였는데 그때 자아가 있다는 관념이 없었고, 개아가 있다는 관념이 없었고, 중생이 있다는 관념이 없었고, 영혼이 있다는 관념이 없었다.

그러므로 수보리여! 보살은 모든 관념을 떠나 가장 높고 바른 깨달음의 마음을 내어야 한다.

형색에 집착 없이 마음을 내어야 하며 소리, 냄새, 맛, 감촉, 마음의 대상에도 집착 없이 마음을 내어야 한다. 마땅히 집착 없이 마음을 내어야 한다. 마음에 집착이 있다면 그것은 올바른 삶이 아니다. 그러므로 보살은 형색에 집착 없는 마음으로 보시해야 한다고 여래는 설하였다.

수보리여! 보살은 모든 중생을 이롭게 하기 위해 이와 같이 보시해야 한다. 여래는 모든 중생이란 관념이 아니라고 설하고, 또 모든 중생도 중생이 아니라고 설한다.

수보리여! 여래는 바른 말을 하는 이고, 참된 말을 하는 이며, 이치에 맞는 말을 하는 이고, 속임 없이 말하는 이며, 사실대로 말하는 이다. 수보리여! 여래가 얻은 법에는 진실도 없고 거짓도 없다.

수보리여! 보살이 대상에 집착하는 마음으로 보시하는 것은 마치 사람이 어둠 속에 들어가면 아무것도 볼 수 없는 것과 같고 보살이 대상에 집착하지 않는 마음으로 보시하는 것은 마치 눈 있는 사람에게 햇빛이 밝게 비치면 갖가지 모양을 볼 수 있는 것과 같다.

수보리여! 미래에 선남자 선여인이 이 경전을 받고 지니고 읽고 외운다면 여래는 부처의 지혜로 이 사람들이 모두 한량없는 공덕을 성취하게 될 것임을 다 알고 다 본다.”

15. 경을 수지하는 공덕

“수보리여! 선남자 선여인이 아침나절에 항하의 모래 수만큼 몸을 보시하고 점심나절에 항하의 모래 수만큼 몸을 보시하며 저녁나절에 항하의 모래 수만큼 몸을 보시하여, 이와 같이 한량없는 시간 동안 몸을 보시한다고 하자.

또 어떤 사람이 이 경의 말씀을 듣고 비방하지 않고 믿는다고 하자. 그러면 이 복은 저 복보다 더 뛰어나다. 하물며 이 경전을 베껴 쓰고 받고 지니고 읽고 외우고 다른 이를 위해 설명해 줌이랴!

수보리여! 간단하게 말하면 이 경에는 생각할 수도 없고 헤아릴 수도 없는 한없는 공덕이 있다. 여래는 대승에 나아가는 이를 위해 설하며 최상승에 나아가는 이를 위해 설한다.

어떤 사람이 이 경을 받고 지니고 읽고 외워 널리 다른 사람을 위해 설해 준다면 여래는 이 사람들이 헤아릴 수 없고 말할 수 없으며 한없고 생각할 수 없는 공덕을 성취할 것임을 다 알고 다 본다. 이와 같은 사람들은 여래의 가장 높고 바른 깨달음을 감당하게 될 것이다.

왜냐하면 수보리여! 소승법을 좋아하는 자가 자아가 있다는 견해, 개아가 있다는 견해, 중생이 있다는 견해, 영혼이 있다는 견해에 집착한다면 이 경을 듣고 받고 외우며 다른 사람을 위해 설명해 주지 못하기 때문이다.

수보리여! 이 경전이 있는 곳은 어디든지 모든 세상의 천신·인간·아수라들에게 공양을 받을 것이다. 이곳은 바로 탑이 되리니 모두가 공경하고 예배하고 돌면서 그

곳에 여러 가지 꽃과 향을 뿌릴 것임을 알아야 한다.”

16. 업장을 맑히는 공덕

“또한 수보리여! 이 경을 받고 지니고 읽고 외우는 선남자 선여인이 남에게 천대와 멸시를 당한다면 이 사람이 전생에 지은 죄업으로는 악도에 떨어져야 마땅하겠지만, 금생에 다른 사람의 천대와 멸시를 받았기 때문에 전생의 죄업이 소멸되고 반드시 가장 높고 바른 깨달음을 얻게 될 것이다.

수보리여! 나는 연등부처님을 만나기 전 과거 한량없는 아승지겁 동안 팔백사천만억 나유타의 여러 부처님을 만나 모두 공양하고 받들어 섬기며 그냥 지나친 적이 없었음을 기억한다.

만일 어떤 사람이 정법이 쇠퇴할 때 이 경을 잘 받고 지니고 읽고 외워서 얻은 공덕에 비하면, 내가 여러 부처님께 공양한 공덕은 백에 하나에도 미치지 못하고 천에 하나 만에 하나 억에 하나에도 미치지 못하며 더 나아가서 어떤 셈이나 비유로도 미치지 못한다.

수보리여! 선남자 선여인이 정법이 쇠퇴할 때 이 경을 받고 지니고 읽고 외워서 얻는 공덕을 내가 자세히 말한다면, 아마도 이 말을 듣는 이는 마음이 어지러워서 의심하고 믿지 않을 것이다. 수보리여! 이 경은 뜻이 불가사의하며 그 과보도 불가사의함을 알아야 한다."

17. 궁극의 가르침, 무아

그때 수보리가 부처님께 여쭈었습니다.

"세존이시여! 가장 높고 바른 깨달음을 얻고자 하는 선남자 선여인은 어떻게 살아야 하며 어떻게 그 마음을 다스려야 합니까?"

부처님께서 수보리에게 말씀하셨습니다.

"가장 높고 바른 깨달음을 얻고자 하는 선남자 선여인은 이러한 마음을 일으켜야 한다. '나는 일체 중생을 열반에 들게 하리라. 일체 중생을 열반에 들게 하였지만 실제로는 아무도 열반을 얻은 중생이 없다.'

왜냐하면 수보리여! 보살에게 자아가 있다는 관념, 개아가 있다는 관념, 중생이 있다는 관념, 영혼이 있다는 관념이 있다면 보살이 아니기 때문이다. 그것은 수보리여! 가장 높고 바른 깨달음에 나아가는 자라 할 법이 실제로는 없는 까닭이다.

수보리여! 그대 생각은 어떠한가? 여래가 연등부처님 처소에서 얻은 가장 높고 바른 깨달음이라 할 법이 있었는가?"

"아닙니다, 세존이시여! 제가 부처님께서 말씀하신 뜻을 이해하기로는 부처님께서 연등부처님 처소에서 얻으신 가장 높고 바른 깨달음이라 할 법이 없습니다."

부처님께서 말씀하셨습니다.

"그렇다, 그렇다. 수보리여! 여래가 가장 높고 바른 깨달음을 얻은 법이 실제로는 없다. 수보리여! 여래가 가장 높고 바른 깨달음을 얻은 법이 있었다면 연등부처님께서 내게 '그대는 내세에 석가모니라는 이름의 부처가 될 것이다.'라고 수기하지 않았을 것이다. 가장 높고 바른 깨달음을 얻은 법이 실제로 없었으므로 연등부처님께서 내게 '그대는 내세에는 반드시 석가모니라는 이름의 부처가 될 것이다.'라고 수기하셨던 것이다. 왜냐하면 여래는 모든 존재의 진실한 모습을 의미하기 때문이다.

어떤 사람이 여래가 가장 높고 바른 깨달음을 얻었다고 말한다면, 수보리여! 여래가 가장 높고 바른 깨달음을 얻은 법이 실제로 없다. 수보리여! 여래가 얻은 가장 높고 바른 깨달음에는 진실도 없고 거짓도 없다. 그러므로 여래는 '일체법이 모두 불법이다.'라고 설한다.

수보리여! 일체법이라 말한 것은 일체법이 아닌 까닭에 일체법이라 말한다. 수보리여! 예컨대 사람의 몸이 매우 큰 것과 같다."

수보리가 말하였습니다.

"세존이시여! 여래께서 사람의 몸이 매우 크다는 것은 큰 몸이 아니라고 설하셨으므로 큰 몸이라 말씀하셨습니다."

"수보리여! 보살도 역시 그러하다. '나는 반드시 한량 없는 중생을 제도하리라.' 말한다면 보살이라 할 수 없다. 왜냐하면 수보리여! 보살이라 할 만한 법이 실제로 없기 때문이다. 그러므로 여래는 모든 법에 자아도 없고, 개아도 없고, 중생도 없고, 영혼도 없다고 설한 것이다.

수보리여! 보살이 '나는 반드시 불국토를 장엄하리라.' 말한다면 이는 보살이라 할 수 없다. 왜냐하면 여래는 불국토를 장엄한다는 것을 장엄하는 것이 아니라고 설하였으므로 장엄한다고 말하기 때문이다.

수보리여! 보살이 무아의 법에 통달한다면 여래는 이런 이를 진정한 보살이라 부른다."

18. 분별없이 관찰함

"수보리여! 그대 생각은 어떠한가? 여래에게 육안이 있는가?"

"그렇습니다, 세존이시여! 여래에게는 육안이 있습니다."

"수보리여! 그대 생각은 어떠한가? 여래에게 천안이 있는가?"

"그렇습니다, 세존이시여! 여래에게는 천안이 있습니다."

"수보리여! 그대 생각은 어떠한가? 여래에게 혜안이

있는가?"

"그렇습니다, 세존이시여! 여래에게는 혜안이 있습니다."

"수보리여! 그대 생각은 어떠한가? 여래에게 법안이 있는가?"

"그렇습니다, 세존이시여! 여래에게는 법안이 있습니다."

"수보리여! 그대 생각은 어떠한가? 여래에게 불안이 있는가?"

"그렇습니다, 세존이시여! 여래에게는 불안이 있습니다."

"수보리여! 그대 생각은 어떠한가? 여래는 항하의 모래에 대해서 설하였는가?"

"그렇습니다, 세존이시여! 여래는 이 모래에 대해 설하셨습니다."

"수보리여! 그대 생각은 어떠한가? 한 항하의 모래와 같이 이런 모래만큼의 항하가 있고 이 여러 항하의 모래 수만큼 부처님 세계가 그만큼 있다면 진정 많다고 하겠는가?"

"매우 많습니다, 세존이시여!"

부처님께서 수보리에게 말씀하셨습니다.

"그 국토에 있는 중생의 여러 가지 마음을 여래는 다

안다. 왜냐하면 여래는 여러 가지 마음이 모두다 마음이 아니라 설하였으므로 마음이라 말하기 때문이다. 그것은 수보리여! 과거의 마음도 얻을 수 없고 현재의 마음도 얻을 수 없고 매래의 마음도 얻을 수 없는 까닭이다."

19. 복덕이 아닌 복덕

"수보리여! 그대 생각은 어떠한가? 어떤 사람이 삼천대천세계에 칠보를 가득 채워 보시한다면 이 사람이 이러한 인연으로 많은 복덕을 얻겠는가?"

"그렇습니다, 세존이시여! 그 사람이 이러한 인연으로 매우 많은 복덕을 얻을 것입니다."

"수보리여! 복덕이 실로 있는 것이라면 여래는 많은 복덕을 얻는다고 말하지 않았을 것이다. 복덕이 없기 때문에 여래는 많은 복덕을 얻는다고 말한 것이다."

20. 모습과 특성의 초월

"수보리여! 그대 생각은 어떠한가? 신체적 특징을 원만하게 갖추었다고 여래라고 볼 수 있겠는가?"

"아닙니다, 세존이시여! 신체적 특징을 원만하게 갖추었다고 여래라고 볼 수는 없습니다. 왜냐하면 여래께서는 원만한 신체를 갖춘다는 것은 원만한 신체를 갖춘 것이 아니라고 설하셨으므로 원만한 신체를 갖춘 것이라고 말씀하셨기 때문입니다."

"수보리여! 그대 생각은 어떠한가? 신체적 특징을 갖추었다고 여래라고 볼 수 있겠는가?"

"아닙니다, 세존이시여! 신체적 특징을 갖추었다고 여래라고 볼 수는 없습니다. 왜냐하면 여래께서는 신체적 특징을 갖춘다는 것이 신체적 특징을 갖춘 것이 아니라고 설하셨으므로 신체적 특징을 갖춘 것이라고 말씀하셨기 때문입니다."

21. 설법 아닌 설법

"수보리여! 그대는 여래가 '나는 설한 법이 있다.'는 생각을 한다고 말하지 말라. 이런 생각을 하지 말라. 왜냐하면 '여래께서 설하신 법이 있다.'고 말한다면, 이 사람은 여래를 비방하는 것이니, 내가 설한 것을 이해하지 못했기 때문이다. 수보리여! 설법이라는 것은 설할 만한 법이 없는 것이므로 설법이라고 말한다."

그때 수보리 장로가 부처님께 여쭈었습니다.

"세존이시여! 미래에 이 법 설하심을 듣고 신심을 낼 중생이 조금이라도 있겠습니까?"

부처님께서 말씀하셨습니다.

"수보리여! 저들은 중생이 아니요 중생이 아닌 것도 아니다. 왜냐하면 수보리여! 중생 중생이라 하는 것은 여래가 중생이 아니라고 설하였으므로 중생이라 말하기 때문이다.”

22. 얻을 것이 없는 법

수보리가 부처님께 여쭈었습니다.

“세존이시여! 부처님께서 가장 높고 바른 깨달음을 얻은 것은 법이 없는 것입니까?”

부처님께서 말씀하셨습니다.

“그렇다, 그렇다. 수보리여! 내가 가장 높고 바른 깨달음에서 조그마한 법조차도 얻을 만한 것이 없었으므로 가장 높고 바른 깨달음이라 말한다.”

23. 관념을 떠난 선행

“또한 수보리여! 이 법은 평등하여 높고 낮은 것이 없으니, 이것을 가장 높고 바른 깨달음이라 말한다. 자아도 없고, 개아도 없고, 중생도 없고, 영혼도 없이 온갖 선법을 닦음으로써 가장 높고 바른 깨달음을 얻게 된다. 수보리여! 선법이라는 것은 선법이 아니라고 여래는 설하였으므로 선법이라 말한다.”

24. 경전 수지가 최고의 복덕

“수보리여! 삼천대천세계에 있는 산들의 왕 수미산만

큼의 칠보 무더기를 가지고 보시하는 사람이 있다고 하자. 또 이 반야바라밀경의 사구게만 이라도 받고 지니고 읽고 외워 다른 사람을 위해 설해 주는 사람이 있다고 하자. 그러면 앞의 복덕은 뒤의 복덕에 대해 백에 하나에도 미치지 못하고 천에 하나 만에 하나 억에 하나에도 미치지 못하며 더 나아가서 어떤 셈이나 비유로도 미치지 못한다."

25. 분별없는 교화

"수보리여! 그대 생각은 어떠한가? 그대들은 여래가 '나는 중생을 제도하리라.'는 생각을 한다고 말하지 말라. 수보리여! 이런 생각을 하지 말라.

왜냐하면 여래가 제도한 중생이 실제로 없기 때문이다. 만일 여래가 제도한 중생이 있다면, 여래에게도 자아ㆍ개아ㆍ중생ㆍ영혼이 있다는 집착이 있는 것이다.

수보리여! 자아가 있다는 집착은 자아가 있다는 집착이 아니라고 여래는 설하였다. 그렇지만 범부들이 자아가 있다고 집착한다. 수보리여! 범부라는 것도 여래는 범부가 아니라고 설하였다."

26. 신체적 특징을 떠난 여래

"수보리여! 그대 생각은 어떠한가? 서른두 가지 신체적 특징으로 여래라고 볼 수 있는가?"

수보리가 대답하였습니다.

"그렇습니다, 그렇습니다. 서른두 가지 신체적 특징으로도 여래라고 볼 수 있습니다."

부처님께서 말씀하셨습니다.

"수보리여! 서른두 가지 신체적 특징으로도 여래라고 볼 수 있다면 전륜성왕도 여래겠구나!"

수보리가 부처님께 말씀드렸습니다.

"세존이시여! 제가 부처님께서 말씀하신 뜻을 이해하기로는, 서른두 가지 신체적 특징을 가지고는 여래를 볼 수 없습니다."

그때 세존께서 게송으로 말씀하셨습니다.

"형색으로 나를 보거나 음성으로 나를 찾으면 삿된 길 걸을 뿐 여래를 볼 수 없으리."

27. 단절과 소멸의 초월

"수보리여! 그대가 '여래는 신체적 특징을 원만하게 갖추지 않았기 때문에 가장 높고 바른 깨달음을 얻은 것이다.'라고 생각한다면, 수보리여! '여래는 신체적 특징을 원만하게 갖추지 않았기 때문에 가장 높고 바른 깨달음을 얻은 것이다.'라고 생각하지 말라.

수보리여! 그대가 '가장 높고 바른 깨달음의 마음을 낸 자는 모든 법이 단절되고 소멸되고 버림을 주장한다.' 고 생각한다면, 이런 생각을 하지말라. 왜냐하면 가장 높고 바른 깨달음의 마음을 낸 자는 법에 대하여 단절되고 소멸된다는 관념을 말하지 않기 때문이다."

28.탐착 없는 복덕

"수보리여! 보살이 항하의 모래 수만큼 세계에 칠보를 가득 채워 보시한다고 하자. 또 어떤 사람이 모든 법이 무아임을 알아 인욕을 성취한다고 하자. 그러면 이 보살의 공덕은 앞의 보살이 얻은 공덕보다 더 뛰어나다. 수보리여! 모든 보살들은 복덕을 누리지 않기 때문이다."

수보리가 부처님께 여쭈었습니다.

"세존이시여! 어찌하여 보살이 복덕을 누리지 않습니까?"

"수보리여! 보살은 지은 복덕에 탐욕을 내거나 집착하지 않아야 하기 때문에 복덕을 누리지 않는다고 설한 것이다."

29. 오고 감이 없는 여래

"수보리여! 어떤 사람이 '여래는 오기도 하고 가기도 하며 앉기도 하고 눕기도 한다.' 고 말한다면, 그 사람은 내가 설한 뜻을 이해하지 못한 것이다. 왜냐하면 여래란

오는 것도 없고 가는 것도 없으므로 여래라고 말하기 때문이다."

30. 부분과 전체의 참모습

"수보리여! 선남자 선여인이 삼천대천세계를 부수어 가는 티끌을 만든다면, 그대 생각은 어떠한가? 이 티끌들이 진정 많겠는가?"

"매우 많습니다, 세존이시여! 왜냐하면 티끌들이 실제로 있는 것이라면 여래께서는 티끌들이라고 말씀하지 않으셨을 것이기 때문입니다. 그것은 여래께서 티끌들을 티끌들이 아니라고 설하셨으므로 티끌들이라고 말씀하신 까닭입니다.

세존이시여! 여래께서 말씀하신 삼천대천세계는 세계가 아니므로 세계라 말씀하십니다. 왜냐하면 세계가 실제로 있는 것이라면 한 덩어리로 뭉쳐진 것이겠지만, 여래께서 한 덩어리로 뭉쳐진 것은 한 덩어리로 뭉쳐진 것이 아니라고 설하셨으므로 한 덩어리로 뭉쳐진 것이라 말씀하셨기 때문입니다."

"수보리여! 한 덩어리로 뭉쳐진 것은 말할 수가 없는 것인데 범부들이 그것을 탐내고 집착할 따름이다."

31. 내지 않아야 할 관념

"수보리여! 어떤 사람이 여래가 '자아가 있다는 견해, 개아가 있다는 견해, 중생이 있다는 견해, 영혼이 있다는 견해를 설했다.'고 말한다면, 수보리여! 그대 생각은 어떠한가? 이 사람이 내가 설한 뜻을 알았다 하겠는가?"

"아닙니다, 세존이시여! 그 사람은 여래께서 설한 뜻을 알지 못한 것입니다. 왜냐하면 세존께서는 자아가 있다는 견해, 개아가 있다는 견해, 중생이 있다는 견해, 영혼이 있다는 견해가 자아가 있다는 견해, 개아가 있다는 견해, 중생이 있다는 견해, 영혼이 있다는 견해가 아니라고 설하셨으므로 자아가 있다는 견해, 개아가 있다는 견해, 중생이 있다는 견해, 영혼이 있다는 견해라고 말씀하셨기 때문입니다."

"수보리여! 가장 높고 바른 깨달음을 얻고자 하는 이는 일체법에 대하여 이와 같이 알고, 이와 같이 보며, 이와 같이 믿고 이해하여 법이라는 관념을 내지 않아야 한다. 수보리여! 법이라는 관념은 법이라는 관념이 아니라고 여래는 설하였으므로 법이라는 관념이라 말한다."

32. 관념을 떠난 교화

"수보리여! 어떤 사람이 한량없는 아승지 세계에 칠보를 가득 채워 보시한다고 하자. 또 보살의 마음을 낸 어떤 선남자 선여인이 이 경을 지니되 사구게만이라도 받고 지니고 읽고 외워 다른 사람을 위해 연설해 준다고 하자. 그러면 이 복이 저 복보다 더 뛰어나다. 어떻게 남을 위해 설명해 줄 것인가? 설명해 준다는 관념에 집착하지 말고 흔들림 없이 설명해야 한다. 왜냐하면 일체 모든 유위법은 꿈·허깨비·물거품·그림자·이슬·번개 같으니 이렇게 관찰할지라."

부처님께서 이 경을 설하시고 나니, 수보리 장로와 비구·비구니·우바새·우바이와 모든 세상의 천신·인간·아수라들이 부처님의 말씀을 듣고 매우 기뻐하며 믿고 받들어 행하였습니다.

6. 묘법연화경 관세음보살보문품
妙法蓮華經 觀世音菩薩普門品

이시 무진의보살 즉종좌기 편단우견 합장향불 이
爾時 無盡意菩薩 即從座起 偏袒右肩 合掌向佛 而

작시언 세존 관세음보살 이하인연 명관세음 불고
作是言 世尊 觀世音菩薩 以何因緣 名觀世音 佛告

무진의보살
無盡意菩薩

선남자 약유무량백천만억중생 수제고뇌 문시관
善男子 若有無量百千萬億衆生 受諸苦惱 聞是觀

세음보살 일심칭명 관세음보살 즉시 관기음성 개
世音菩薩 一心稱名 觀世音菩薩 即時 觀其音聲 皆

득해탈 약유지시관세음보살명자 설입대화 화불
得解脫 若有持是觀世音菩薩名者 設入大火 火不

능소 유시보살 위신력고 약위대수소표 칭기명호
能燒 由是菩薩 威神力故 若爲大水所漂 稱其名號

즉득천처 약유백천만억중생 위구금은유리자거마
即得淺處 若有百千萬億衆生 爲求金銀琉璃硨磲瑪

노산호호박진주등보 입어대해 가사흑풍 취기선
瑙珊瑚琥珀眞珠等寶 入於大海 假使黑風 吹其船

방 표타나찰귀국 기중 약유내지일인 칭관세음보
舫 飄墮羅刹鬼國 其中 若有乃至一人 稱觀世音菩

살명자 시제인등 개득해탈나찰지난 이시인연 명
薩名者 是諸人等 皆得解脫羅刹之難 以是因緣 名

관세음
觀世音

약부유인 임당피해 칭관세음보살명자 피소집도
若復有人 臨當被害 稱觀世音菩薩名者 彼所執刀

장 심단단괴 이득해탈 약삼천대천국토 만중야차
杖 尋段段壞 而得解脫 若三千大千國土 滿中夜叉

나찰 욕래뇌인 문기칭관세음보살명자 시제악귀
懦刹 欲來惱人 聞其稱觀世音菩薩名者 示諸惡鬼

상불능이악안 시지 황부가해 설부유인 약유죄 약
尚不能以惡眼 視之 況復加害 設復有人 若有罪 若

무죄 추계가쇄 검계기신 칭관세음보살명자 개실
無罪 杻械枷鎖 檢繫其身 稱觀世音菩薩名者 皆悉

단괴 즉득해탈 약삼천대천국토만중 원적 유일상
斷壞 卽得解脫 若三千大千國土滿中 怨賊 有一商

주장제상인 재지중보 경과험로 기중일인 작시창
主將諸商人 齎持重寶 經過險路 其中一人 作是唱

언 제선남자 물득공포 여등 응당일심 관세음보살
言 諸善男子 勿得恐怖 汝等 應當一心 觀世音菩薩

명호 시보살 능이무외 시어중생 여등 약칭명자
名號 是菩薩 能以無畏 施於眾生 汝等 若稱名者

어차원적 당득해탈 중상인 문 구발성언 나무관세
於此怨賊 當得解脫 眾商人 聞 俱發聲言 南無觀世

음보살 칭기명고 즉득해탈 무진의 관세음보살마
音菩薩 稱其名故 即得解脫 無盡意 觀世音菩薩摩

하살 위신지력 외외여시
訶薩 威神之力 巍巍如是

약유중생 다어음욕 상념공경관세음보살 변득이
若有眾生 多於淫欲 常念恭敬觀世音菩薩 便得離

욕 약다진에 상념공경관세음보살 변득이진 약다
欲 若多瞋恚 常念恭敬觀世音菩薩 便得離瞋 若多

우치 상념공경관세음보살 변득이치 무진의 관세
愚癡 常念恭敬觀世音菩薩 便得離癡 無盡意 觀世

음보살 유여시등대위신력 다소요익 시고 중생 상
音菩薩 有如是等大威神力 多所饒益 是故 眾生 常

응심념
應心念

약유여인 설욕구남 예배공양관세음보살 변생복
若有如人 設欲求男 禮拜供養觀世音菩薩 便生福

덕지혜지남 설욕구녀 변생단정유상지녀 숙식덕
德智慧之男 設欲求女 便生端正有相之女 宿植德

312

본 중인 애경 무진의 관세음보살 유여시력 약유
本　衆人　愛敬　無盡意　觀世音普薩　有如是力　若有

중생 공경예배관세음보살 복불당연 시고중생 개
衆生　恭敬禮拜觀世音普薩　福不唐捐　是故衆生　皆

응수지관세음보살명호 무진의 약유인 수지육
應受持觀世音菩薩名號　無盡意　若有人　受持六

십이억항하사보살명자 무진형 공양음식의복와
十二億恒河沙菩薩名字　復盡形　供養飲食依服臥

구의약 어여의운하 시선남자선여인 공덕다부 무
具醫藥　於汝意云何　是善男子善女人　功德多不　無

진의언 심다 세존 불언 약부유인 수지관세음보살
盡意言　甚多　世尊　佛言　若復有人　受持觀世音菩薩

명호 내지일시 예배공양 시이인복 정등무이 어백
名號　乃至一時　禮拜供養　是二人福　正等無異　於百

천만억겁 불가궁진 무진의 수지관세음보살명호
千萬億劫　不可窮盡　無盡意　受持觀世音菩薩名號

득여시무량무변복덕지리 무진의보살 백불언 세
得如是無量無邊福德之利　無盡意菩薩　白佛言　世

존 관세음보살 운하유차사바세계 운하이위중생
尊　觀世音菩薩　云何遊此娑婆世界　云何而爲衆生

설법 방편지력 기사운하
說法　方便之力　其事云何

불고무진의보살 선남자 약유국토중생 응이불신
佛告無盡意菩薩　善男子　若有國土衆生　應以佛身

득도자 관세음보살 즉현불신 이위설법 응이벽지
得度者　觀世音菩薩　卽現佛身　而爲說法　應以僻支

불신 득도자 즉현벽지불신 이위설법 응이성문신
佛身　得度者　卽現辟支佛身　而爲說法　應以聲聞身

득도자 즉현성문신 이위설법 응이범왕신 득도자
得度者　卽現聲聞身　而爲說法　應以梵王身　得度者

즉현범왕신 이위설법 응이제석신 득도자 즉현제
卽現梵王身　而爲說法　應以帝釋身　得度者　卽現帝

석신 이위설법 응이자재천신 득도자 즉현자재천
釋身　而爲說法　應以自在天身　得度者　卽現自在天

신 이위설법 응이대자재천신 득도자 즉현대자재
身　而爲說法　應以大自在天身　得度者　卽現大自在

천신 이위설법 응이천대장군신 득도자 즉현천대
天身　以爲說法　應以天大將軍身　得度者　卽現天大

장군신 이위설법 응이사문신 득도자 즉현비사문
將軍身　以爲說法　應畏沙門身　得度者　卽現畏沙門

신 이위설법 응이소왕신 득도자 즉현소왕신 이위
身　以爲說法　應以小王身　得度者　卽現小王身　以爲

설법 응이장자신 득도자 즉현장자신 이위설법 응
說法　應以長者身　得度者　卽現長者身　以爲說法　應

이거사신 득도자 즉현거사신 이위설법 응이재관
以居士身　得度者　卽現居士身　以爲說法　應以宰官

신 득도자 즉현재관신 이위설법 응이바라문신 득
身　得度者　卽現宰官身　以爲說法　應以婆羅門身　得

도자 즉현바라문신 이위설법 응이비구비구니우
度者　卽現婆羅門身　以爲說法　應以比丘比丘尼優

바새우바이신 득도자 즉현비구비구니우바새우
婆塞優婆夷身　得度者　卽現比丘比丘尼優婆塞優

바이신 이위설법 응이장자거사재관바라문부녀신
婆夷身　以爲說法　應以長者居士宰官婆羅門婦女身

득도자 즉현부녀신 이위설법 응이동남동녀신 득
得度者　卽現婦女身　以爲說法　應以童男童女身　得

도자 즉현동남동녀 이위설법 응이천룡야차건달
度者　卽現童男童女　以爲說法　應以天龍夜叉乾闥

바아수라가루라긴나라마후라가인비인등신 득도
婆阿修羅迦樓羅緊那羅摩睺羅伽人非人等身　得度

자 즉개현지 이위설법 응이집금강신 득도자 즉현
者　卽皆現之　以爲說法　應以執金剛神　得度者　卽現

집금강신 이위설법 무진의 시관세음보살 성취여
執金剛神　以爲說法　無盡意　是觀世音菩薩　成就如

시공덕 이종종형 유제국토 도탈중생 시고 여등
是功德　以種種形　遊諸國土　度脫衆生　是故　汝等

응당일심 공양관세음보살 시관세음보살마하살
應當一心 供養觀世音菩薩 是觀世音菩薩摩訶薩

어포외급난지중 능이무외 시고 차사바세계 개호
於怖畏急難之中 能施無畏 是故 此娑婆世界 皆號

지 위시무외자
之 爲施無畏者

무진의보살 백불언 세존 아금 당공양관세음보살
無盡意菩薩 白佛言 世尊 我今 當供養觀世音菩薩

즉해경 중보주영락 가치백천양금 이이여지 작시
卽解頸 衆寶珠瓔珞 價値百千兩金 而以與之 作是

언 인자 수차법시진보영락 시관세음보살 불긍수
言 仁者 受此法施珍寶瓔珞 時觀世音菩薩 不肯受

지 무진의 부백관세음보살언 인자 민아등고 수차
之 無盡意 復白觀世音菩薩言 仁者 愍我等故 受此

영락
瓔珞

이시 불고관세음보살 당민차무진의보살 급사중
爾時 佛告觀世音菩薩 當愍此無盡意菩薩 及四衆

천룡 야차 건달바 아수라 가루라 긴나라 마후라
天龍 夜叉 乾闥婆 阿修羅 迦樓羅 緊那羅 摩睺羅

가 인비인등고 수시영락 즉시 관세음보살 민제사
伽 人非人等故 受是瓔珞 卽時 觀世音菩薩 愍諸四

중 급어천룡 인비인등 수기영락 분작이분 일분 봉
衆　及於天龍　人非人等　受其瓔珞　分作二分　一分　奉

석가모니불 일분 봉다보불탑 무진의 관세음보살
釋迦牟尼佛　一分　奉多寶佛塔　無盡意　觀世音菩薩

유여시자재신력 유어사바세계
有如是自在神力　遊於娑婆世界

이시 무진의보살 이게문왈
爾時　無盡意菩薩　以偈問曰

세존묘상구	아금중문피	불자하인연	명위관세음
世尊妙相具	我今重問彼	佛子何因緣	名爲觀世音

구족묘상존	게답무진의	여청관음행	선응제방소
具足妙相尊	偈答無盡意	汝聽觀音行	善應諸方所

홍서심여해	역겁불사의	시다천억불	발대청정원
弘誓深如海	歷劫不思議	侍多千億佛	發大淸淨願

아위여약설	문명급견신	심념불공과	능멸제유고
我爲汝略說	聞名及見身	心念不空過	能滅諸有苦

가사흥해의	추락대화갱	염피관음력	화갱변성지
假使興害意	推落大火坑	念彼觀音力	火坑變成池

혹표류거해	용어제귀난	염피관음력	파랑불능몰
或漂流巨海	龍魚諸鬼難	念彼觀音力	波浪不能沒

혹재수미봉 或在須彌峰	위인소추타 爲人所推墮	염피관음력 念彼觀音力	여일허공주 如日虛空住
혹피악인축 或彼惡人逐	타락금강산 墮落金剛山	염피관음력 念彼觀音力	불능손일모 不能損一毛
혹치원적요 或值怨賊遶	각집도가해 各執刀加害	염피관음력 念彼觀音力	함즉기자심 咸卽起慈心
혹조왕난고 或遭王難苦	임형욕수종 臨刑欲壽終	염피관음력 念彼觀音力	도심단단괴 刀尋段段壞
혹수금가쇄 或囚禁枷鎖	수족피추계 手足彼杻械	염피관음력 念彼觀音力	석연득해탈 釋然得解脫
주저제독약 呪詛諸毒藥	소욕해신자 所欲害身者	염피관음력 念彼觀音力	환착어본인 還着於本人
혹우악나찰 或遇惡羅刹	독룡제귀등 毒龍諸鬼等	염피관음력 念彼觀音力	시실불감해 時悉不敢害
약악수위요 若惡獸圍繞	이아조가포 利牙爪可怖	염피관음력 念彼觀音力	질주무변방 疾走無邊方
완사급복갈 玩蛇及蝮蝎	기독연화연 氣毒煙火燃	염피관음력 念彼觀音力	심성자회거 尋聲自廻去
운뢰고체전 雲雷鼓掣電	강박주대우 降雹澍大雨	염피관음력 念彼觀音力	응시득소산 應時得消散
중생피곤액 衆生被困厄	무량고핍신 無量苦逼身	관음묘지력 觀音妙智力	능구세간고 能救世間苦

318

구족신통력 광수지방편 시방제국토 무찰불현신
具足神通力 廣修智方便 十方諸國土 無刹不現身

종종제악취 지옥귀축생 생로병사고 이점실영멸
種種諸惡趣 地獄鬼畜生 生老病死苦 以漸悉令滅

진관청정관 광대지혜관 비관급자관 상원상첨앙
眞觀清淨觀 廣大智慧觀 悲觀及慈觀 常願常瞻仰

무구청정광 혜일파제암 능복재풍화 보명조세간
無垢清淨光 慧日破諸闇 能伏灾風火 普明照世間

비체계뇌진 자의묘대운 주감로법우 멸제번뇌염
悲體戒雷震 慈意妙大雲 澍甘露法雨 滅際煩惱燄

쟁송경관처 포외군진중 염피관음력 중원실퇴산
諍訟經官處 怖畏軍陣中 念彼觀音力 衆怨悉退散

묘음관세음 범음해조음 승피세간음 시고수상념
妙音觀世音 梵音海潮音 勝彼世間音 是故須常念

염념물생의 관세음정성 어고뇌사액 능위작의호
念念勿生疑 觀世音淨聖 於苦惱死厄 能爲作依祜

구일체공덕 자안시중생 복취해무량 시고응정례
具一切功德 慈眼視衆生 福聚海無量 是故應頂禮

이시 지지보살 즉종좌기 전백불언 세존 약유중생
爾時 持持菩薩 卽從座起 前白佛言 世尊 若有衆生

문시관세음보문품 자재지업 보문신현 신통력자
聞是觀世音菩薩品 自在之業 普門示現 神通力者

당지시인 공덕불소 불설시보문품시 중중팔만사
當知是人 功德不少 佛說是普門品時 衆中八萬四

천중생 개발무등등아뇩다라삼먁삼보리심
千衆生 皆發無等等阿耨多羅三藐三菩提心

우리말 관세음보살 보문품

그때에 무진의 보살이 자리에서 일어나 오른 어깨를 드러내고 합장하고 부처님을 향해 여쭈었다.

"세존이시여, 관세음보살은 무슨 인연으로 관세음이라 하나이까."

부처님이 무진의보살에게 말씀하셨다.

"선남자여, 만일 한량없는 백천만억 중생이 모든 괴로움을 받을 적에 관세음보살의 이름을 듣고 일심으로 관세음보살을 염하면 곧 그 음성을 관찰하고 다 해탈케 하느니라. 관세음보살의 이름을 지니는 이는 설사 큰 불에 들어가도 불이 능히 태우지 못하나니 이는 보살의 위엄과 신력을 말미암음이니라. 큰 물에 떠내려가더라도 그 이름을 염하면 곧 얕은 곳을 얻게 되며, 만일 백천만억 중생이 금·은·유리·자거·마노·산호·호박·진주 등 보배를 구하려고 큰 바다에 들어갔다가 가령 폭풍에 밀려 그 배가 나찰들의 나라에 잡혔을 때라도 그 가운데 한 사람이라도 관세음보살의 이름을 염하는 이가 있으면 여러 사람들이 모두 나찰의 난을 벗어나게 되나니 이런 인연으로 관세음이라 하느니라.

또 어떤 사람이 해를 입게 되었을 때에 관세음보살의 이름을 염하면 그들이 가진 칼과 무기가 조각조각 부서져서 벗어나게 되느니라. 만일 삼천대천세계에 가득한 야차와 나찰들이 와서 사람을 괴롭히려 하다가도 그 사람이 관세음보살의 이름을 지성으로 염하면 이 악귀惡鬼들이 흉악한 눈으로 보지도 못하거늘 하물며 해害할 수가 있으랴. 또 어떤 사람이 죄가 있거나 죄가 없거나 간에 수갑과 고랑과 칼과 사슬이 그 몸을 속박하였더라도 관세음보살의 이름을 염하면 모두 부서지고 끊어져서 벗어나게 되느니라. 만일 삼천대천세계에 도적이 가득 찼는데, 어떤 날 주인이 귀중한 보물을 가진 장사꾼들을 데리고 험난한 길을 지나갈 때에 그 중에 한 사람이 말하기를 '선남자들아, 무서워하지 말고 그대들은 일심으로 관세음보살의 이름을 염하라. 이 보살은 능히 중생들의 두려움을 없애주나니 그대들이 관세음보살의 이름만 염하면 이 도적들의 난을 벗어나게 되리라' 하자 여러 장사꾼들이 함께 소리를 내어 '나무 관세음보살' 하고 그 이름을 염한 까닭으로 곧 벗어나게 되느니라. 무진의여, 관세음보살마하살의 위엄과 신력이 이렇게 크나니라.

어떤 중생이 음욕이 많더라도 항상 관세음보살을 생각하고 공경하면 문득 음욕을 여의게 되고 만일 성내는 마음이 많더라도 항상 관세음보살을 생각하고 공경하면 문득 성내는 마음을 여의게 되고 만일 어리석은 마음이 많더라도 항상 관세음보살을 생각하고 공경하면 문득 어리석음을 여의게 되느니라. 무진의여, 관세음보살은 이러한 큰 위엄과 신력이 있어 이익케 하나니, 그러므로 중생들은 항상 마음으로 생각할 것이니라.

어떤 여인이 아들 낳기를 원하여 관세음보살께 예배하고 공양하면 문득 복덕 많고 지혜 있는 아들을 낳게 되고 딸을 낳기를 원하면 문득 단정하고 어여쁜 딸을 낳으리니 전세에 덕의 근본을 심었으므로 모든 사람이 사랑하고 공경하리라.

무진의여, 관세음보살은 이와 같은 힘이 있느니라. 만일 중생이 관세음보살께 공경하고 예배하면 복이 헛되지 않으리니 그러므로 중생들은 모두 관세음보살의 이름을 받아 지닐 것이니라.

무진의여, 어떤 사람이 육십이억 항하사 보살의 이름을 받아 지니고, 또 몸이 다하도록 음식과 의복과 침구와 의약으로 공양한다면 그대는 어떻게 생각하느냐. 이 선남자 선여인의 공덕이 많겠느냐."

　무진의보살이 말하였다.

　"매우 많겠나이다. 세존이시여."

　부처님이 말씀하셨다.

　"만일 어떤 사람이 관세음보살의 이름을 받아 지니고 한 때만이라도 예배하고 공양하면, 이 두 사람의 복이 꼭 같고 다름이 없어서 백천만억 겁에 이르러도 다하지 아니하리라. 무진의여, 관세음보살의 이름을 받아 지니면 이와 같이 한량없고 그지없는 복덕의 이익을 얻느니라."

　무진의보살이 부처님께 사뢰었다.

　"세존이시여, 관세음보살이 어떻게 이 사바세계에 다니며, 어떻게 중생을 위하여 법을 말하며 방편의 힘은 어떠합니까?"

　부처님이 무진의보살에게 말씀하셨다.

　"선남자여, 관세음보살은 부처의 몸으로서 제도할 이에게는 부처의 몸을 나타내어 법을 말하고 벽지불의 몸으로 제도할 이에게는 벽지불의 몸을 나타내어 법을 말하고 성문의 몸으로 제도할 이에게는 성문의 몸을 나타내어 말하느니라.

범천왕의 몸으로 제도할 이에게는 범천왕의 몸을 나타내어 법을 말하고, 제석천왕의 몸으로 제도할 이에게는 제석천왕의 몸을 나타내어 법을 말하고 자재천의 몸으로 제도할 이에게는 자재천의 몸을 나타내어 법을 말하고 하늘 대장군의 몸으로 제도할 이에게는 하늘 대장군의 몸을 나타내어 법을 말하고 비사문의 몸으로 제도할 이에게는 비사문의 몸을 나타내어 법을 말하느니라.

작은 왕의 몸으로 제도할 이에게는 작은 왕의 몸을 나타내어 법을 말하고 장자의 몸으로 제도할 이에게는 장자의 몸을 나타내어 법을 말하고 거사의 몸으로 제도할 이에게는 거사의 몸을 나타내어 법을 말하고 재상의 몸으로 제도할 이에게는 재상의 몸을 나타내어 법을 말하고 바라문의 몸으로 제도할 이에게는 바라문의 몸을 나타내어 법을 말하느니라.

비구·비구니·우바새·우바이의 몸으로 제도할 이에게는 비구·비구니·우바새·우바이의 몸을 나타내어 법을 말하고 장자·거사·재상·바라문 부인의 몸으로 제도할 이에게는 부인의 몸을 나타내어 법을 말하고 동남·동녀의 몸으로 제도할 이에게는 동남·동녀의 몸을 나타내어 법을 말하느니라.

하늘·용·야차·건달바·아수라·가루라·긴나라·마후라가·사람·사람 아닌 이들의 몸으로 제도할 이에게는 다 그 몸을 나타내어 법을 말하고 집금강신으로 제도할 이에게는 집금강신을 나타내어 법을 말하느니라.

무진의여, 관세음보살이 이와 같은 공덕을 성취하고 가지가지 형상으로 여러 국토에 다니면서 중생을 제도하여 해탈케 하나니, 그러므로 그대들은 마땅히 한결같은 마음으로 관세음보살께 공양해야 하느니라. 관세음보살마하살은 무섭고 급한 재난 가운데서도 두려움을 없게 하나니 그러므로 이 사바세계에서 모두 그를 이름하여 두려움을 없애주는 분이라 하느니라."

무진의보살이 부처님께 사뢰었다.

"세존이시여, 제가 지금 관세음보살께 공양하겠나이다."

그리고 곧 목에 장식하였던 백천금이나 되는 영락을 드리면서 이렇게 말하였다.

"관세음이시여, 법으로 보시하는 보배영락을 받으옵소서."

이때에 관세음보살은 받지 않으려 하거늘 무진의가 다시 관세음보살께 여쭈었다.

"관세음이시여, 우리를 어여삐 여기시어 이 영락을 받으소서."

이때 부처님이 관세음보살에게 말씀하셨다.

"마땅히 이 무진의보살과 사부대중과 하늘·용·야차·건달바·아수라·가루라·긴나라·마후라가·사람·사람 아닌 이들을 어여삐 여겨서 영락을 받으라."

곧 그때 관세음보살이 사부대중과 하늘·용·사람·사람 아닌 이들을 어여삐 여겨서 그 영락을 받아 두 몫으로 나누어 한 몫은 석가모니 부처님께 공양하고 한 몫은 다보 부처님께 공양하였다.

"무진의여, 관세음보살은 이렇게 자유자재한 신통의 힘이 있어 사바세계에 다니느니라."

이때에 무진의보살이 게송으로 여쭈었다.

묘한 상호 갖추신 부처님께
제가 지금 저 일을 묻자오니
불자들이 어떠한 인연으로서
관세음보살이라 이르나이까.
묘한 상호 갖추신 세존께옵서
게송으로 무진의에게 대답하시되,
잘 들으라 관음의 높은 덕은

곳에 따라 마땅히 응하느니라.
큰 서원은 바다 같이 깊어서
헤아릴 수 없는 여러 겁 동안
여러 천억 부처님 모셔 받들며
청정한 큰 서원을 세웠느니라.
이제 그대에게 줄여서 말하노니
그 이름을 듣거나 모습을 보는 이가
지극한 마음으로 깊이 새기면
모든 세상 괴로움 소멸하리라.
어떤 이가 해치려는 생각을 품고
불구덩에 밀어서 떨어뜨려도
관세음을 염하는 거룩한 힘이
불구덩을 못으로 변하게 하고
큰바다에 빠져서 떠내려갈제
용과 고기 귀신의 난을 만나도
관세음을 염하는 거룩한 힘은
파도를 잠재워 안온케 하네.
수미산 봉우리에 서 있을 때도
어떤 이가 밀어서 떨어뜨려도
관세음을 염하는 거룩한 힘이
해와 같이 허공에 떠 있게 하고
흉악한 사람에게 쫓겨 가다가

금강산에 떨어져 굴러 내려도
관세음을 염하는 거룩한 힘이
털끝하나 손상치 못하게 하네.
원수진 도적에게 둘러싸여서
제각기 칼을 들고 해하려 해도
관세음을 염하는 거룩한 힘이
그들에게 자비심을 생기게 하고
어쩌다가 국법을 어기게 되어
망나니의 칼끝을 서게 되어도
관세음을 염하는 거룩한 힘에
칼날이 조각조각 부수어지네.
옥중에 갇히어서 큰칼을 쓰고
손발에 고랑을 채웠더라도
관세음을 염하는 거룩한 힘에
저절로 시원하게 풀려 나오고
방자히 저주하며 독한 약으로
나의 몸을 해치려 할지라도
관세음을 염하는 거룩한 힘에
도리어 그 사람이 다치게 되네.
흉악한 나찰이나 독한 용들이
이내몸 해치려 한다 하여도
관세음을 염하는 거룩한 힘이

오히려 그들을 항복케 하고
사나운 짐승들에 둘러싸여
험상한 이와 발톱 무섭더라도
관세음을 염하는 거룩한 힘이
그들을 오히려 도망케 하네.
살모사 독사 같은 무서운 독충들
독기가 불꽃처럼 내뿜더라도
관세음을 염하는 거룩한 힘에
소리 듣고 스스로 피하여 가고
검은 구름 천둥에 번개 치면서
우박과 소나기가 퍼붓더라도
관세음을 염하는 거룩한 힘에
일시에 흩어져 걷히게 되네.
중생들이 곤액과 핍박을 받아
한량없는 괴로움 닥치더라도
관세음의 기묘한 지혜의 힘이
세간의 모든 고통 구하여 주네.
신통하고 묘한 힘 두루 갖추고
지혜의 여러 방편 널리 닦아서
시방의 모든 세계 어디서든지
갖가지 몸 나투지 않는데 없어
가지가지 험하고 나쁜 갈래인

지옥과 아귀 축생들까지
나고 늙고 병들고 죽는 고통을
차츰차츰 모두다 없애버리네.
참되고 깨끗하게 보살피시고
넓고 크신 지혜로 관찰하시며
자비한 마음으로 보듬으시니
언제나 원하옵고 양모합니다.
때 없이 청정하고 밝은 광명이
해와 같은 지혜로 어둠 깨치고
풍재와 화재들을 굴복시키고
골고루 이 세상 비춰주시니
대비는 체가 되고 계행은 우레 되고
자비하신 마음은 묘한 큰 구름
감로의 법비를 내려 주셔서
번뇌의 더운 불꽃 소멸하오며
송사하고 다투는 법정에서나
무섭고 겁이 나는 전쟁에서도
관세음을 염하는 거룩한 힘이
원수들을 물리쳐 흩어버리네.
미묘한 음성이신 관세음보살
범천왕의 음성과 조수의 음성
세간의 음성보다 뛰어나시니

갈수록 사무침만 더해만 가네.
거룩하고 청정하신 관세음보살
중생들은 조금도 의심치 말고
세상사 고뇌 속의 등대이시니
능히 믿고 의지할 어버이시네.
여러가지 공덕을 다 갖추시고
자비한 눈길로 중생을 보시며
중생의 원함 따라 복덕 주시니
그 공덕 한량없어 예배합니다.

그때에 지지보살이 자리에서 일어나 부처님 앞에 나아가 사뢰었다.

"세존이시여, 만일 중생으로서 이 관세음보살보문품의 자재하신 법문과 넓은 문으로 나타내시는 신통한 힘을 듣는 이가 있으면, 이 사람의 공덕이 적지 아니함을 알겠나이다."

부처님이 이 모든 보문품을 말씀하실 때에 팔만사천 중생들이 위없이 높고 평등한 아뇩다라삼먁삼보리심을 내었다.

7. 보왕삼매론寶王三昧論

염신불구무병
念身不求無病

신무병즉탐욕역생
身無病則貪欲易生

처세불구무난
處世不求無難

세무난즉교사필기
世無難則驕奢必起

구심불구무장
究心不求無障

심무장즉소학렵등
心無障則所學躐等

입행불구무마
立行不求無魔

행무마즉서원불견
行無魔則誓願不堅

모사불구역성
謀事不求易成

사역성즉지존경만
事易成則志存輕慢

교정불구익오
交情不求益吾

교익오즉휴손도의
交益吾則虧損道義

우인불구순적
于人不求順適

인순적즉심필자긍
人順適則心必自矜

시덕불구망보
施德不求望報

덕망보즉의유소도
德望報則意有所圖

견리불구첨분
見利不求沾分

리첨분즉치심역동
利沾分則痴心亦動

피억불구신명　억신명즉원한자생
被抑不求申明　抑申明則怨恨滋生

몸에 병이 없기를 바라지 말라. 몸에 병이 없으면 탐욕이 생기기 쉽나니, 그래서 부처님께서 말씀하시되 「병고로써 양약을 삼으라」하셨느니라

세상살이에 곤란 없기를 바라지 말라. 세상살이에 곤란이 없으면 업신여기는 마음과 사치한 마음이 생기게 되나니, 그래서 부처님께서 말씀하시되 「근심과 곤란으로써 세상을 살아가라」하셨느니라.

공부하는데 마음에 장애 없기를 바라지 말라. 마음에 장애가 없으면 배우는 것이 넘치게 되나니, 그래서 부처님께서 말씀하시되 「장애 속에서 해탈을 얻으라」하셨느니라.

수행하는데 마魔 없기를 바라지 말라. 수행하는데 마가 없으면 서원이 굳건해지지 못하게 되나니, 그래서 부처님께서 말씀하시되 「모든 마군으로써 수행을 도와주는 벗을 삼으라」하셨느니라.

일을 꾀하되 쉽게 되기를 바라지 말라. 일이 쉽게

되면 뜻을 경솔한데 두게 되나니, 그래서 부처님께서 말씀하시되「여러 겁을 겪어서 일을 성취하라」하셨느니라.

친구를 사귀되 내가 이롭기를 바라지 말라. 내가 이롭고자 하면 의리를 상하게 되나니, 그래서 부처님께서 말씀하시되「순결로써 사귐을 길게 하라」하셨느니라.

남이 내 뜻대로 순종해 주기를 바라지 말라. 남이 내 뜻대로 순종해 주면 마음이 스스로 교만해지게 되나니, 그래서 부처님께서 말씀하시되「내 뜻에 맞지 않는 사람들로써 원림園林을 삼으라」하셨느니라.

공덕을 베풀려거든 과보를 바라지 말라. 과보를 바라면 도모하는 뜻을 가지게 되나니, 그래서 부처님께서 말씀하시되「덕 베푼 것을 헌신처럼 버리라」하셨느니라.

이익을 분에 넘치게 바라지 말라. 이익이 분에 넘치면 어리석은 마음을 돕게 되나니, 그래서 부처님께서 말씀하시되「적은 이익으로써 부자가 되라」하셨느니라.

　억울함을 당해서 밝히려고 하지 말라. 억울함을 밝히면 원망하는 마음을 도웁게 되나니, 그래서 부처님께서 말씀하시되「억울함을 당하는 것으로 수행하는 문을 삼으라」하셨느니라.

　이와 같이 막히는 데서 도리어 통하는 것이요 통함을 구하는 것이 오히려 막히는 것이니, 그래서 부처님께서는 저 장애 가운데에서 보리도를 얻으셨느니라. 세상에 도를 배우는 사람들이 만일 먼저 역경에서 견디어 보지 못하면 장애가 부딪칠 때 능히 이겨내지 못해서 법왕의 큰 보배를 잊어버리게 되나니 역경을 통하여 부처를 이룰지어다.

8. 보현행원품普賢行願品

이시 보현보살마하살 칭탄여래승공덕이 고제보
爾時　普賢菩薩摩詞薩　稱歎如來勝功德已　告諸菩

살 급선재언
薩　及善財言

선남자 여래공덕 가사시방일체제불 경불가설불
善男子　如來功德　假使十方一切諸佛　經不可說不

가설 불찰극미진수겁 상속연설 불가궁진 약욕성
可說　佛刹極微塵數劫　相續演說　不可窮盡　若欲成

취 차공덕문 응수십종광대행원 하등 위십 일자
就　此功德門　應修十種廣大行願　何等　爲十　一者

예경제불 이자 칭찬여래 삼자 광수공양 사자 참
禮敬諸佛　二者　稱讚如來　三者　廣修供養　四者　懺

회업장 오자 수희공덕 육자 청전법륜 칠자 청불
悔業障　五者　隨喜功德　六者　請轉法輪　七者　請佛

주세 팔자 상수불학 구자 항순중생 십자 보개회향
住世　八者　常隨佛學　九者　恒順衆生　十者　普皆廻向

선재 백언 대성 운하예경 내지회향 보현보살 고
善財　白言　大聖　云何禮敬　乃至廻向　普賢菩薩　告

선재언
善財言

선남자 언예경제불자 소유진법계허공계 시방삼
善男子 言禮敬諸佛者 所有盡法界虛空界 十方三

세 일체불찰 극미진수 제불 세존 아이보현 행원
世 一切佛刹 極微塵數 諸佛 世尊 我以普賢 行願

력고 심심신해 여대목전 실이청정신어의업 상
力故 深心信解 如對目前 悉以清淨身語意業 常

수예경 일일불소 개현불가설불가설 불찰극미
修禮敬 一一佛所 皆現不可說不可說 佛刹極微

진수신 일일신 변례 불가설불가설 불찰극미진수
塵數身 一一身 遍禮 不可說不可說 佛刹極微塵數

불 허공계진 아례내진 이허공계 불가진고 아차
佛 虛空界盡 我禮乃盡 以虛空界 不可盡故 我此

예경 무유궁진 여시내지중생계진 중생업진 중생
禮敬 無有窮盡 如是乃至眾生界盡 眾生業盡 眾生

번뇌진 아례내진 이중생계 내지번뇌 무유진고 아
煩惱盡 我禮乃盡 而眾生界 乃至煩惱 無有盡故 我

차예경 무유궁진 염념상속 무유간단 신어의업
此禮敬 無有窮盡 念念相續 無有間斷 身語意業

무유피염
無有疲厭

부차 선남자 언칭찬여래자 소유진법계 허공계
復次 善男子 言稱讚如來者 所有盡法界 虛空界

시방삼세 일체찰토 소유극미 일일진중 개유일체
十方三世 一切刹土 所有極微 一一塵中 皆有一切

세계극미진수불 일일불소 개유보살해회위요 아
世界極微塵數佛 一一佛所 皆有菩薩海會圍遶 我

당실이심심승해 현전지견 각이출과변재천녀미묘
當悉以甚深勝解 現前知見 各以出過辯才天女微妙

설근 일일설근 출무진음성해 일일음성 출 일체언
舌根 一一舌根 出無盡音聲海 一一音聲 出 一切言

사해 칭양찬탄 일체여래제공덕해 궁미래제 상속
辭海 稱揚讚歎 一切如來諸功德海 窮未來際 相續

부단 진어법계 무불주편 여시허공계진 중생계진
不斷 盡於法界 無不周遍 如是虛空界盡 衆生界盡

중생업진 중생번뇌진 아찬 내진 이허공계 내지
衆生業盡 衆生煩惱盡 我讚 乃盡 而虛空界 乃至

번뇌무유진고 아차찬탄 무유궁진 염념상속 무유
煩惱無有盡故 我此讚歎 無有窮盡 念念相續 無有

간단 신어의업 무유피염
間斷 身語意業 無有疲厭

부차선남자 언광수공양자 소유진법계허공계 시
復次善男子　言廣修供養者　所有盡法界虛空界　十

방삼세 일체불 찰극미진중 일일각유 일체세계 극
方三世　一切佛　刹極微塵中　一一各有　一切世界　極

미진수불 일일불소 종종보살 해회위요 아이보현
微盡數佛　一一佛所　種種菩薩　海會圍遶　我以普賢

행원력고 기심신해현전지견 실이상묘 제공양구
行願力故　起深信解現前知見　悉以上妙　諸供養具

이위공양 소위화운 만운 천음악운 천산개운 천의
而爲供養　所謂華雲　鬘雲　天音樂雲　天傘蓋雲　天衣

복운 천종 종향 도향 소향 말향 여시등운 일일양
服雲　天種　種香　塗香　燒香　末香　如是等雲　一一量

여수미산왕 연종종등 소등 유등 제향유등 일일등
如須彌山王　燃種種燈　酥燈　油燈　諸香油燈　一一燈

주 여수미산 일일등유 여대해수 이여시등 제공양
炷　如須彌山　一一燈油　如大海水　以如是等　諸供養

구 상위공양 선남자 제공양중 법공양 최 소위여
具　常爲供養　善男子　諸供養中　法供養　最　所謂如

설수행공양 이익중생공양 섭수 중생공양 대중생
說修行供養　利益衆生供養　攝受　衆生供養　代衆生

고공양 근수선근공양 불사보살업공양 불리보리
苦供養　勤修善根供養　不捨菩薩業供養　不離菩提

심공양 선남자 여전공양 무량공덕 비법공양일념
心供養 善男子 如前供養 無量功德 比法供養一念

공덕 백분불급일 천분불급일 백천구지나유타분
功德 百分不及一 千分不及一 百千俱那那由他分

가라분 산분 수분 유분 우바니 사타분 역불급일
迦羅分 算分 數分 喩分 優波尼 沙陀分 亦不及一

하이고 이제여래 존중법고 이여설행 출생제불고
何以故 以諸如來 尊重法故 以如說行 出生諸佛故

약제보살 행법공양 즉득성취공양여래 여시수행
若諸菩薩 行法供養 則得成就供養如來 如是修行

시 진공양고 차광 대최승공양 허공계진 중생계진
是 眞供養故 此廣 大最勝供養 虛空界盡 衆生界盡

중생업진 중생번뇌진 아공내진이 허공계 내지번
衆生業盡 衆生煩惱盡 我供乃盡而 虛空界 乃至煩

뇌 불가진고 아차공양 역무유진 염념상속 무유간
惱 不可盡故 我此供養 亦無有盡 念念相續 無有間

단 신어의업 무유피염
斷 身語意業 無有疲厭

부차선남자 언참회업장자 보살자념 아어과거무
復次善男子 言懺悔業障者 菩薩自念 我於過去無

시겁중 유탐진치 발신구의 작제악업 무량무변 약
始劫中 由貪瞋癡 發身口意 作諸惡業 無量無邊 若

340

차악업 유체상자 진허공계 불능용수 아금실이
此惡業　有體相者　盡虛空界　不能容受　我今悉以

청정삼업 변어법계 극미진찰 일체제불보살중전
淸淨三業　遍於法界　極微塵刹　一切諸佛菩薩衆前

성심참회 후불부조 항주정계 일체공덕 여시 허공
誠心懺悔　後不復造　恒住淨戒　一切功德　如是　虛空

계진 중생계진 중생업진 중생번뇌진 아참내진 이
界盡　衆生界盡　衆生業盡　衆生煩惱盡　我懺乃盡　而

허공계 내지중생번뇌 불가진고 아차참회 무유궁
虛空界　乃至衆生煩惱　不可盡故　我此懺悔　無有窮

진 염념상속 무유간단 신어의업 무유피염
盡　念念相續　無有間斷　身語意業　無有疲厭

부차 선남자 언수희공덕자 소유진법계 허공계
復次　善男子　言隨喜功德者　所有盡法界　虛空界

십방삼세 일체불찰 극미진수 제불여래 종초발심
十方三世　一切佛刹　極微塵數　諸佛如來　從初發心

위일체지 근수복취 불석신명 경 불가설불가설 불
爲一切智　勤修福聚　不惜身命　經　不可說不可說　佛

찰극미진수겁 일일겁중 사불가설불가설 불찰극
刹極微塵數劫　一一劫中　捨不可說不可說　佛刹極

미진수 두목수족 여시일체난행고행 원만종종바
微塵數　頭目手足　如是一切難行苦行　圓滿種種波

라밀문 증입종종 보살지지 성취제불무상보리 급
羅蜜門 證入種種 菩薩智地 成就諸佛無上菩提 及

반열반 분포사리 소유선근 아개수희 급피시방일
般涅槃 分布舍利 所有善根 我皆隨喜 及彼十方一

체세계 육취사생일체종류 소유공덕 내지일진 아
切世界 六趣四生一切種類 所有功德 乃至一塵 我

개수희 시방삼세일체성문 급벽지불 유학 무학 소
皆隨喜 十方三世一切聲聞 及僻支佛 有學 無學 所

유공덕 아개수희 일체보살 소수무량난행고행 지
有功德 我皆隨喜 一切菩薩 所修無量難行苦行 志

구무상정등보리 광대공덕 아개수희 여시허공계
求無上正等菩提 廣大功德 我皆隨喜 如是虛空界

진 중생계진 중생업진 중생번뇌진 아차수희 무유
盡 衆生界盡 衆生業盡 衆生煩惱盡 我此隨喜 無有

궁진 염념상속 무유간단 신어의업 무유피염
窮盡 念念相續 無有間斷 身語意業 無有疲厭

부차 선남자 언청전법륜자 소유진법계 허공계
復次 先男子 言請轉法輪者 所有盡法界 虛空界

시방삼세 일체불찰 극미진중 일일각유 불가설불
十方三世 一切佛刹 極微塵中 一一各有 不可說不

가설불찰극미진수 광대불찰 일일찰중 염념 유불
可說佛刹極微塵數 廣大佛刹 一一刹中 念念 有不

가설불가설 이아실이신구의업 종종방편 은근권
可說不可說 而我悉以身口意業 種種方便 慇懃勸

청 전묘법륜 여시 허공계진 중생계진 중생업진
請 轉妙法輪 如是 虛空界盡 衆生界盡 衆生業盡

중생번뇌진 아상권청 일체제불 전정법륜 무유궁
衆生煩惱盡 我常勸請一切諸佛 轉正法輪 無有窮

진 염념상속 무유간단 신어의업 무유피염
盡 念念相續 無有間斷 身語意業 無有疲厭

부차 선남자 언청불주세자 소유진법계 허공계
復次 善男子 言請佛住世者 所有盡法界 虛空界

시방삼세 일체불찰 극미진수 제불여래 장욕시현
十方三世 一切佛刹 極微塵數 諸佛如來 將欲示現

반열반자 급제보살 성문연각 유학무학 내지 일
般涅槃者 及諸菩薩 聲聞緣覺 有學無學 乃至 一

체제선지식 아실권청 막입열반 경어일체불찰극
切諸善知識 我悉勸請 莫入涅槃 經於一切佛刹極

미진겁 위욕이락일체중생 여시 허공계진 중생계
微塵劫 爲欲利樂一切衆生 如是 虛空界盡 衆生界

진 중생업진 중생번뇌진 아차권청 무유궁진 염
盡 衆生業盡 衆生煩惱盡 我此勸請 無有窮盡 念

념상속 무유간단 신어의업 무유피염
念相續 無有間斷 身語意業 無有疲厭

부차 선남자 언상수불학자 여차사바세계 비로자
復次 善男子 言常隨佛學者 如此娑婆世界 毘盧遮

나여래 종초발심 정진불퇴 이불가설불가설신명
那如來 從初發心 精進不退 以不可説不可説身命

이위보시 박피위지 석골위필 자혈위묵 서사경전
而爲布施 剝皮爲紙 析骨爲筆 刺血爲墨 書寫經典

적여수미 위중법고 불석신명 하황왕위 성읍취락 궁
積如須彌 爲重法故 不惜身命 何況王位 城邑聚落 宮

전원림 일체소유 급여종종난행고행 내지수하 성
殿園林 一切所有 及餘種種難行苦行 乃至樹下 成

대보리 시종종신통 기종종변화 현종종불신 처종
大菩提 示種種神通 起種種變化 現種種佛身 處種

종중회 혹처일체 제대보살중회도량 혹처성문급
種衆會 或處一切 諸大菩薩衆會道場 或處聲聞及

벽지불중회도량 혹처전륜성왕소왕권속중회도량
僻支佛衆會道場 或處轉輪聖王小王眷屬衆會道場

혹처찰리급바라문장자거사중회도량 내지혹처천
或處刹利及波羅門長者居士衆會道場 乃至惑處天

룡팔부인비인등 중회도량 처어여시종종중회 이
龍八部人非人等 衆會道場 處於如是種種衆會 以

원만음 여대뢰진 수기요욕 성숙중생 내지시현 입
圓滿音 如大雷震 隨其樂欲 成熟衆生 乃至示現 入

어열반 여시일체 아개수학 여금세존 비로자나 여
於涅槃 如是一切 我皆隨學 如今世尊 毘盧遮那 如

시진법계허공계 시방삼세일체불찰 소유진중 일
是盡法界虛空界 十方三世一切佛刹 所有塵中 一

체여래 개역여시 어념념중 아개수학 여시 허공계
切如來 皆亦如是 於念念中 我皆隨學 如是 虛空界

진 중생계진 중생업진 중생번뇌진 아차수학 무유
盡 衆生界盡 衆生業盡 衆生煩惱盡 我此隨學 無有

궁진 염념상속 무유간단 신어의업 무유피염
窮盡 念念相續 無有間斷 身語意業 無有疲厭

부차 선남자 언항순중생자 위진법계 허공계 시
復次 善男子 言恒順衆生者 謂盡法界 虛空界 十

방찰해 소유중생 종종차별 소위 난생태생습생화
方刹海 所有衆生 種種差別 所謂 卵生胎生濕生化

생 혹유의어 지수화풍 이생주자 혹유의공 급제훼
生 或有依於 地水火風 而生住者 或有依空 及諸卉

목 이생주자 종종생류 종종색신 종종형상 종종
木 而生住者 種種生類 種種色身 種種形狀 種種

상모 종종수량 종종족류 종종명호 종종심성 종종
狀貌 種種壽量 種種族類 種種名號 種種心性 種種

지견 종종욕요 종종의행 종종위의 종종의복 종종
知見 種種欲樂 種種意行 種種威儀 種種衣服 種種

음식 처어종종촌영 취락성읍궁전 내지 일체천룡
飮食 處於種種村營 聚落城邑宮殿 乃至 一切天龍

팔부인비인등 무족이족 사족다족 유색무색 유상
八部人非人等 無足二足 四足多足 有色無色 有想

무상 비유상 비무상 여시등류 아개어피 수순이전
無想 非有想 非無想 如是等類 我皆於彼 隨順而轉

종종승사 종종공양 여경부모 여봉사장급아라한
種種承事 種種供養 如敬父母 如奉師長及阿羅漢

내지여래 등무유이 어제병고 위작양의 어실도자
乃至如來 等無有異 於諸病苦 爲作良醫 於失道者

시기정로 어암야중 위작광명 어빈궁자 영득복장
示其正路 於暗夜中 爲作光明 於貧窮者 令得伏藏

보살 여시 평등요익 일체중생 하이고 보살 약능
菩薩 如是 平等饒益 一切衆生 何以故 菩薩 若能

수순중생 즉위수순공양제불 약어중생 존중승사
隨順衆生 則爲隨順供養諸佛 若於衆生 尊重承事

즉위존중승사 여래 약령중생 생환희자 즉령일체
則爲尊重承事 如來 若令衆生 生歡喜者 則令一切

여래 환희 하이고 제불여래 이대비심 이위체고
如來 歡喜 何以故 諸佛如來 以大悲心 而爲體故

인어중생 이기대비 인어대비 생보리심 인보리심
因於衆生 而起大悲 因於大悲 生菩提心 因菩提心

성등정각 비여광 야사적지중 유대수왕 약근득수
成 等 正 覺 譬 如 曠 野 沙 磧 之 中 有 大 樹 王 若 根 得 水

지엽화과실개번무 생사광야 보리수왕 역부여시
枝 葉 華 果 悉 皆 繁 茂 生 死 曠 野 菩 提 樹 王 亦 復 如 是

일체중생 이위수근 제불보살 이위화과 이대비수
一 切 衆 生 而 爲 樹 根 諸 佛 菩 薩 而 爲 華 果 以 大 悲 水

요익중생 즉능성취제불보살지혜화과 하이고 약
饒 益 衆 生 則 能 成 就 諸 佛 菩 薩 智 慧 華 果 何 以 故 若

제보살 이대비수 요익중생 즉능성취아뇩다라삼
諸 菩 薩 以 大 悲 水 饒 益 衆 生 則 能 成 就 阿 傉 多 羅 三

막삼보리고 시고보리 속어중생 약무중생 일체보
藐 三 菩 提 故 是 故 菩 提 屬 於 衆 生 若 無 衆 生 一 切 菩

살 종불능성 무상정각 선남자 여어차의 응여시해
薩 終 不 能 成 無 上 正 覺 善 男 子 汝 於 此 義 應 如 是 解

이어중생 심평등고 즉능성취원만대비 이대비심
以 於 衆 生 心 平 等 故 則 能 成 就 圓 滿 大 悲 以 大 悲 心

수중생고 즉능성취 공양 여래 보살여시 수순중생
隨 衆 生 故 則 能 成 就 供 養 如 來 菩 薩 如 是 隨 順 衆 生

중생계진 중생업진 중생번뇌진 아차수순 무유궁
衆 生 界 盡 衆 生 業 盡 衆 生 煩 惱 盡 我 此 隨 順 無 有 窮

진 염념상속 무유간단 신어의업 무유피염
盡 念 念 相 續 無 有 間 斷 身 語 意 業 無 有 疲 厭

부차 선남자 언보개회향자 종초예배 내지수순
復次 善男子 言普皆廻向者 從初禮拜 乃至隨順

소유공덕 개실회향 진법계허공계 일체중생 원령
所有功德 皆悉廻向 盡法界虛空界 一切衆生 願令

중생 상득안락 무제병고 욕행악법 개실불성 소
衆生 常得安樂 無諸病苦 欲行惡法 皆悉不成 所

수선업 개속성취 관폐일체제악취문 개시인천열
修善業 皆速成就 關閉一切諸惡趣門 開示人天涅

반정로 약제중생 인기적집제악업고 소감일체극
槃正路 若諸衆生 因其積集諸惡業故 所感一切極

중고과 아개대수 영피중생 실득해탈 구경성취무
重苦果 我皆代受 令彼衆生 悉得解脫 究竟成就無

상보리 보살 여시소수회향 허공계진 중생계진 중
上菩提 菩薩 如是所修廻向 虛空界盡 衆生界盡 衆

생업진 중생번뇌진 아차회향 무유궁진 염념상속
生業盡 衆生煩惱盡 我此廻向 無有窮盡 念念相續

무유간단 신어의업 무유피염
無有間斷 身語意業 無有疲厭

우리말 보현행원품

그때에 보현보살마하살이 부처님의 수승하신 공덕을 찬탄하고 나서 모든 보살과 선재동자에게 말씀하셨다.

"선남자여, 여래의 공덕은 가령 시방에 계시는 모든 일체 부처님께서 불가설 불가설 불찰 극미진수겁을 지내면서 계속하여 말씀하시더라도 다 말씀하지 못하느니라. 만약 이러한 공덕문을 성취하고자 하거든 마땅히 열 가지 넓고 큰 행원을 닦아야 하나니, 열 가지라 함은 무엇일까?

첫째는 모든 부처님께 예배하고 공경하는 것이요, 둘째는 부처님을 찬탄하는 것이요, 셋째는 널리 공양하는 것이요, 넷째는 업장을 참회하는 것이요, 다섯째는 남이 짓는 공덕을 기뻐하는 것이요, 여섯째는 설법하여 주시기를 청하는 것이요, 일곱째는 부처님께 이 세상에 오래 계시기를 청하는 것이요, 여덟째는 항상 부처님을 따라 배우는 것이요, 아홉째는 항상 중생을 수순하는 것이요, 열째는 지은 바 모든 공덕을 널리 회향하는 것이니라."

선재동자가 사루어 말씀하였다.

"대성이시여, 어떻게 예배하고 공경하오며, 내지 어떻게 회향하오리까?"

보현보살이 선재동자에게 말씀하였다.

첫째, 모든 부처님께 예배하고 공경하는 것

선남자여, 모든 부처님께 예배하고 공경한다는 것은 진법계 허공계 시방삼세 일체 불찰 극미진수 모든 부처님을 내가 보현행원의 원력으로 눈앞에 대하듯이 깊은 믿음을 내어서 청정한 몸과 말과 뜻을 다하여 항상 예배하고 공경하되 낱낱 부처님 계신 곳마다 불가설 불가설 불찰 극미진수 부처님께 두루 예배하고 공경하는 것이니 허공계가 다하면 나의 예배하고 공경함도 다하려니와 허공계가 다할 수 없으므로 나의 예배하고 공경함도 다함이 없느니라.

이와 같이 하여 중생계가 다하고 중생의 업이 다하고 중생의 번뇌가 다하면 나의 예배하고 공경함도 다하려니와 중생계 내지 중생의 번뇌가 다함이 없으므로 나의 예배하고 공경함도 다함이 없이 생각생각 상속하여 끊임이 없되 몸과 말과 뜻으로 짓는 일에 지치거나 싫어하는 생각이 없느니라.

둘째, 부처님을 찬탄하는 것

선남자여, 또한 부처님을 찬탄한다는 것은 진법계 허공계 시방삼세 일체 세계에 있는 극미진의 그 낱낱 미진 속마다 일체 세계 극미진수 부처님이 계시고, 그 낱낱 부처님이 계신 곳마다 한량없는 보살들이 둘러계심에 내 마땅히 깊고 깊은 수승한 이해와 분명한 지견으로 각각 변재 천녀의 혀보다 나은 미묘한 혀를 내며, 낱낱 혀마다 한량없는 음성을 내며, 낱낱 음성마다 한량없는 온갖 말을 내어서 일체 부처님의 한량없는 공덕을 찬탄하여 미래세계가 다하도록 계속하고 끊이지 아니하여 끝없는 법계에 두루 하는 것이니라.

이와 같이 하여 허공계가 다하고, 중생계가 다하고, 중생의 업이 다하고, 중생의 번뇌가 다하면, 나의 찬탄도 다하려니와 허공계 내지 중생의 번뇌가 다함이 없으므로 나의 이 찬탄도 다함이 없어 생각생각 상속하여 끊임이 없되, 몸과 말과 뜻으로 짓는 일에 지치거나 싫어하는 생각이 없느니라.

셋째, 널리 공양하는 것

선남자여, 또한 널리 공양한다는 것은 진법계 허공계 시방삼세 일체 불찰 극미진마다 각각 일체 세계 극미진수의 부처님이 계시고, 낱낱 부처님 계신 곳마다 한량없는 보살들이 둘러 계심에 내가 보현행원의 원력으로 깊고 깊은 믿음과 분명한 지견을 일으켜 여러 가지 으뜸가는 묘한 공양구로 공양하되, 이른바 화운이며, 만운이며, 천음악운이며, 천산개운이며, 천의복운이며, 가지가지 하늘의 향인 도향이며, 소향이며, 말향이며, 이와 같은 공양구가 각각 수미산만 하며, 또한 여러 가지 등을 켜되 소등이며, 유등이며, 여러 가지 향유등이며, 기름은 큰 바닷물 같으니, 이러한 여러 가지 공양구로 항상 공양하는 것이니라.

선남자여, 모든 공양 가운데는 법공양이 가장 으뜸이 되나니 이른바 부처님 말씀대로 수행하는 공양이며, 중생들을 이롭게 하는 공양이며, 중생을 섭수하는 공양이며, 중생의 고를 대신 받는 공양이며, 선근을 부지런히 닦는 공양이며, 보살업을 버리지 않는 공양이며, 보리심을 여의지 않는 공양이니라.

선남자여, 앞에 말한 많은 공양으로 얻는 공덕을

일념 동안 닦는 법공양의 공덕에 비한다면 백분의 일도 되지 못하며, 천분의 일도 되지 못하며, 백천구지 나유타분과 가라분과 산분과 수분과 비유분과 우파니사타분의 일도 또한 되지 못하느니라.

무슨 까닭인가? 모든 부처님께서는 법을 존중히 하시는 까닭이며, 말씀대로 행하면 많은 부처님이 출생하시는 까닭이며, 또한 보살들이 법공양을 행하면 곧 여래께 공양하기를 성취하나니, 이러한 수행이 참된 공양이 되는 까닭이니라.

이 넓고 크고 가장 수승한 공양을 허공계가 다하고 중생계가 다하고 중생의 업이 다하고 중생의 번뇌가 다하면 나의 공양도 다하려니와, 허공계와 내지 중생의 번뇌가 다함이 없으므로 나의 이 공양도 다함이 없어 생각생각 상속하여 끊임이 없되 몸과 말과 뜻으로 짓는 일에 지치거나 싫어하는 생각이 없느니라.

넷째, 업장을 참회하는 것

선남자여, 또한 업장을 참회한다는 것은 보살이 스스로 생각하기를 '내가 과거 한량없는 겁으로 내려오면서 탐내는 마음과 성내는 마음과 어리석은 마음으로 말미암아 몸과 말과 뜻으로 지은 모든 악한 업이 한량없고 가이 없어 만약 이 업이 형체가 있는 것이라면 끝없는 허공으로도 용납할 수 없으리니, 내 이제 청정한 삼업으로 널리 법계 극미진수 세계 일체 불보살 전에 두루 지성으로 참회하되, 다시는 악한 업을 짓지 아니하고 항상 청정한 일체 공덕에 머물러 있으오리다' 하는 것이니라.

이와 같이하여 허공계가 다하고 중생계가 다하고 중생의 업이 다하고 중생의 번뇌가 다하면 나의 참회도 다하려니와, 허공계와 내지 중생의 번뇌가 다함이 없으므로 나의 참회도 다함이 없이 생각생각 상속하고 끊임임이 없되 몸과 말과 뜻으로 짓는 일에 지치거나 싫어하는 생각이 없느니라.

다섯째, 남이 짓는 공덕을 기뻐하는 것

선남자여, 또한 남이 짓는 공덕을 함께 기뻐한다는 것은 진법계 허공계 시방삼세 일체 불찰 극미진수 모든 부처님께서 처음 발심하실 때로부터 일체지를 위하여 부지런히 복덕을 닦되 몸과 목숨을 돌보지 않기를 불가설 불가설 불찰 극미진수의 두목과 수족을 버리고 이와 같은 일체난행 고행으로 가지가지 바라문을 원만히 하며, 가지가지 보살지를 증득하여 들어가며, 모든 부처님의 위없는 보리를 성취하며 내지 열반에 드신 뒤에 사리를 분포 하실 때까지의 모든 선근을 내가 다 함께 기뻐하며, 저 시방 일체의 세계의 육취 사생 일체 종류 중생들의 짓는 공덕을 한 티끌만 한 것이라도 모두 함께 기뻐하며, 시방삼세의 일체 성문과 벽지불인 유학 무학들의 지은 모든 공덕을 내가 함께 기뻐하며, 일체 보살들이 한량없는 난행고행을 닦아서 무상정등보리를 구하는 넓고 큰 공덕을 내가 모두 함께 기뻐하는 것이니라.

이와 같이하여 허공계가 다하고 중생계가 다하고 중생의 업이 다하고 중생의 번뇌가 다하면 나의 이 함께 기뻐함도 다하려니와 허공계와 내지 중생의 번뇌가 다함이 없으므로 나의 함께 기뻐함도 다함이 없어 생각생각 상속하고 끊임이 없되 몸과 말과 뜻으로 짓는 일에 지치거나 싫어하는 생각이 없느니라.

 여섯째, 설법하여 주시기를 청하는 것

선남자여, 또한 설법하여 주시기를 청한다는 것은 진법계 허공계 시방삼세 일체 불찰 극미진마다 각각 불가설 불가설 불찰 극미진수의 광대한 부처님의 세계가 있으니 이 낱낱 세계의 염념 중에 불가설 불가설 불찰 극미진수의 부처님이 계셔서 등정각을 이루시고 여러 보살들로 돌리어 계시거든 내가 그 방편을 지어 설법하여 주시기를 은근히 권청하는 것이니라.

이와 같이하여 허공계가 다하고 중생계가 다하고 중생의 업이 다하고 중생의 번뇌가 다하여도 내가 항상 일체 부처님께 바른 법을 설하여 주시기를 권청하는 것은 다함이 없이 생각생각 상속하고 끊임이 없되 몸과 말과 뜻으로 짓는 일에 지치거나 싫어하는 생각이 없느니라.

일곱째, 부처님께 이 세상에 오래 계시기를 청하는 것

선남자여, 또한 부처님께 이 세상에 오래 계시기를 청한다는 것은 진법계 허공계 시방삼세 일체 불찰 극미진수의 모든 부처님께서 장차 열반에 드시려 하실 때와 또한 모든 보살과 성문 연각인 유학 무학과 내지 일체 모든 선지식에게 두루 권청하되 "열반에 드시지 말고 일체 불찰 극미진수겁토록 일체 중생을 이롭게 하여 주소서"하는 것이니라.

이와 같이 하여 허공계가 다하고 중생계가 다하고 중생의 업이 다하고 중생의 번뇌가 다하여도, 나의 이 권청은 다함이 없이 생각생각 상속하고 끊임이 없되 몸과 말과 뜻으로 짓는 일에 지치거나 싫어하는 생각이 없느니라.

여덟째, 항상 부처님을 따라 배우는 것

선남자여, 또한 항상 부처님을 따라 배운다고 하는 것은 이 사바세계의 비로자나여래께서 처음 발심하실 때로부터 정진하여 물러나지 아니하고 불가설 불가설의 몸과 목숨을 보시하시되 가죽을 벗기어 종이를 삼고 뼈를 쪼개어 붓을 삼고 피를 뽑아 먹물을 삼아서 쓴 경전을 수미산과 같이 쌓더라도 법을 존중히 여기는 고로 신명을 아끼지 아니하느니라.

하물며 왕위나 성읍이나 촌락이나 궁전이나 정원이나 산림이나 일체 소유와 가지가지 난행고행일 것이며, 내지 보리수 아래에서 가지가지 변화를 일으키던 일이나 가지가지 부처님 몸을 나투사 가지가지 중회에 처하시되, 혹은 모든 대보살 중회도량에 처하시고 혹은 성문과 벽지불 등 중회도량에 처하시고 혹은 전륜성왕 소왕권속 등 중회도량에 처하시고 혹은 찰제리나 바라문이나 장자나 거사의 중회도량에 처하시며, 내지 천룡팔부와 인비인 등 중회도량에 처하시며, 이러한 가지가지 회중에서 원만하신 음성을 마치 큰 우레 소리와도 같게 하여 그들의 좋아함을 따라서 중생을 성숙시키시던 일이나, 내지 열반에 드심을 나투시는 이와 같은 일체를 내가 다 따라서 배우기를 지금의 세존이신 비로자나불과 같이 하는 것이니라.

이와 같이 하여 진법계 허공계 시방삼세 일체 불찰의 모든 미진 중에 계시는 일체 부처님께도 또한 다 이와 같이 하여 염념 중에 내가 다 따라 배우느니라.

이와 같이 하여 허공계가 다하고 중생계가 다하고 중생의 업이 다하고 중생의 번뇌가 다하여도 나의 이 따라 배움은 다함이 없이 생각생각 상속하고 끊임이 없되 몸과 말과 뜻으로 짓는 일에 지치거나 싫어하는 생각이 없느니라.

아홉째, 항상 중생을 수순하는 것

선남자여, 또한 항상 중생을 수순한다는 것은 진법계 허공계 시방세계에 있는 중생들이 가지가지 차별이 있으니 이른바 알로 나는 것, 태로 나는 것, 습기로 나는 것, 화해서 나는 것들이 혹은 지수화풍을 의지하여 살기도 하며, 혹은 허공이나 초목에 의지하여 살기도 하는 저 가지가지 생류와 가지가지 몸과 가지가지 형상과 가지가지 모양과 가지가지 수명과 가지

가지 종족과 가지가지 이름과 가지가지 심성과 가지
가지 지견과 가지가지 욕망과 가지가지 행동과 가지
가지 거동과 가지가지 의복과 가지가지 음식으로 가
지가지 마을이나 성읍이나 궁전에 처하며, 내지 모든
천룡팔부와 인비인 등과 발 없는 것, 두발 가진 것과
여러 발을 가진 것들이며, 빛깔 있는 것, 빛깔 없는
것, 생각 있는 것, 생각 없는 것, 생각도 있는 것이
아니요, 생각도 없는 것도 아닌 이러한 여러 가지 중
생들을 내가 다 수순하여 가지가지로 받아 섬기며 가
지가지로 공양하기를 보모님과 조금도 다름없이 받들
되, 병든 이에게는 어진 의원이 되고, 길 잃은 이에게
는 바른 길을 가리키고, 어두운 밤중에는 광명이 되
고, 가난한 이에게는 보배를 얻게 하나니, 보살은 이
와 같이 평등하게 일체 중생 이익하게 하는 것이니라.

  어찌한 까닭인가? 만약 보살이 능히 중생을 수순하
면 공양함이 되며, 만약 중생을 존중히 받들어 섬기
면 곧 여래를 존중히 받들어 섬김이 되며, 만약 중생
으로 하여금 환희심이 나게 하면 곧 일체 여래로 하
여금 환희하시게 함이니라.

  어찌한 까닭인가? 모든 부처님께서는 대비심으로
체를 삼으시는 까닭에 중생으로 인하여 대비심을 일
으키고 대비심으로 인하여 보리심을 발하고 보리심

으로 인하여 등정각을 이루시나니, 비유하건대 넓은 벌판 모래밭 가운데 한 큰 나무가 있어 만약 그 뿌리가 물을 만나면 지엽이나 꽃이나 과실이 모두 무성해지는 것과 같아서, 일체 중생으로 나무뿌리를 삼고 여러 불보살로 꽃과 과실을 삼거든 대비의 물로 중생을 이익하게 하면 즉시에 여러 불보살의 지혜의 꽃과 과실이 성숙하게 되느니라.

어찌한 까닭인가? 만약 보살들이 대비의 물로 중생을 이익하게 하면 곧 아누다라삼먁삼보리를 성취하는 까닭이니라. 그러므로 보리는 중생에 속하는 것이니, 만약 중생이 없으면 일체 보살이 마침내 무상정각을 이루지 못하느니라.

선남자여, 너희들은 마땅히 이 뜻을 알지니 중생에게 마음이 평등한 고로 능히 원만한 대비를 성취하며, 대비심으로 중생을 수순하는 고로 곧 부처님께 공양함을 성취하느니라.

보살이 이와 같이 중생을 수순하나니 허공계가 다하고 중생계가 다하고 중생의 업이 다하고 중생의 번뇌가 다하여도 나의 이 수순은 다함이 없어 생각생각 상속하고 끊임없이 없되 몸과 말과 뜻으로 짓는 일에 지치거나 싫어하는 생각이 없느니라.

열째, 지은 바 모든 공덕을 널리 회향하는 것

선남자여, 또한 지은 공덕을 널리 회향한다는 것은 처음에 부처님 덕을 진법계 허공계 일체 중생에게 남김없이 회향하여 중생들이 항상 안락하고 일체 병고는 영영 없기를 원하며, 악한 일을 하고자 하면 하나도 됨이 없고, 착한 업을 닦고자 하면 다 속히 성취하여 일체 악취의 문은 닫아버리고 인간에나 천상에나 열반에 이르는 바른 길을 열어 보이며, 모든 중생이 그가 지어 쌓은 모든 악업으로 인하여 얻게 되는 일체의 극중한 과보는 내가 대신 받아서 무상보리를 성취하게 하는 것이니라.

보살이 이와 같이 그 닦는 공덕을 회향하나니 허공계가 다하고 중생의 업이 다하고 중생의 번뇌가 다하여도 나의 이 회향은 다하지 아니하여 생각생각 상속하고 끊임이 없되 몸과 말과 뜻으로 짓는 일에 지치거나 싫어하는 생각이 없느니라.

9. 백팔 대참회문

시방삼세 제불보살님과 역대 조사님들께 지극한 마음으로 이 몸 다 던져 참회하고 발원합니다. 지난 세월 지은 공덕이 적어 부처님 참된 진리 등지고 살아 왔음을 참회합니다.
작은 인연이지만 오늘부터 크게 키워 참된 불자가 되고자 발심하여 불법승 삼보에 귀의하오며 정성으로 절을 올립니다.

- 참 회 편 -

1. 지극한 마음으로 석가모니 부처님께 귀의합니다.
2. 지극한 마음으로 부처님 법에 귀의합니다.
3. 지극한 마음으로 승가에 귀의합니다.
4. 나는 누구이며, 어디서 왔는가를 생각하지 않고 살아온 죄를 참회합니다.
5. 참나를 망각한 채 살아온 죄를 참회합니다.
6. 나의 몸을 귀하게 여기지 않고 살아온 죄를 참

회합니다.

7. 나의 진실한 마음을 외면한 채 살아온 죄를 참회합니다.

8. 조상님의 감사함을 잊고 살아온 죄를 참회합니다.

9. 부모님의 감사함을 잊고 살아온 죄를 참회합니다.

10. 친척들의 감사함을 잊고 살아온 죄를 참회합니다.

11. 말과 글을 가르쳐준 모든 인연들의 감사함을 잊고 살아온 죄를 참회합니다.

12. 음식을 먹을 수 있게 해 준 모든 인연들의 감사함을 잊고 살아온 죄를 참회합니다.

13. 옷을 입을 수 있게 해 준 모든 인연들의 감사함을 잊고 살아온 죄를 참회합니다.

14. 집에서 살 수 있게 해 준 모든 인연들의 감사함을 잊고 살아온 죄를 참회합니다.

15. 나를 여기에 있게 한 모든 인연들의 감사함을 잊고 살아온 죄를 참회합니다.

16. 고마운 인연들을 잊고, 외면한 채 살아온 어리석음을 참회합니다.

17. 전생, 금생, 내생의 업보를 소멸하기 위해 지

극한 마음으로 참회합니다.

18. 성냄으로 인해 악연이 된 인연들에게 참회합니다.

19. 모진 말로 인해 악연이 된 인연들에게 참회합니다.

20. 교만함으로 인해 악연이 된 인연들에게 참회합니다.

21. 탐욕심으로 인해 악연이 된 인연들에게 참회합니다.

22. 시기심으로 인해 악연이 된 인연들에게 참회합니다.

23. 분노심으로 인해 악연이 된 인연들에게 참회합니다.

24. 인색함으로 인해 악연이 된 인연들에게 참회합니다.

25. 원망심으로 인해 악연이 된 인연들에게 참회합니다.

26. 이간질로 인해 악연이 된 인연들에게 참회합니다.

27. 비방함으로 인해 악연이 된 인연들에게 참회합니다.

28. 무시함으로 인해 악연이 된 인연들에게 참회

합니다.
29. 어리석은 생각으로 미래에 상처를 줄 인연에게 참회합니다.
30. 어리석은 말로 미래에 상처를 줄 인연에게 참회합니다.
31. 어리석은 행동으로 미래에 상처를 줄 인연에게 참회합니다.
32. 집착하는 생각과 말과 행동을 참회합니다.
33. 비겁한 생각과 말과 행동을 참회합니다.
34. 거짓말과 위선된 생각과 말과 행동을 참회합니다.
35. 남의 것을 훔치는 생각과 말과 행동을 참회합니다.
36. 취미나 즐거움으로 다른 생명을 희생시키는 생각과 말과 행동을 참회합니다.
37. 오직 나만을 생각하는 생각과 말과 행동을 참회합니다.
38. 삼생의 모든 인연들을 위해 지극한 마음으로 참회합니다.
39. 내 눈으로 본 것만 옳다고 생각한 어리석음을 참회합니다.
40. 내 귀로 들은 것만 옳다고 생각한 어리석음

을 참회합니다.

41. 내 코로 맡은 냄새만 옳다고 생각한 어리석음을 참회합니다.

42. 내 입으로 맛본 것만 옳다고 생각한 어리석음을 참회합니다.

43. 내 몸으로 받은 느낌만 옳다고 생각한 어리석음을 참회합니다.

44. 내 생각만 옳다고 생각한 어리석음을 참회합니다.

45. 내가 살고 있는 지구에 대해 생각하지 않은 것을 참회합니다.

46. 공기를 더럽히며 살아온 것을 참회합니다.

47. 물을 더럽히며 살아온 것을 참회합니다.

48. 하늘과 땅을 더럽히며 살아온 것을 참회합니다.

49. 산과 바다를 더럽히며 살아온 것을 참회합니다.

50. 꽃과 나무를 함부로 자르는 어리석음을 참회합니다.

51. 있고 없음의 분별심을 참회합니다.

52. 높고 낮음의 분별심을 참회합니다.

53. 좋고 나쁨의 분별심을 참회합니다.

54. 옳고 그름의 분별심을 참회합니다.

55. 병든 사람에 대한 자비심의 부족함을 참회합

니다.

56. 슬픈 사람에 대한 자비심의 부족함을 참회합
    니다.

57. 가난한 사람에 대한 자비심의 부족함을 참회
    합니다.

58. 덕이 없는 사람에 대한 자비심의 부족함을
    참회합니다.

59. 외로운 사람에 대한 자비심의 부족함을 참회
    합니다.

60. 무지한 사람에 대한 자비심의 부족함을 참회
    합니다.

– 감 사 편 –

61. 부처님께 귀의하게 되어 감사한 마음으로 절
    합니다.

62. 부처님의 법에 귀의하게 되어 감사한 마음으
    로 절합니다.

63. 승가에 귀의하게 되어 감사한 마음으로 절합
    니다.

64. 나와 남이 하나임을 알게 되어 감사함의 절

합니다.

65. 가장 큰 축복이 자비심이라는 것을 알게 되어 감사함의 절합니다.

66. 가장 큰 재앙이 미움, 원망이라는 것을 알게 되어 감사함의 절합니다.

67. 가장 큰 힘이 사랑이라는 것을 알게 되어 감사함의 절합니다.

68. 모든 생명체가 하나로 연결되어 있는 것을 알게 되어 감사함의 절합니다.

69. 모든 생명체는 소통과 교감이 이루어진다는 것을 알게 되어 감사함의 절합니다.

70. 모든 생명체는 우주법칙의 순리 속에서 움직이는 것을 알게 되어 감사함의 절합니다.

71. 세상의 아름다움을 알게 되어 감사함의 절합니다.

72. 생명들의 신비로움을 알게 되어 감사함의 절합니다.

73. 새 소리의 맑음을 알게 되어 감사함의 절합니다.

74. 바람 소리의 평화로움을 알게 되어 감사함의 절합니다.

75 시냇물 소리의 시원함을 알게 되어 감사함의

절합니다.

76. 새싹들의 강인함을 알게 되어 감사함의 절합니다.

77. 무지개의 황홀함을 알게 되어 감사함의 절합니다.

78. 자연에 순응하면 마음도 편안함을 알게 되어 감사함의 절합니다.

79. 자연이 우주의 법칙이라는 것을 알게 되어 감사함의 절합니다.

80. 자연이 우리들의 스승이라는 것을 알게 되어 감사함의 절합니다.

– 발 원 편 –

81. 항상 부처님의 품 안에서 살기를 발원하며 절합니다.

82. 항상 부처님의 법 속에서 살기를 발원하며 절합니다.

83. 항상 스님의 가르침을 따르기를 발원하며 절합니다.

84. 부처님. 저는 욕심을 내지 않기를 발원하며

절합니다.

85. 부처님. 저는 화내지 않기를 발원하며 절합니다.

86. 부처님. 저는 교만하지 않기를 발원하며 절합니다.

87. 부처님. 저는 시기심 내지 않기를 발원하며 절합니다.

88. 부처님. 저는 모진 말을 하지 않기를 발원하며 절합니다.

89. 부처님. 저는 남을 비방하지 않기를 발원하며 절합니다.

90. 부처님. 저는 거짓말 하지 않기를 발원하며 절합니다.

91. 부처님. 저는 남을 무시하지 않기를 발원하며 절합니다.

92. 부처님. 저는 원망하지 않기를 발원하며 절합니다.

93. 부처님. 저는 매사에 겸손하기를 발원하며 절합니다.

94. 부처님. 저는 매사에 최선을 다하기를 발원하며 절합니다.

95. 부처님. 저는 매사에 정직하기를 발원하며

절합니다.

96. 부처님. 저는 매사에 긍정적이기를 발원하며 절합니다.

97. 부처님. 저는 자비로운 마음으로 살기를 발원하며 절합니다.

98. 부처님. 저는 맑은 마음 가지도록 발원하며 절합니다.

98. 부처님. 저는 밝은 마음 가지도록 발원하며 절합니다.

100. 부처님. 저는 반야지혜가 자라기를 발원하며 절합니다.

101. 부처님. 저는 모든 생명이 평화롭기를 발원하며 절합니다.

102. 부처님, 저는 이 세상에 전쟁이 없기를 발원하며 절합니다.

103. 부처님, 저는 이 세상에 가난이 없기를 발원하며 절합니다.

104. 부처님, 저는 이 세상에 질병이 없기를 발원하며 절합니다.

105. 부처님, 저는 이 세상에 부처님이 오시기를 발원하며 절합니다.

106. 부처님, 저는 선지식을 만날 수 있기를 발

원하며 절합니다.

107. 부처님. 저는 108배 참회 할 때 게으르지 않게 발원하며 절합니다.

108. 부처님, 오늘 지은 이 인연 아낌없이 시방 법계에 회향합니다.

대자대비하신 부처님이시여. 거듭 참회하고 발원하옵니다. 저의 어두운 마음에 보리의 종자 심어져 참된 불성이 나타날 수 있도록 자비심으로 거두어 주소서. 시방삼세 제불보살님과 역대 선지식들께 진심으로 바라오니 저의 참된 발원이 물러나지 않도록 지켜주시옵소서.

나무 석가모니불
나무 석가모니불
나무 시아본사 석가모니불

법회 기도 의례

1. 일반법회

● 일요법회, 신도회모임, 공부모임 등 사찰이나 가정에서 스님과 함께 법회를 할 경우

◉ 삼귀의
◉ 찬불가
◉ 예불 및 반야심경(25쪽 참조) 봉독
◉ 독경(소의경전 봉독)
◉ 청법가(450쪽 참조)
◉ 삼배, 입정, 설법
◉ 정근(석가모니불 정근)
◉ 발원문 봉독

● 이산 혜연 선사 발원문(22쪽 참조) 또는 법회 성격에 맞게

◉ 보현행원의 노래
◉ 공지사항
◉ 사홍서원
◉ 산회가

● 가족법회, 소모임 등 사찰이나 가정에서 스님이 참석하지 않을 경우

◉ 삼귀의
◉ 천수경(28쪽 참조) 봉독
◉ 정근(석가모니불 정근)
◉ 발원문
◉ 반야심경(25쪽 참조) 봉독
◉ 입정
◉ 공부 및 토론
◉ 공지사항
◉ 사홍서원
◉ 산회가

순례법회

십념

청정법신비로자나불 원만보신노사나불 천백억화
清淨法身毗盧遮那佛　圓滿報身盧舍那佛　千百億化

신석가모니불 구품도사아미타불 당래하생미륵존불
身釋迦牟尼佛　九品導師阿彌陀佛　當來下生彌勒尊佛

시방삼세일체제불 시방삼세일체존법 대성문수사
十方三世一切諸佛　十方三世一切尊法　大聖文殊師

리보살 대행보현보살 대비관세음보살 대원본존
利菩薩　大行普賢菩薩　大悲觀世音菩薩　大願本尊

지장보살 제존보살마하살 마하반야바라밀
地藏菩薩　諸尊菩薩摩訶薩　摩訶般若波羅蜜

◉ 삼귀의
◉ 독경(천수경(28쪽 참조), 금강경(253쪽 참조)등)
◉ 정근
◉ 축원 또는 발원
◉ 반야심경(25쪽 참조)
◉ 사홍서원
◉ 산회가

376

2. 가정법회

1)이사, 안택

고사는 불교 교유 의식은 아니지만 많은 불자들이 진행 절차를 불교식으로 진행하고 싶어함에 따라 여법한 의식을 준비하게 되었다. 고사의 대상은 집과 가정을 수호하는 성주와 터주, 자손들의 수명과 복을 위한 삼신, 부엌을 관장하는 조왕신 등이다. 불교에서는 이러한 신들을 화엄신중으로 모시고 공양을 올리면서 기도를 드리고 있다.

준비 : 초, 향, 공양미, 삼색과일과 삼색나물, 떡(팥시루) 등을 준비하며 오신채나 고기, 술 같은 음식은 가급적 피하는 것이 좋다.

임시 불단 준비

● 탑다라니나 경전을 올려놓음

◉ **삼귀의**
◉ **천수경 독송**(28쪽 참조)

● 정삼업진언, 개단진언, 건단진언, 정법계진언까지 독송함으로써 불단을 세우는 의식을 함

◉ 화엄신중예참
◉ 정근(관음정근 또는 신중정근)
◉ 스님 축원
◉ 불설소재 길상다라니(65쪽 참조)
◉ 반야심경(31쪽 참조)
◉ 사홍서원

2) 차 고사

◉ 염주를 수호물로 차에 걸어줌
◉ 신묘장구대다라니(34, 92쪽 참조)
◉ 화엄경 약찬게(60쪽 참조)
◉ 불설소재 길상다라니(59쪽 참조)
◉ 정근(화엄성중)
◉ 스님 축원
◉ 항마진언(청정수를 차에 뿌림)

3) 개업의식

- ◉ 현판식
- ◉ 개식
- ◉ 삼귀의
- ◉ 독경(천수경(28쪽 참조) 등)
- ◉ 정근(석가모니불 정근)
- ◉ 축원
- ◉ 반야심경(25쪽 참조)
- ◉ 업주대표 인사

● 가족끼리 소규모로 할 경우에는 안택고사 순서로 진행함.

4) 준공의식

- ◉ 개식
- ◉ 삼귀의
- ◉ 찬불가
- ◉ 헌화
- ◉ 반야심경(25쪽 참조)
- ◉ 시설규모 및 경과보고
- ◉ 준공식 인사말
- ◉ 청법가, 입정, 법문

◉ 정근
◉ 축원
◉ 테이프 절단 및 현판

3. 가정기도

1) 일상기도

◉ 입정
◉ 삼귀의
◉ 경전독송(천수경(28쪽 참조), 금강경(253쪽 참조) 등)
◉ 정근
◉ 발원문
◉ 반야심경(25쪽 참조)
◉ 사홍서원

● 대학입시, 각종 시험 합격 기원, 가정화목기도, 건강기도 등
   도 이 순서에 따라 진행한다.

2) 문병기도

◉ 입정
◉ 삼귀의
◉ 신묘장구대다라니(34, 92쪽 참조)
◉ 반야심경(25쪽 참조)
◉ 십념(172, 376쪽 참조)

◉ 발원문
◉ 사홍서원

3) 문상기도

◉ 입정
◉ 삼귀의
◉ 반야심경(25쪽 참조)
◉ 독경(아미타경(236쪽 참조), 금강경(253쪽 참조) 등
　　　또는 노래 '빛으로 돌아오소서' (458쪽 참조))
◉ 정근(아미타불)
◉ 극락왕생발원문(215쪽 참조)

4) 결혼의식

◉ 개식 선언
◉ 주례법사 등단
◉ 신랑 · 신부 입장
◉ 신랑 · 신부 소개
◉ 삼귀의
◉ 고유문 낭독
◉ 신랑 · 신부 맞절

- ◉ 헌화
- ◉ 선물교환
- ◉ 결혼서약
- ◉ 성혼선언
- ◉ 주례사
- ◉ 축원
- ◉ 축가
- ◉ 인사
- ◉ 사홍서원
- ◉ 신랑 · 신부 퇴장
- ◉ 폐식

5) 제사의식

거불擧佛

나무 극락도사 아미타불
南無　極樂導師　阿彌陀佛

나무 관음세지 양대보살
南無　觀音勢至　兩大菩薩

나무 접인망령 대성인로왕보살마하살
南無　接引亡靈　大聖引路王菩薩摩訶薩

다게茶偈

아금청정수 변위감로다 봉헌삼보전
我 今 清 淨 水   變 爲 甘 露 茶   奉 獻 三 寶 前

『원수애납수』 (3배)
願 垂 哀 納 受

청혼請魂

오늘 ○○(주소)에 거주하는 ○○등 복위 ○○○ 영가를 지극정성으로 받들어 청하옵니다. 저희들이 모시는 차례에 강림하시어 감응하여 주시옵소서.

수위안좌진언受位安座眞言

옴 마니 군다니 훔훔 사바하

공양供養

저희 자손들이 해탈의 향을 올리고 지혜의 등불을 켜서 선망 ○○님께 맑은 차를 올리오니 목마름이 모두 없어지소서.(반배)

진수한 과일 등을 흠향하시옵고 힘을 더해 준 이 음식들이 시방세계에 가득해져서 영원히 주림을 여의고 극락왕생 하소서.

● 국을 내리고 숭늉을 올리며 세 번 절을 한다.

보공양진언普供養眞言

옴 아아나 삼바바 바아라 훔

시무차법식진언施無遮法食眞言

옴 목역능 사바하

보회향진언普回向眞言

옴 삼마라 삼마라 미만나 사라마하 자가라 바 훔

상품상생진언上品上生眞言

옴 마니다니 훔훔바탁 사바하

축원祝願

오늘 저희들이 올린 공양을 받으시고 부처님의 진리
를 깨달으시어 아미타 부처님의 국토에 극락세계에 태
어나시옵소서. 또한 저희 후손들이 건강한 몸과 마음
으로 올바른 삶을 영위하여 깨달음을 얻는 길로 이끌어
주시기를 발원하옵니다.

● 반야심경 독송(25쪽 참조)

● 장엄염불 또는 아미타불 정근

6) 성묘의식

◉ 음식 진설
◉ 분향 후 삼배
◉ 입정
◉ 독경(아미타경(236쪽 참조), 무상계(248쪽 참조), 금강경(253쪽 참조), 반야심경(25쪽 참조) 등)
◉ 극락왕생발원문 독송(215쪽 참조)
◉ 삼배

발원문

만약 이러한 공덕문을 성취하고자 하거든 마땅히 열 가지 넓고 큰 행원을 닦아야 하나니, 열 가지라 함은 무엇일까? 첫째는 모든 부처님께 예배하고 공경하는 것이요, 둘째는 부처님을 찬탄하는 것이요, 셋째는 널리 공양하는 것이요, 넷째는 업장을 참회하는 것이요, 다섯째는 남이 짓는 공덕을 기뻐하는 것이요, 여섯째는 설법하여 주시기를 청하는 것이요, 일곱째는 부처님께 이 세상에 오래 계시기를 청하는 것이요, 여덟째는 항상 부처님을 따라 배우는 것이요, 아홉째는 항상 중생을 수순하는 것이요, 열째는 지은 바 모든 공덕을 널리 회향하는 것이니라.

   -「보현행원품」에서

1. 부처님 오신 날 발원문

시방 삼세에 두루하사 아니 계신 곳 없으시고, 만유에 평등하사 일체 중생을 제도하옵시는 거룩하신 부처님, 자비 광명을 내리시고 감로의 법문 베푸시어 번뇌에 덮인 실상을 밝혀 주옵소서.

오늘 불기 ○○○○년 부처님 오신 날을 맞이하여 이곳에 모인 저희들은 부처님께서 사바에 나투신 큰 뜻을 다시 새기며 이 시대 이 땅에 부처님의 뜻을 꽃피우길 다짐하면서 깨끗한 마음으로 정성을 다하여 참회하고 발원하오니 대비의 문을 열어 주옵소서.

부처님께서는 중생들이 참 생명의 존귀한 빛이 있는 줄 모르고 끝없는 생사에 윤회하면서 한없는 죄업 속에 빠져 있음을 대자대비로 구원하시고자 룸비니 동산에 강탄하셨나이다.

이 날은 더 없는 기쁨의 날이요, 생명의 날이니, 저희들은 부처님께 일심으로 찬탄과 정례를 드리옵니다.

'하늘과 땅 위에 나 홀로 존귀하니 온 세상이 모두 고통에 휩싸여도 내 마땅히 이를 편안케 하리라'는 외치심이 온 우주에 울려 퍼졌으니, 참으로 거룩하신 부처님의 공덕 미래세가 다하도록 법계에 두루하오리다.

바라옵건대, 부처님의 크신 원력으로 시방세계가 모

두 평화롭고, 저희들 조국의 국운이 날로 번창하고, 남 북이 통일되어 분단의 아픔과 불행을 없게 하여 주옵소 서. 또 비와 바람 순조로와 온 국민의 생업이 풍요롭 고, 질병과 재난 없이 나라가 평온하게 하소서.

이제 저희들은 불퇴전의 신심과 정진의 힘을 더욱 갈 고 닦아 부처님의 정법을 널리 펴고 수호하려 하옵나니 저희들의 간절한 기원을 어여삐 여기사 지혜와 용기를 베풀어 주시옵고 부처님의 위신력으로 지켜주시옵소서.

이 공덕 온 누리에 회향하오니 모든 중생이 그릇된 길을 벗어나 정법에 머물러 모두 해탈하게 하시며, 저 희가 대승의 바른 믿음과 실천으로 불국토 건설에 앞장 서게 하옵소서.

2. 출가재일 발원문

우러러 살피옵건대, 진여의 태양은 찬란히 빛나옵고 법성의 바다는 끝없이 넓고 깊어 온 중생 온 국토를 윤 택케 하시며 위없는 보리공덕을 충만케 하시옵고 일체 중생 근기 따라 깨달음으로 나아가니 가없는 은덕을 어 찌 다 헤아리오리까!

여기 ○○법회 불자들이 경건히 합장하고 부처님 앞

에 모였습니다. 그리고 부처님 출가하신 날에 감사와 감격과 환희를 삼보전에 드리오며 저희들의 서원력을 담아 발원하옵나니, 자비광명 비추시어 살피어 주옵소서.

부처님께서는 미혹과 고난과 좌절에서 몸부림치는 중생심에서 출가하셨으며, 오만과 탐욕과 진심으로 대립 갈등하는 혼란으로부터 출가하셨으며, 외롭고 그늘진 삶의 의지를 잃은 중생에게 용기와 힘을 주기 위해 출가하셨습니다.

대자대비하신 세존이시여!

저희들 이제 정성 기울여 합장 계수하오며 부처님의 그 위대하신 출가법문에 예경하옵니다. 지극하신 생명의 은혜에 감사드리옵니다.

엎드려 바라옵건대, 저희들의 간절한 정성을 부처님의 크신 뜻 받드는 지극한 서원의 표정으로 거두어 주옵시고 이 인연공덕으로 미혹의 구름은 모두 다 소멸되고 삼독의 거친 물결은 잔잔하고 맑아지며 다생 동안지은 업장 일시에 멸하여 주시옵소서.

저희들의 생각은 항상 맑고 뜻은 바르며 마음은 끝없이 밝은 슬기로 가득차서 어느 때나 정법광명 지성으로 받들고 몸과 마음 모두 바쳐 중생세간 빛내오며 무상보리 이루는 길 고루 닦아지이다.

몸과 마음 어느 때나 금강삼매 나투며 가내가 화평하

고 모든 권속 화락하며 가업은 번창하며 널리 세간 빛
내옵고 고난과 장애를 보게 될 때 바라밀 무장애의 위
덕이 빛나게 하여 주옵소서.

저희들의 생애가 보살의 생애로서 일체 중생과 역사
와 국토를 빛냄으로써 마침내 부처님의 크신 은덕을 갚
아지이다.

3. 성도재일 발원문

대자대비 본사세존 석가모니 부처님이시여!

진여의 태양은 찬란히 빛나옵고 법성의 바다는 끝없
이 넓고 깊어 온 중생 온 국토를 윤택케 하시며 위없는
보리공덕을 충만케 하시니 가없는 은덕을 어찌 다 헤아
리오리까! 저희들 ○○법회 사부대중과 금일법회 동참
일문권속들은 부처님의 거룩하신 자비광명 속에서 부
처님께서 성도하신 불기 ○○년 성도재일을 맞이하여
경건히 합장하고 부처님 앞에 모였습니다.

오늘 부처님 성도하신 날에 감사와 감격과 환희를 삼
보전에 드리오며 저희들의 서원을 담아 발원하옵나니
바라옵건대 자비광명 비추시어 살펴주시옵소서.

대자대비하신 세존이시여!

부처님께서는 진리이시고 원래 불佛이시건만, 자비로서 중생을 위하여 세상에 나시고 수행하시어 도를 이루셨습니다.

저희들 중생이 성불함을 증거하시고 해탈의 길을 열어주셨읍니다

저희들 이제 정성 기울여 합장계수하오며 부처님의 위대하신 성도법문에 예경하며 지극하신 자비의 은혜에 감사드리옵니다.

엎드려 바라옵건대, 저희들의 간절한 정성을 부처님의 크신 뜻 반드시 지극한 서원의 표징으로 거두어 주옵시고, 이 인연공덕으로 미혹의 구름은 다 소멸되고, 삼독의 거친 물결 잔잔하고 맑아지며, 다생 동안 지은 업장 일시에 멸하여 주옵소서.

저희들의 생각은 항상 맑고 뜻은 바르며 마음은 끝없이 밝은 슬기로 가득 차서, 어느 때나 정법광명 지성으로 받들고 몸과 마음 모두 바쳐 중생세간 빛내오며 무상보리 이루는 길 고루 닦아지이다. 몸과 마음 어느 때나 금강삼매 나타내며 가내가 화평하고, 모든 권속화락하여 가업은 번창하고 널리 세간 빛내옵고, 고난과 장애를 보게 될 때 바라밀 무장애의 위덕이 빛나게 하여 주옵소서.

그리하여 저희들의 생애가 보살의 생애로서 일체 중

생과 역사와 국토를 빛냄으로써 마침내 부처님의 크신
은덕을 갚아지이다

4. 열반재일 발원문

대자대비 본사세존 석가모니 부처님이시여!

진여의 태양은 찬란히 빛나옵고 법성의 바다는 끝없
이 넓고 깊어 온 중생 온 국토를 윤택케 하시며 위없는
보리공덕을 충만케 하시니 가없는 은덕을 어찌 다 헤아
리오리까!

저희들 ○○법회 사부대중과 금일법회 동참 일문권
속들은 부처님의 거룩하신 자비광명 속에서 부처님의
열반에 드신 불기 ○○년 열반 일을 맞이하여 기원을
드리옵니다.

부처님께서는 한량없는 겁 전에 성불하시어 그때 이
래 교화한 중생이 수효를 알 수 없는 무수억이며, 이제
다시 저희들을 제도하기 위하여 방편으로 짐짓 열반을
나타내셨지만 실로는 열반에 듦이 아니옵니다. 부처님
께서는 영원토록 여기 계시어 설법하시옵니다.

저희들은 부처님의 자비섭수 은덕을 힘입어 정법을
만났사오며, 부처님의 한량없는 은덕이 잠시도 쉼 없

이 저희들 위에 부어지고 있음을 깨달았사옵니다.

대자대비하신 세존이시여!

저희들은 이제 부처님의 열반법문을 맞이하여 일심으로 공양을 올리옵나니 오늘의 이 자그마한 공양이 저희들의 간절한 정성과 부처님의 크신 뜻 받드는 지극한 서원의 표정으로 거두어 주옵소서.

엎으려 바라옵건대, 이 인연공덕으로 미혹의 구름은 모두 다 소멸되고 삼독의 거친 물결은 잔잔하고 맑아지며 다생 동안 지은 업습은 일시에 멸해지이다. 저희들의 생각은 항상 맑고 뜻은 바르며 마음은 끝없는 슬기로 가득차서 어느 때나 정법광명을 지성으로 받들고, 몸과 마음 모두 바쳐 중생세간 빛내오며 무상보리 이루는 길 고루 닦아지이다.

그리하여 바라밀 무장애의 위덕이 빛난 속에서 저희들의 생애가 보살의 생애로서 일체 중생과 역사와 국토를 빛냄으로써 마침내 부처님의 크신 은덕을 갚아지이다.

5. 우란분절 발원문

시방세계 영원토록 항상 계신 삼보전에 저희들이 일심정성 우러러 아뢰오니, 대자대비 베푸시어 거두어 주옵소서.

위로부터 닦아온 한이 없는 큰 공덕을 위없는 보리도와 제불보살 큰 성현과 삼계일체 중생에게 모두 회향하옵나니, 일체에 두루하여 원만하여지이다.

우란분절 발원자가 일심으로 청하옵는 선망부모 누세종친 일체유연 영가들이 거룩하신 이 인연에 크신 은혜 가득입고 불보살님 크신 광명 그의 앞길 밝게 비춰 과거생과 생전 중에 지은 업장 소멸되고 아미타불 친견하여 법문 듣고 마음 열어 생사 없는 큰 지혜를 남김없이 깨달아서 시방국토 드나들며 광명 놓고 설법하여 불보살님 크신 서원 함께 이룩하여지이다.

아울러 바라옴은 금일지성 재자들과 가족형제 친족들과 이 도량에 함께 모인 스님들과 신도들이 부처님의 자비광명 어느 때나 감싸안아 마음속의 원하는 바 착한 소망 다 이루고, 나날이 상서 일고 모든 재난 소멸하며 수명의 산 견고하고 복의 바다 더욱 넓어, 밝은 지혜 큰 원으로 보살대도 이루어지이다.

온 법계 불자들이 크신 은혜 항상 입어 보리도량 다 이르고 불보살님 친견하여 제불광명 항상 받고 모든 죄장 소멸하며 한량없는 지혜 얻고, 무상정각 이루어서 법계 중생 모두 함께 깨달음을 이루옵소서.

6. 참회기도 발원문

우러러 살피옵건대 진여의 태양은 찬란히 빛나옵고 법성의 바다는 끝없이 넓고 깊어 온 중생 온 국토를 윤택케 하시며 위없는 보리공덕을 충만케 하시니 일체 중생 근기 따라 모두를 얻고 구하는 바를 따라 깨달음으로 나아가니 가없는 은덕을 어찌 다 헤아리오리까!

금일 발원재자 ○○○ 불자는 부처님의 지극하신 가호력에 힘입어 발원하옵니다. 바라옵건대 자비광명 비추시어 살펴 주옵소서.

돌이켜 보옵건대 저는 지난 동안에 부처님의 진리광명을 등지고 미혹에 휘말려 어둠 속에 살았음을 깨닫고 이제 깊이 참회하옵니다. 부처님 가르침 배우지 못하고 성내고 탐내고 어리석어 어둠의 길 방황했던 지난 생활을 지심참회하옵니다.

대자대비 세존이시여! 저희들의 참회를 섭수하여 주시옵고 지난 날 지은 바 일체 어둠을 밝게 비추어 깨뜨려 주옵소서.

오늘의 역경이 필시 다생 동안에 지은 바 업연의 결과임을 생각하고 그것은 이와 같이 나타남으로 사라지면서 새로운 지혜와 용기를 얻게 하는 것이 아니오리까!

이제 저의 묵은 죄업, 이로써 모두 소멸 되었사오니 앞으로 기필코 밝은 희망과 따뜻한 공덕이 열려 오리라 믿습니다.

대자대비하신 부처님!

엎드려 바라옵건대 이 인연공덕으로 저를 둘러싸고 있는 미혹과 탐착과 장애의 벽이 즉시 소멸되어 은혜와 자비와 성취의 길을 열어 주옵시며, 본성광명이 명랑하게 드러나 미묘법문 깨달아서 무상도를 이루게 하여 주옵소서.

이 발원이 부처님의 대자비 서원력 속에 원만히 성숙되며, 법계유정이 다함께 보리심을 내고 위없는 깨달음을 원만히 이루어지이다.

7. 가정법회 발원문

1)

중생의 소망 따라 다함이 없이 거두어 주시는 부처님, 오늘 저희들은 이 자리에 모여 정법의 지혜를 닦고 바다와 같은 넓고 깊은 공덕을 이루어 모든 이에게 두루 회향코자 발원하옵니다.

오늘의 역경이 필시 다생 동안에 지은 바 업연의 결

과임을 생각하고 그것은 이와 같이 나타남으로 사라지면서 새로운 지혜와 용기를 얻게 하는 것이 아니오리까!

이제 저의 묵은 죄업, 이로써 모두 소멸 되었사오니 앞으로 기필코 밝은 희망과 따뜻한 공덕이 열려오리라 믿습니다.

대자대비하신 부처님!

엎드려 바라옵건대 이 인연공덕으로 저를 둘러싸고 있는 미혹과 탐착과 장애의 벽이 즉시 소멸되어 은혜와 자비와 성취의 길을 열어 주옵시며, 본성광명이 명랑하게 드러나 미묘법문 깨달아서 무상도를 이루게 하여 주옵소서.

이 발원이 부처님의 대자비 서원력 속에 원만히 성숙되며, 법계유정이 다함께 보리심을 내고 위없는 깨달음을 원만히 이루어지이다.

2)
중생의 소망 따라 다함이 없이 거두어 주시는 부처님, 오늘 저희들은 이 자리에 모여 정법의 지혜를 닦고 바다와 같은 넓고 깊은 공덕을 이루어 모든 이에게 두루 회향코자 발원하오니, 이 자리에 모인 저희들의 소망을 들어주시고 부처님을 믿는 마음 더욱 커지게 하소서.

끝없는 자비와 지혜로 길을 인도하시는 부처님 지극한 신심으로 여기 모인 저희들 각 가정에 일체의 마장을 막아 주시고, 단란하고 화목한 가정을 이루어 온 가족이 건강하고 마음이 밝아져 하는 모든 일들이 이루어지기를 기원합니다.

부처님이시여, 자라나는 어린이들이 밝고 건강하고 바르게 성장하며 지혜롭고 슬기 있는 불자가 되어 이 사회의 큰 일꾼이 되게 하소서.

저희 불자들을 비롯하여 모든 부모·형제·일가 친척들도 화합의 은혜 속에서 웃음꽃이 만발하고 부처님을 찬탄하는 소리 드높게 하시고, 아울러 바라옵건대 오늘 가정법회에 동참한 불자들이 서로 돕고 사랑하며 탁마하는 가운데 불자로서의 긍지와 사명을 갖고 포교에 신명을 바치는 가운데 은혜가 충만한 삶, 지혜로운 삶이 이루어지기를 간절히 발원하옵니다.

8. 가내길상 발원문

우러러 살피옵건데, 부처님께서는 무량 대자비 광명으로 온 누리 중생들을 감싸시고 성숙시켜 주시며, 오늘 불자 ○○○와 그 가족에게 특별하신 위덕을 부어

주심을 감사드립니다.

　금일 불자가 지난 동안에 지은 바 온갖 허물을 지심 참회하옵고, 보리심을 발하여 온 누리 온 중생 모두 다 안락하고, 무상보리 이루기를 간절히 발원하옵니다.

　바라옵건데, 불자가 보살도를 닦는 가운데 어느 곳, 어느 때에나 부처님의 자비 위신력이 함께 하여 주옵소서.

　심신은 강건하고, 가내가 화평하며, 자손은 창성하고, 학업은 증장하며, 사업이 순창하고, 나라와 겨레 위해 뜻하는 일 크게 이루어지이다.

　가슴속에 마하반야바라밀 대광명이 항상 빛나서 향하는 길마다 막힘이 없고, 행하는 일마다 순조로우며, 만나는 사람마다 착한 뜻 함께 하여 머물고 행하는 곳에 상서의 구름 이어지며, 무장애 일체성취 항상 따라지이다. 널리 모든 사람의 참빛이 되고 정법으로 인도하고 광명국토 이룩하여 부처님의 크신 은혜 갚아지이다.

　불자의 선망부모 크신 광명입고서 모두 다 극락세계에 왕생하옵고, 다시 이 땅 중생 제도하는 거룩한 빛이 되어지이다. 불자가 행하는 일마다 천룡팔부 옹호성중이 함께 하시며. 일문권속 또한 일체장애 소멸하여 보살의 큰 서원을 하루 속히 원만하고 위없는 크신 은혜 갚아지이다.

9. 학업성취 발원문

우주에 충만하사 아니 계신 곳 없으시고 만류에 평등하사 두루 살펴 주시는 제불보살님이시여, 저희들이 끝없는 옛적부터 몸과 말과 뜻으로 지어 온 모든 악업을 짓지 않게 하시고 보살의 길에 들어서 어떤 일에도 결코 물러남이 없는 큰 정진력을 주옵소서

오늘도 일념으로 노력하는 ○○에게 문수보살의 크신 지혜와 보현보살의 넓은 실천력을 주시어 어떤 고난과 실패에도 좌절하지 않는 큰 용기를 주시고 부처님의 크나큰 일을 할 수 있는 일꾼이 되도록 늘 가호하소서.

가슴속에 부처님의 생명력이 늘 밝게 빛나서 향하는 길마다 막힘이 없게 하시고 행하는 일마다 순조롭게 하시며 가족 모두가 부처님을 믿는 마음이 더욱 두터워져서 화합으로 살펴 가는 화목한 가정이 되게 하소서

특히 금번에 공부하는 부처님의 어린제자 ○○에게 무애 위신력을 샘물처럼 솟아나게 하시어 발원하는 바의 소원을 성취하게 하셔서 마침내 부처님의 크신 은혜를 갚을 수 있게 하소서. 일심으로 합장하고 간절하게 기도하며 발원하옵나이다.

10. 합격기원 발원문

우주에 충만하사 아니 계신 곳 없으시고 만유에 평등하사 두루 살펴 주옵시는 제불 보살님이시여, 자비의 문을 열고 구원의 실상을 밝혀 주옵소서.

이곳 기원의 자리에서 ○○고사(시험) 합격을 기원하며 마음을 모으나이다. 여기 ○○불자가 진실한 지혜를 구하기 위하여 보살의 구도 정신을 본받아 몸을 잊고 학업에 열중하고 있사옵니다.

이제 그동안 부처님의 지혜와 자비의 품에 안겨 실력을 연마해 온 ○○○ 불자에게 크나크신 가피를 내려주시어 뜻하는 바대로 합격할 수 있도록 지혜와 용기를 주소서.

저희가 감로의 법을 생명으로 세세생생 무한한 생애를 바꾸어 가면서 온 국토 일체 중생에게 영원한 생명과 복된 삶으로 장엄코자 하옵니다.

대비로 섭수하시어 억겁 죄업을 소멸하시어 무한청정의 자비광명을 햇살처럼 폭포처럼 부어 주소서. 오늘 이렇게 마음 모으는 청정한 믿음의 발원이 성취의 씨앗이 되어 저희 모두의 능력을 크게 꽃 피우게 하여 주시옵소서.

11. 사업번창 발원문

시방삼세에 영원하사 온 국토 온 중생을 보리도로 성숙시키시는 대자대비 세존이시여, 오늘 저희들의 일심 기원을 자비로써 섭수하여 주옵소서.

불자 ○○○는 금차에 새로 사업을 개업(또는 확장)하였사옵니다. 오늘에 이른 동안 불보살님의 지극하신 은덕에 감사드리옵니다.

바라옵건대, 불자가 나날이 봉사와 정진을 다하여, 사회의 수요를 보다 참되게 충족시켜 문화 향상에 기여하며, 보다 우수한 수요기여를 개발하고, 온 겨레와 인류에게 향상된 기쁨과 편의를 공여할 수 있도록 인도하여 주옵소서.

사회와 세계에 질 높은 봉사 헌신과 문화창조의 기여는 나라와 인류에 보다 높은 기여로 축적되고, 그 성과는 보살도를 이루고 불국토를 가꾸는 거룩한 공덕으로 회향하게 하여주옵소서.

다시 간절히 기원하오니 금일 이후 불자의 믿음 더욱 청정하고 심신은 강건하며 가내 화평하고 복해왕양하여 뜻하는 일마다 부처님의 가호가 항상 함께 하여지이다.

온 이웃 온 형제 함께 찬탄하고 나아가 겨레와 인류

위한 큰 뜻 이루며, 향하는 길마다 상서가 일고 만나는 사람마다 보리심 내어 모든 중생 모두 함께 무상도를 이루어지이다.

12. 문병 쾌유 발원문

대자대비 부처님, 지혜의 태양으로 온 누리를 빛내시고 자비 은혜로 저희들을 감싸주심을 감사드리옵니다. 저희 불자들은 부처님의 자비하신 위신력을 입사옵고 일심정성 정진하오며 간절한 기원을 드리옵니다.

금일 불자 ○○○ 가 병고로 신음하고 있사옵니다.

지난 세월동안 진리광명을 등지고 미혹에 휘말려 어둠을 지음을 깨닫고 깊이 참회하옵니다. 부처님 가르침을 배우지 못하고 어둠의 길 방황했던 지난날을 참회하오며, 삼독에 휘둘린 생활을 지심 참회하옵니다.

대자대비 부처님이시여,

저의 참회를 섭수하여 주시옵고 ○○ 가 지은 바 일체 어둠을 밝게 비추어 깨뜨려 주옵소서.

부처님은 원래로 법성광명이시옵기에 지혜와 자비와 위덕의 근원이시옵니다. 부처님의 자비하신 광명은 크나큰 위신력으로 저희들 모두를 감싸시고 일체 중생 본성 속에 자비공덕을 충만케 해주셨사옵니다.

오늘의 불자에게는 각별하신 자비의 은덕으로 무애 위력을 베풀어 주셨음을 깊이 믿습니다.

살펴옵건대 ○○○ 불자의 병고는 지난 날 지은 바 어둠의 그림자이므로 그것은 실상이 아니며 나타남으로써 사라져 가는 과정임을 믿습니다. 실로 불자에게는 오직 진리광명만이 충만하옵니다. 건강과 활기가 바다처럼 넉넉하고 은혜의 물줄기는 파도처럼 너울치고 있음을 믿습니다.

대자대비 부처님, 오늘 불자로 하여금 이 진리 실상의 믿음을 회복케 하여 주옵소서.

그리하여 영원히 건강하고 생명이 왕성하며 은혜로 충만함을 깨닫게 하시오며, 나아가 법성실상 청정공덕이 불자의 생활에 드러나게 하여 주옵소서.

다시 엎드려 바라옵건대 오늘 불자의 선망부모에게 대자비 위신력을 베풀어 주옵소서.

진리광명 드러나 지난 동안의 죄업이 소멸케 하여 주시오며, 본성광명이 명랑하게 드러나 미묘법문 깨달아서 무상도를 이루게 하여 주옵소서.

자비하신 부처님, 저희들의 이 발원이 부처님의 대자비 서원력 속에 원만히 성숙되며, 이 인연공덕으로 법계유정이 다함께 금강신을 이루어 무위국을 자재하여지이다.

13. 재난극복 발원문

헤아릴 수 없이 오랜 세월 고난의 역정을 이기시고 마침내 정각을 이루신 부처님, 오늘 뜻하지 않은 어려움을 당하여 괴로워하는 ○○○불자와 가족에게 대자대비하신 손길을 펼쳐 가호를 내려 주옵소서.

모든 인류의 한결같은 소망은 불행의 길에서 영원히 벗어나 화합 속에 낙원을 이루며 사는 것이옵니다. 그러나 지은 업이 같지 아니한 중생들은 온갖 고난에 시달리며 끊이지 않는 불행 속에 휘말리고 있사옵니다.

『법구경』에 '비록 착한 일을 한 사람도 착한 열매가 익기 전에는 악의 과보를 받는다'고 하셨습니다.

○○○불자가 오늘 당한 이 어려움은 지난 어느 날의 업보로 뜬구름 지나 간 듯이 잊게 하시고 이 불자의 마음이 안정을 찾게 하소서.

삼계의 도사이시고 사생의 자부이신 본사 석가모니 부처님, 지금부터 저희에게 어떠한 어려움도 뚫고 나갈 수 있는 지혜와 용기와 능력을 주시어 부처님께서 인행시에 고초를 인내하셨듯이 오늘의 제반 고난을 슬기롭게 이기고 다시 일어서게 희망을 주시옵소서.

오늘의 시련이 밑거름이 되어 새로운 희망을 가지고 부처님의 서광을 받으며 힘차게 전진하여 가정이 화평하고 사업이 번창하여 평소에 뜻한 것을 이루고 보살행을 닦는 보람된 불자의 삶이 되기를 대자대비 부처님께 지극한 마음으로 기원하나이다.

14. 생일 발원문

대자대비 세존이시여, 우러러 살피오니 부처님께서는 자비 은혜로써 온 누리를 감싸시고 이 도량 모든 불자에게 크신 가피를 주심을 계수하옵고 지성으로 감사드리옵니다.

오늘 불자 ○○○의 생일을 맞이하여 일심으로 부처님 전에 기원을 드리옵니다.

대자대비하신 부처님!

불자 ○○○는 부처님의 크신 가호를 힘입어 지혜와 복덕 갖추고 서원을 발하옵게 하여주시고 크신 위신력 베푸시어 불자가 지닌 바 큰 서원 이루도록 간곡하게 살피시어 은혜 내려 주옵소서.

심신은 금강과 더불어 강건하고 수명은 천지와 더불어 무궁하며, 지혜는 일월과 더불어 빛나옵고 복덕은 바다와 더불어 넓어지이다.

불자가 보살도를 닦는 가운데 나날이 경사 일고 시시

로 행운 맞아 뜻하는 일마다 모두 다 성취하여 세계와 중생에게 큰 빛이 되어지이다.

가족의 심신은 강건하고 길이길이 화락하며, 복연이 무진하고 덕화 널리 펼치며, 부처님 법문에서 큰 서원 발하고 보살도를 성취하여 부처님의 크신 은덕 갚아지이다.

아울러 불자의 선망조상 영가들이 부처님의 공명 받아 극락국에 왕생하여 미묘법문 깨달아서 모두 성불하여지이다.

15. 개업·이사·안택 발원문

메아리가 소리에 맞추어 응하듯이 중생의 정성 간절함에 언제 어디에나 응하시는 부처님이시여, 오늘 이 자리에 삶의 터전을 옮겨 장만하고, 새 살림을 시작하는 불자에게 가피력을 내리시어 복덕과 지혜, 그리고 기쁨을 누리게 하여 주옵소서.

가장이 경영하는 일 뜻대로 이루어져서 생업을 안정케 하여 주시고, 주부가 뜻하는 일 장애가 없어서 자녀들의 교육이 원만히 이루어지고 화목과 번영 속에 가운이 날로 번영케 하여 주옵소서. 그리하여 온 가족이 부처님의 은혜 속에 긍지와 보람으로 살게 하여 주시고, 친척과 이웃에게 언제나 사랑받는 가족으로서 옳은 일에 앞장서는 용기있는 가문이 되게 하여 주옵소서.

천룡팔부 화엄성중님 모두 이 터를 보호하시고 안팎의 선신 모두가 이 가정을 보살펴 주옵소서. 거룩하신 서원에 힘입어 지극한 마음으로 발원하나이다.

16. 승진 · 취임 발원문

자비심으로 중생을 이끄시며, 용기와 위엄을 지니고 모든 장애를 제거해 주시는 부처님이시여, 우러러 생각하옵건대, 부처님께서는 항상 불국토에 머무시면서 온 중생 하나하나를 고루 거두시사 진여의 자성을 깨닫게 하시며, 저들의 온갖 차별세계에 무량의 공덕을 그릇대로 채워 주시옵소서.

미혹한 범부들이 지은 바를 따라 온갖 국토에 출몰하여도 어느 곳에서나 부처님의 원만하신 자비공덕을 수용케 하시며, 생명의 근원에 눈 뜨게 하시니 높고도 크신 은혜 이루 말할 수 없나이다.

국토에는 무량공덕으로 장엄하시고, 중생 개개인에는 존엄한 창조의 주인임을 사무쳐 깨닫게 하사, 저희들이 이 땅에서 서로 돕고 발절하는 풍요의 길을 열어 주셨사옵니다.

그리하여 중생 누구나 바른 뜻을 내어 움직일 때 스스로는 진여의 활용이 되고. 국토에는 번영의 장엄을 가져오며, 서로 서로는 유대와 협동을 깊이하게 하셨습니다.

오늘 평소 삼보를 외호하고 정법을 지켜온 ○○○불자는 부처님의 크신 은혜와 가피로 새로운 직책에 취임(승진)하게 되었습니다.

이것이 어찌 불자를 성장시키고 사회를 발전시키며, 중생과 국토를 장엄하시는 부처님의 크신 은덕이 아니오리까. 거듭 삼보전에 예경하오며, 지극한 감사와 환희의 마음을 바치나이다.

인천의 스승이신 세존이시여, 오늘 영광된 이 불자에게 부처님의 밝은 지혜 내려 주시어 맡은 바 직무를 슬기롭게 수행하며, 더욱 높은 서원을 발하여 사회와 국가에 이바지하는 능력을 베풀어 주소서.

또한 합장하여 발원하옵니다. 만나는 사람마다 보살의 원과 행원을 함께하고, 대하는 과업마다 걸림없는 창조의 반야 능력 드러내어, 모든 사람이 아끼고 존경하여 삼보의 공덕을 찬탄하도록 한량없는 가호 주옵소서.

아울러 삼신이 견고하고 위력은 시시로 빛나며 불자의 직장이 크게 번창하여, 이 시대 이 겨레에 큰 빛을 더하도록 성장하여지이다.

이 발원의 인연이 공덕으로 일체 중생이 모두 보리심을 내고 성불의 길에 함께 올라지이다.

17. 결혼 발원문

대자대비 부처님이시여! 부처님의 자비하신 은덕이 햇살처럼 부어지는 오늘 이 자리에 기쁨으로 감사를 더하게 해 주심에 거듭 계수하오며 감사드리옵니다.

대자대비 부처님이시여! 오늘 부처님제자 ○○○불자와 ○○○불자가 부처님의 크신 은혜 속에서 결혼하였음을 인연하여 지극한 정성으로 기원을 드립니다.

엎드려 살피옵건대, 두 사람은 기나긴 과거에서 오늘에 이르는 동안 함께 높은 뜻 세우고, 무상도를 이루는 아름다운 이상을 가꾸어 왔사옵니다. 일찍이 무상도를 구할 것에 뜻을 합하여 함께 가정을 이루고 보살도를 성숙시키고, 부처님 법문에서 큰 과업을 이룬 것처럼 오늘 두 사람도 또한 그와 같사옵니다. 부처님께 공양한 꽃이 아름다운 보배일산으로 꽃피듯, 오늘의 헌공도 다시 이와 같아 지이다.

대자대비 세존이시여! 오늘의 두 불자 결혼이 무상보리 이루려는 원으로 하나가 되고, 보살도 이루려는 행으로 하나가 되어, 진리의 광명을 받드는 명예롭고 행복스런 가정으로 성장됨을 증명하여 주옵소서. 두 사람의 믿음은 나날이 견고하고 지혜와 복덕은 충만하여 행복과 상서의 구름이 끊임없이 드높아 지이다.

대자대비 세존이시여! 오늘 이후 불자 가문에는 경사가 이어지고 부모님 소원과 복이 나날이 높아지며, 형제와 권속들이 화목하고 안락하며 가업이 크게 융성하여 지이다. 품은 뜻 맑아지고 큰 사업 성공하여 보살도 항상 닦아 불자 가문 빛내옵고 삼보에 크신 은혜 갚아 지게 하옵소서.

부처님의 다함없는 자비광명 앞에 거듭 계수하오며, 이 인연이 온 유정들의 행복으로 회향되게 하여 주옵소서.

18. 조문 발원문

서방정토 이르러 대자대비하옵신 극락세계 아미타 부처님이시여!

412

오늘 이 자리에 모인 저희들은 신원적 ○○영가의 왕생극락을 빌고자 부처님께서 남겨주신 법도에 따라 법요를 거행하옵고 발원하오니 굽어 감응하소서.

아미타 부처님이시여! 오늘의 이 공덕으로 신원적 ○○영가가 생전에 못다한 공덕이 원만해지고 생전에 지은 죄업을 소멸하여 극락세계에 왕생하도록 이끌어 주소서.

오늘의 일로 인하여 저희들 모두가 인생의 무상함을 느끼고 하루하루의 생활을 착실히 쌓아가는 자세를 확립하도록 이끌어주시고, 오늘의 영가로 하여금 이승의 못다한 인연에 대하여 미련을 가지지 않도록 보살펴 주소서.

유족들이 영가께서 남기신 삶의 의지를 본받아 부처님의 품을 떠나지 않고 착실한 믿음에 근거하여 자신의 생업을 스스로 가꾸어 나갈 줄 알게 해 주시고, 그 유족들의 슬픔을 거두시어 극락세계 아미타 부처님 곁에서 모두가 다시 만나 뵙는 방법이 무엇인가를 알도록 힘을 드리워 주옵소서.

오늘의 법요 뒤에 오래오래 이 가문이 평안하고 후손들의 복록이 나날이 증진하와 이생에서는 행복을 내생에서는 은혜를 누리는 불자가 되도록 이끌어 주옵소서.

19. 어린이법회 발원문

1)

온 누리를 자비하신 은덕으로 감싸주시는 부처님. 저희들은 부처님의 크신 은덕을 입은 착한 어린이들입니다. 앞으로 큰 지혜와 큰 덕을 닦아 훌륭한 사람이 되고, 나라와 세계에 큰일을 성취할 저희들입니다. 저희를 항상 보살펴주시는 부처님께 감사드리오며 앞으로도 언제나 자비의 은혜를 열어주시기를 기원합니다.

이제부터는 부처님의 가르침을 따라 바른 말, 바른 행동, 바른 생각을 꼭 갖겠습니다. 그래서 우리나라를 빛낼 사람이 되겠습니다. 자비하신 부처님께서는 저의 소원을 받아 주시고, 지혜롭고 용기 있는 진실한 불자가 되도록 인도하여 주십시오.

자비하신 부처님, 저는 제가 부처님의 큰 은덕을 받아 앞으로 큰 사람이 된다는 생각을 잠시라도 잊지 않겠습니다. 저는 모든 사람을 공경하며 모든 사람의 착하고 훌륭한 덕을 믿고 존경하겠습니다. 저는 친구와 그밖에 모든 사람을 항상 돕고 위해 주도록 힘쓰겠습니다.

저는 착하고 부지런하고 공부에 힘쓰며, 부모님께 효도하고 조상님을 잘 받드는 아름다운 어린이가 되겠습니다. 자비하신 부처님께서는 저를 어여삐 보시고 더욱 큰 은혜를 베풀어 주십시오. 우리나라 부처님 나라가 되고, 저는 부처님 나라의 믿음직스러운 일꾼이 되도록 키워주시기를 원하옵니다.

2)
자비하신 부처님!

저희들은 부처님의 크신 가피를 입은 착한 어린이입니다.

앞으로 큰 지혜와 큰 덕을 닦아 훌륭한 사람이 되고, 나라와 세계에 큰일을 성취할 우리들 입니다.

저희는 그동안 부처님의 자비하신 뜻을 잊고서 자주 욕심을 부리고 성도 내었으며, 어리석은 행동도 하여 많은 잘못을 지었음을 지금 부처님 앞에 참회합니다.

이제부터는 부처님의 가르침을 따라 바른 말, 바른 행동, 바른 생각을 갖겠습니다.

그리하여 우리나라를 빛낼 사람이 되겠습니다. 지혜는 태양처럼 빛나고, 자비는 바다처럼 넓은 진실한 불자가 되겠습니다.

부처님의 가르침 많은 사람들에게 전하는 진실한 불제자가 되기를 간절한 마음으로 발원하옵니다.

20. 학생법회 발원문

1)

태양보다 밝은 지혜와 따뜻한 은혜로 온 누리 중생을 보살펴 주시는 자비하신 부처님께 저희 학생 불자들은 일심으로 정례하옵니다.

저희들은 부처님의 가르침을 만나서 부처님의 한량 없는 은덕이 일찍부터 저희에게 부어지고 있음을 알았습니다. 거룩한 가문에서 태어나 지극히 자애로우신 부모님과 우애 깊은 형제를 만난 것을 감사드립니다.

빛나는 역사를 지닌 아름다운 강산에 큰 이상을 펼쳐 이웃과 세계에 이바지할 수 있는 훌륭한 때에 태어난 것을 또한 감사드립니다. 그리고 저희 조상님들께서 지극히 슬기로우신 것처럼, 저희들 또한 큰 지혜와 밝은 덕성과 끝없는 용기를 이어받았음을 다시 감사드립니다.

자비하신 부처님! 저희들이 나라의 큰 일꾼이 되어 빛나는 조국을 가꿀 수 있도록 보살펴 주시오며, 장차 부처님의 법으로 온 세계를 평화롭게 하고, 모두가 성공할 수 있도록 돕는 일을 잘하게 하여 주옵소서.

저희들의 몸과 마음이 항상 건강하고, 지혜와 자비심을 넓고 깊으며, 용기는 더욱 막힘이 없어 부모님과 스승님과 삼보님의 크신 뜻을 받들어 행하여 마침내 불국토를 이룩하는 거룩한 보살이 되도록 인도하여 주옵소서.

2)

우주에 충만하사 아니 계신 곳 없으시고 만류에 평등하사 두루 살펴 주옵시는 제불 보살님이시여 자비의 문을 열고 구원의 실상을 밝혀 주옵소서.

극락과 지옥이 본래 둘이 아니오나 중생들이 스스로 짓고 받은 인과의 법칙을 깨닫지 못하와 험악한 악몽에 사로잡혀 갈 길 몰라 헤매나이다.

고뇌에 억눌린 업보의 무거운 짐을 벗고 희망에 가득 찬 구원의 밝은 빛을 찾아 슬기로운 부처님의 따뜻한 자비의 품 안으로 돌아가나이다.

감응하옵소서! 지금 저희들이 원하는 모든 일도 다 이룩되게 하여 주시옵소서.

신·구·의 삼업으로 부질없이 지은 죄를 모두 참회하옵나니, 탐·진·치 삼독으로 다시 또 업을 짓게 하지 마옵시고 부처님의 따뜻한 자비의 품안에서 영겁토록 떠나지 않게 하옵소서.

복덕과 지혜 다 갖추신 부처님! 바라옵건데, 이 공덕으로 멀리 있거나 가까이 있거나 모든 생명 모든 사람

들에게 행복과 평화와 은혜가 있게 하여 주시옵소서
거룩한 부처님께 귀의합니다.

불자 예절

불교에는 불교만의 예절과 의례가 있습니다. 수행과 신행생활에서 합당한 예법을 갖추어 행하는 것은 대중이 질서를 지키고 화합을 하기 위함입니다. 또한 부처님을 찬탄하고 공경하는 순수한 마음이 겉으로 표현된 것이므로 평상시의 언행에도 이 예절을 지키기 위해 노력해야 합니다.

1. 삼보

불교에서 가장 가치 있고 귀중하게 여기는 세 가지 보배라는 뜻으로 '부처님佛'과 '부처님이 설하신 법法', 그리고 그 가르침을 수행 실천하는 '스님僧'을 말하는 것입니다

삼보 가운데서도 중심이 되는 것은 '법', 즉 부처님께서 깨닫고 가르친 진리입니다. 불佛은 법法을 깨우친 분이며, 승僧은 법을 이해하고 실천함으로써 부처님과 같은 경지에 도달하고자 뜻하는 수행자를 말합니다. 우리 불자들은 누구나 삼보에 지극히 귀의하여야 합니다. 이 삼귀의가 불교의 첫걸음입니다.

1) 불보佛寶

부처님의 원래 말은 인도의 산스크리트어 '깨달은 자'를 뜻하는 '붓다Buddha'를 음역한 '부처'를 높여서 부르는 말입니다. 중국어로 한역漢譯하면 '불타佛陀'라

고 하며 흔히 약칭하여 '불佛'이라고도 합니다. 따라서 깨달음을 얻은 자는 누구나 부처이고 또 깨달음의 가능성은 누구에게나 있으므로 누구나 부처가 될 수 있는 것입니다.

경전에 의하면 석가모니불 이전에도 여러 부처님이 계셨고 미래에는 미륵불이 출현할 것이라고 하고 있습니다. 이러한 다불사상多佛思想은 기원전 1세기경 나타난 대승불교에서 더욱 발전하여 과거불, 미래불뿐만 아니라, 현재에도 다른 세계에 무수한 부처들이 있어 법을 가르치고 계신다는 것을 나타내고 있습니다. 이처럼 부처님은 시간과 공간에 따라 혹은 형상에 따라 숫자에 관계없이 나타날 수 있습니다.

그러나 우리가 흔히 말하는 부처, 즉 불타는 BC 6세기에 인도 카필라국에서 출생하여 태자太子의 지위를 버리고 출가하여 일체의 번뇌를 끊고 우주의 참 진리를 알아서 깨달음을 이루어 중생을 위해 설법하고 깨우쳐 주었던 석가모니부처님을 존경하여 일컬어 부르고 있습니다.

2) 법보法寶

법法은 인도의 산스크리트어 '다르마Dharma'의 한역

어로써 부처님의 가르침이며 부처님께서 깨달은 진리를 말하는 것입니다. 따라서 법이란 부처님께서 스스로 깨달은 현상세계의 실상을 구체적으로 나타내기 위한 가르침이라 할 수 있습니다. 그리고 이것들을 전하고 해석한 것이 불교경전인 것입니다.

초기의 불제자들은 부처님의 가르침을 '법'과 '율'이라는 두 가지로 분류하였고 나중에 이 법은 경장으로, 율은 율장으로 발전하였으며 이것들을 주석한 논서들은 논장으로 분류되었습니다. 이 경장, 율장, 논장을 삼장三藏이라고 부릅니다. 따라서 삼보중의 법보는 부처님의 가르침인 교법敎法을 가리킨다고 할 수 있습니다.

석가모니 부처님은 마지막 설법에서 "네 자신을 등불로 삼고, 법을 등불로 삼아라"라고 하셨으며 "내가 설한 법과 율이야말로 내가 멸한 후 그대들의 스승이 되리라." 라고 한 것 등은 모두 법의 절대적인 영원 불변성을 강조하고 있는 것이라 할 수 있겠습니다.

3) 승보僧寶

인도의 산스크리트어 상가sagha를 한역하여 '승가僧伽' 또는 줄여서 '승僧'이라고 하는데 원래는 '일정한 목적을 위하여 사람들이 하나로 연합된 단체'를 일컫는 말이었으나 불교에서는 출가수행자出家修行者의 교단敎團을 가리키는 말로 사용되었습니다.

승가僧伽의 출가수행자는 부처님의 가르침을 닦고 실천하며, 널리 펼치고, 발전시키고, 번역하고, 유지하는 책임을 가지고 있습니다. 따라서 부처님과 부처님의 가르침과 더불어 귀중한 불교의 삼보로써 존중되어지고 있습니다.

최초의 승가는 석가모니께서 깨달음을 얻은 후 녹야원鹿野苑으로 가서 함께 수행한 적이 있는 다섯 수행자를 교화敎化하여 제자로 삼았는데, 이때 처음으로 승가의 출발점이 되었다고 할 수 있습니다.

초기에는 출가수행자인 비구比丘 · 비구니比丘尼만 아니라, 재가신자在家信者인 우바새優婆塞:近善男 재가남성신자 · 우바이優婆夷:近善女 재가여성신자를 포함한 4부대중四部大衆을 의미하였으나, 점차 출가수행자의 단체만을 일컫는 말이 되었습니다.

2.기본 자세

1) 차수와 합장

　차수叉手는 수행도량에서 합장을 하지 않고 서 있거나 걸을 때 취하는 손의 자세이다. 차수는 손을 어긋나게 마주 잡는다는 뜻으로, 왼손 손등 부분을 오른손으로 가볍게 잡는 것을 말한다. 서 있을 때는 차수한 손을 하단전 부분에 자연스레 갖다 대고, 앉아 있을 때는 차수한 채로 무릎 위에 단정히 올려놓으면 된다. 이때 왼손과 오른손이 바뀌어도 괜찮다.

　합장合掌은 불자들이 가장 많이 취하는 자세로, 불교의 정통 인사법이다. 두 손바닥을 마주 대서 합하는 것을 합장이라고 하는데, 마주 닿은 손바닥 사이에 틈이 있거나 손가락 사이가 벌어지지 않도록 해야 한다. 두 손을 모아 마주하는 것은 마음을 모은다는 뜻이며, 나아가 나와 남이 둘이 아니라 하나의 진리로 합쳐진 한 생명이라는 뜻을 담고 있다.

합장은 법회 등 불교 의식이나 의례 때 부처님께 예를 올리는 자세이다. 불자끼리는 합장한 채 머리를 숙여 반배하고 상대방에게 존경하는 마음으로 인사한다. 합장은 서 있거나 앉아 있을 때 취할 수 있다.

동작으로 볼 때는 차수에서 합장, 또는 합장에서 차수로 연결되어야 자연스럽다. 수계식 때에는 장궤합장을 하는데, 무릎을 바닥에 대고 다리를 세운 채 합장을 하는 것을 가르킨다.

2) 좌선자세와 꿇어앉는 자세

좌선坐禪 자세는 앉아서 참선할 때의 기본자세이다. 부처님을 비롯하여 역대 위대한 수행자들이 이 자세로 수행하셨고, 오늘날의 수행자들도 이 자세로 앉아 용맹 정진한다. 좌선자세에는 결가부좌結跏趺坐와 반가부좌半跏趺坐가 있다. 결가부좌는 오른쪽 다리를 왼쪽 허벅지 위에 올려놓고, 왼쪽 다리를 오른쪽 허벅지 위에 올려놓은 자세이다. 이때 두 다리를 허벅지 위에 깊숙이 올려놓아야 자세도 안정되며 오래 유지할 수 있다. 반가부좌는 좌복 위에 앉아 왼쪽 다리를 오른쪽 다리위에 올려놓거나(길상좌), 오른쪽 다리를 왼쪽 다리 위에

올려놓는다.(항마좌)

끓어앉는 자세는 독경이나 염불을 할 때 주로 취한다. 오래 유지하기는 어렵지만 예경이나 축원을 할 때는 건강이 이상이 없는 한 이 자세를 취해야 한다. 무릎을 꿇고 앉을 때는 절할 때처럼 오른 발을 밑에 두고 그 위에 왼발을 'X'자로 올려놓는 것이 원칙이다. 그러나 힘든 자세임을 감안하여 각자의 습관대로 발을 바꾸거나 두 발을 나란히 놓는 등 편하게 해도 좋다. 끓어앉는 자세를 취할 때는 허리를 곧추세워 몸의 균형을 유지해야 한다.

3) 절의 의미와 공덕

절은 불교 의식 때 가장 많이 하는 동작이다. 삼보(三寶:佛·法·僧)에 대한 예경과 상대방을 존경하는 마음의 표현이며, 자신을 스스로 낮추는 하심下心의 수행 방법 중 하나이다. 절 자체가 하나의 훌륭한 수행 방법으로 자리 잡아 가고 있으며, 참회나 기도의 방법으로 108배, 1080배, 3000배 등을 한다.

예부터 절을 많이 하면 건강과 아름다움을 유지하고, 남들로부터 신뢰와 호감을 얻으며, 스스로 두려움이 없어지고, 부처님께서 항상 보호해 주시며, 훌륭한 위엄을 갖추게 되고, 죽어서 극락에 태어나며, 마침내 깨달음을 이룰 수 있다고 한다.

(1) 반배半拜, 합장저두合掌低頭

삼보에 예경을 올릴 때는 큰절을 하는 것이 원칙이나, 다음의 경우에는 반배를 한다.

- 절 입구에서 법당을 향하여 절할 때
- 길에서 스님이나 법우法友를 만났을 때
- 법당 밖에서 불탑에 절할 때
- 야외에서 법회를 할 때
- 동참 대중이 많아서 큰절을 올리기 적합하지 않을 때
- 3배나 108배, 1080배, 3000배 등의 오체투지를 하기 전과 마친 뒤
- 부처님께 헌화를 하거나 향, 초 등의 공양물을 올리기 직전과 올린 뒤
- 법당에 들어가거나 나오기 전
- 기타 필요 시

(2) 오체투지五體投地

삼보에 예경을 올릴 때는 오체투지의 큰절을 하는 것이 원칙이다. 오체는 몸의 다섯 부분인 두 팔꿈치와 두 무릎, 이마를 말한다. 오체투지는 몸의 다섯 부분을 땅에 닿게 엎드려 하는 절이다. 온몸을 땅에 던져 절을 하면서 공경하는 이를 마음속 깊이 받드는 것이다.

오체투지를 하는 방법은. 우리나라에서는 전통 예법인 큰절의 원형을 그대로 유지하되, 반드시 몸의 다섯 부분이 땅에 닿아야 한다. 오체투지는 자신을 무한히 낮추면서 상대방에게 최대의 존경을 표하는 동작으로서, 가장 경건한 예법이다.

큰절하는 동작을 순서대로 따라해 보자.

먼저 서 있는 자세에서 합장 반배를 한다. 그런 다음 고개를 자연스럽게 숙이며 무릎을 꿇고 앉는다. 엉덩이를 발뒤꿈치에 붙이면서 양 손으로 바닥을 짚고 오른발 위에 왼발을 'X' 자로 올려놓는다. 양손으로 바닥을 짚을 때는 손끝을 약간 정도 안으로 오므린다. 이마, 양 팔꿈치, 양 무릎을 바닥에 대고 엉덩이는 발뒤꿈치에 붙인 자세가 오체투지이다.

접족례는 엎드려 절하면서 부처님의 발을 받드는 것으로, 마음을 다해 부처님께 존경을 표하는 행위이다. 접족례를 할 때는 손바닥을 위로 하여 귀밑 높이까지

올리되 부처님의 발을 조심스레 들어 올려서 내 머리를
부처님의 발에 댄다는 기분으로 한다.

일어설 때는 엎드릴 때와 정반대 순서로 하는데, 먼
저 손바닥을 다시 뒤집어 두 손을 거두고 합장하면서
다리를 풀고 본래의 자세로 일어선다.

(3) 고두례叩頭禮

절을 아무리 많이 한다 해도 부처님을 향한 지극한
예경의 마음을 다 표현할 수는 없다. 그래서 절을 다
마치고 일어서기 전, 부처님의 한량없는 공덕을 생각
하며 지극한 마음으로 한 번 더 머리를 조아리는 것이
고두례이다. 유원반배唯願半拜라고도 하는데, 무수히 예
경하고 싶은 마음의 아쉬움을 표하는 예법이라 할 수
있다. 고두례는 3배뿐 아니라 108배를 비롯, 3000배 등
모든 절의 맨 마지막에 올린다.

고두례는 마지막 절을 마치고 일어서기 직전, 오체투
지를 한 상태에서 고개를 들고 두 손을 얼굴 앞에서 모
아 합장하는 것이다. 이때 손끝이 약간 들리도록 하되.
머리 바깥쪽으로 나가지 않도록 한다. 그런 다음 손바
닥과 이마를 바닥에 대고 일어서는 것이 고두례이다.

3. 사찰 예절

사찰은 부처님을 모시는 신성하고도 장엄한 곳이다. 속세의 번뇌를 씻고 마음을 깨끗이 하는 곳이며, 자신의 잘못을 참회하고 올바른 삶을 다짐하는 곳이다. 그리고 스님들이 상주하면서 공부하고 수행하는 도량이기도 하다.

사찰에 가면 일주문一柱門, 금강문金剛門, 천왕문天王門, 불이문不二門 또는 해탈문解脫門을 지나는 것이 통례다. 사찰의 중심인 큰 법당에 이르는 길은 여러 개가 있지만, 반드시 정해진 출입문을 통해 들어가야 한다.

사찰의 들머리인 일주문을 들어서면서부터는 부처님의 도량이므로 마음을 가다듬어야 한다. 일주문에서 법당을 향해 합장 반배를 올리면서부터 사찰 예절이 시작된다. 절에서는 항상 가운데[어간御間] 통로를 피해야 한다. 부처님 법을 믿고 따르는 이는 항상 자기를 낮추고 다른 이를 공경해야 한다. 사찰 안에서는 경건한 몸가짐으로 좌측통행을 하는 것이 좋다. 옷차림 또한 단정해야 한다. 지나치게 노출이 심한 옷이나 생명을 경시한 모피 옷 등은 절에서는 삼가야 할 옷차림이다.

일주문을 지나 사천왕을 모신 천왕문을 만나면 같은 방법으로 반배의 예를 올린다. 사천왕은 불교를 보호하는 수호신이다. 법당에 이르기 전에 역대 조사의 부도浮屠를 지나게 되면 역시 합장 반배를 한다. 도중에 스님이나 법우法友를 만나도 합장 반배를 해야 한다.

절에 와서는 제일 먼저 법당에 들어가 참배를 하고 나서 볼일을 보는 것이 불자의 예절이다. 격을 갖춘 사찰에서는 일주문, 천왕문, 해탈문을 지나서 곧바로 올라가면 대웅전 마당에 이른다. 마당에 모신 탑전에 예배를 드리고 계단을 올라가면 비로서 법당에 이른다. 법당 앞의 탑에는 부처님의 사리가 모셔져 있다. 사리를 모신 탑은 부처님의 몸과 마음을 담고 있으므로 부처님을 대하듯 반배로 3배의 예를 올린다. 탑을 돌며 기도할 때는 탑을 오른쪽으로 돈다. 이것은 왼쪽보다 오른쪽을 중시하는 인도의 전통예법을 따른 것이다.

법당 아래 계단을 오를 때는 좌측통행을 하는 것이 좋다. 중앙계단과 좌우의 계단이 따로 있으면 좌우 계단을 이용한다. 법당에 들어갈 때는 신발을 가지런히 벗어 놓아야 한다. 정갈한 마음은 신발 벗는 태도에서

도 나타나는 것이다. 지팡이나 우산을 가져온 경우, 법
당 벽에 기대어 놓지 않도록 한다.

4. 법당 예절

법당으로 들어가는 문은 여러 개가 있다. 정면에 중앙 문이 있고 좌우 양쪽에 각각 하나씩 문이 더 있다. 그리고 법당 좌우의 측면에도 문이 하나씩 더 있는 것이 우리나라 법당의 일반적인 구조다.

법당 안에는 불보살님을 모신 상단上壇과 좌우에 신중단神衆壇이 설치되어 있다. 주존불이 모셔져 있는 주좌主座를 기준으로 가운데 통로가 어간御間이고, 정면으로 난 가운데 문이 어간문이다. 법당을 출입할 때는 어간문을 이용해서는 안 되고 옆쪽 문이나 좌·우측의 문을 이용해야 한다.

법당은 부처님을 모시고 스님과 불자들이 예불하고 정진하는 신성한 장소다. 문을 열고 닫을 때나 걸을 때 정숙하지 않으면 다른 사람의 기도 정진에 방해가 된다. 법당 문을 열고 닫을 때는 오른손으로 문고리를 잡고 왼손으로 오른손 손목을 공손히 받쳐 잡은 뒤, 문을 약간 들어 올려서 열고 닫아야 소리가 나지 않는다.

법당에 들어서면 상단의 부처님을 향해 합장하고 반배를 올린다. 공양물을 올리거나 참배하기 위해 움직일 때는 합장한 자세로 조용히 걸어야 한다. 가운데 통로인 어간으로 다녀서는 안 되며, 부득이 어간을 지나갈 때에는 합장한 자세로 허리를 굽히고 통과한다.

향과 초는 자기 몸을 태워 좋은 향기와 밝은 빛을 중생에게 회향함으로써 공양의 참뜻을 보여주는 공양물이다. 촛불과 향불이 이미 피워져 있는데도 불구하고 꼭 자기가 준비한 것을 다시 올리려는 것은 불자로서 올바른 태도가 아니며, 공양의 참 의미를 망각한 행동이다. 따라서 촛불과 향불이 피어 있을 때는 자신이 준비해온 공양물을 불전에 놓고 3배만 올리고 나온다.

향을 올릴 때는 합장한 자세로 조용히 걸어가 불단 앞에서 반배를 올린다. 오른손으로 향의 중간을 잡고 왼손으로 오른손목을 받쳐 잡고, 촛불에 대서 향에 불을 붙인다. 손으로 불꽃을 끄고, 향을 이마 높이로 올려 경건한 마음으로 예를 표한 뒤 향로 중앙에 반듯하게 꽂는다. 합장한 자세로 반배하고 제자리로 돌아가서 참배를 드린다.

불단에 향공양을 올린 다음에는 신중단으로 가서 같은 방법으로 향을 올리고 참배한다. 법당 안이 복잡할 때는 그 자리에서 방향만 틀어 참배해도 된다.

법당을 나올 때는 먼저 다른 사람이 법당 안에 남아 있는 지 확인한다. 아무도 없을 때는 촛불을 끈 후 정돈하고 나온다. 촛불을 끌 때는 손이나 촛불을 끄는 도구를 사용하고, 입으로 불어 끄지 않는 것이 예의이다. 법당은 대부분 목조건물이므로 화재에 조심해야 한다.

촛불을 끈 다음, 뒤로 물러서서 합장 반배하고 법당을 나온다. 나올 때에도 들어갈 때와 마찬가지로 합장한 자세로 법당 옆문으로 와서 상단의 부처님 전에 합장 반배 한 후 뒷걸음으로 법당 문을 나온다.

법당을 나와 신발을 찾아 신되, 뒷사람은 앞사람이 신발을 다 신을 때까지 차분한 마음으로 기다린다. 자기 신발을 다 신은 뒤에는 다른 법우의 신발을 신기 편한 자리에 옮겨 놓거나 가지런히 정리한다.

다음은 법회나 예불 등 대중들이 많은 법당에서 자주 일어나는 눈에 거슬리는 행동들을 모아 보았다.

- 어간에 앉는 행위
- 아는 사람의 자리를 미리 잡아 놓는 행위
- 좌복(기도할 때 쓰는 방석)을 풀썩거리며 깔거나 한 손으로 던져 놓는 행위
- 좌복을 밟고 다니는 행위

- 사용한 좌복을 정리하지 않고 나가는 행위
- 남이 올린 초나 향을 빼내고 자기가 준비한 것으로 바꾸는 행위 등

5. 예불과 법회 예절

법회와 예불은 불교 신행의 핵심이라고 할 수 있다. 예불은 하루를 시작하고 마무리하면서 부처님께 예를 올리는 의식이고, 법회는 부처님 말씀을 배우고 익히며 불자로서의 삶을 다짐하는 시간이다. 그러므로 불자들은 법회와 예절이 있을 때는 반드시 참석하여 부처님께 정성스런 마음으로 참배하고 귀를 기울여야 한다.

다만 예불은 사회생활을 하면서 여러 여건상 동참하기 힘들지만, 수련회 등의 행사나 기도·수행 및 기타의 일로 사찰에서 자는 경우에는 반드시 참석해야 한다. 새벽 예불에 참석할 때는 도량석 목탁소리가 들리면 잠자리에서 일어나 세수를 하고 자리를 정돈한 다음, 맑은 정신으로 동참해야 한다.

법회는 불자 신행 생활의 중심이다. 법회를 통해 부처님의 말씀을 공부하고, 불자로서의 몸가짐을 익히며, 다른 불자들과 도반의 정을 도탑게 할 수 있다. 그렇게 익힌 부처님 말씀을 이웃에 널리 전하는 것도 불자의 의무이자 도리이다. 진리를 모르는 삶은 어둠속에서 등불 없이 길을 가는 것과 마찬가지다.

법회는 일정한 의식에 따라 진행된다. 그러므로 법회에는 시간에 맞춰 참석해서 처음부터 끝까지 동참해야 한다. 특히 바닥에 앉는 법당 구조상 법회 도중에 들어오건 나가는 것은 경건한 분위기를 해치기 쉽다. 설법만 들으려고 설법시간에 맞춰서 들어오거나, 또는 설법이 끝나면 바로 나가는 사람들이 있는데, 이 또한 적절치 못한 행동이다. 급한 일이 있어 어쩔 수 없이 도중에 나가야 할 때는 미리 출입하기 쉬운 자리에 앉았다가 방해되지 않게 움직인다.

설법내용을 잘 안다고 해서 가볍게 여기거나 너무 어렵다고 해서 포기해서는 안된다. 아는 내용은 다시 한 번 새겨서 듣고, 모르는 것은 더 공부해서 이해하려 해야 한다.

다음은 절에서 행하는 법회 식순이다. 그러나 법회 식순은 각 사찰의 전통과 특성에 따라 다를 수 있다.

- ◘ **정근 및 헌공** – 부처님의 명호를 부르며 정성껏 마련한 보시금을 불전함에 넣는 의식

- ◘ **삼귀의례** – 삼보께 지극한 마음으로 귀의하는 의례. 노래로 부르는 경우가 많다.

- ◘ **반야심경 봉독** – 지혜의 완성을 염원하며 다 함께 읽는다.

- ◘ **청법가** – 법사스님을 청하는 노래

- ◘ **입 정** – 법문을 듣기 앞서 흐트러진 마음을 가다듬는 시간

- ◘ **법 문** – 부처님의 교법을 간절히 듣는다.

- ◘ **찬불가** – 부처님을 찬탄하는 노래

- ◘ **사홍서원** – 네 가지 큰 서원을 실천하겠다는 다짐의 노래

- ◘ **기타** – 공지사항 등

6. 스님에 대한 예절

스님은 삼보에 속하는 출가자로서 재가불자에게는 스승과 같은 공경의 대상이다. 재가자는 스님 가까이에서 가르침을 받을 수 있고, 수행자의 진정한 모습을 본받을 수 있다. 그러므로 언제 어디서나 스님을 대할 때는 존경의 마음으로 합장 반배해야 한다. 불교에 대해 궁금한 것이 있으면 재적 사찰의 스님이나 평소 존경하는 스님을 찾아가 가르침을 청하고 법문을 들으면서 신심을 견고히 해야 한다.

길에서 스님을 만나면 그 자리에서 서서 합장 반배하고, 실내에서는 3배의 예를 올려야 한다. (때에 따라서는 1배를 하기도 한다.) 그러나 스님이 좌선 중이거나 경행할 때, 공양할 때, 양치질이나 목욕할 때, 누워 있을 때는 절을 하지 않아도 된다.

스님을 모실 때는 스님과 마주 서거나 스님보다 높이 서 있는 것은 예의가 아니다. 작게 말해도 잘 들리도록 가까이에서 모셔야 하며, 불편하게 느끼시지 않도록 주의한다. 또한 스님이 권하기 전에는 자리에 앉지 않으며, 묻지 않으면 말하지 않는 것이 예의이다.

큰스님을 뵙고 가르침을 얻고자 할 때는 먼저 시자侍者 또는 종무소를 통해 허락을 받는 것이 절차이다. 스님 방에 들어갈 때는 법당에 들어갈 때와 같이 행동해야 하며, 큰스님께는 3배를 올리는 것이 예의다.

스님은 재가 불자의 정신적 지도자가 되기 위해 정진하는 출가 수행자이므로, 수행에 불편함이 없도록 옷이나 음식, 약 등을 정성껏 공양해야 한다. 스님들이 더욱 정진하여 참다운 스님이 될 때, 재가불자 또한 그 가르침을 받고 깨달음의 길로 나아가는 진정한 불자가 될 수 있는 것이다.

7. 공양 예절

향·초·꽃·쌀·차·과일 등의 시물施物을 부처님께 바쳐 목마르고 배고픈 중생에게 회향하고, 중생의 고통을 여의게 해주는 것을 공양이라고 한다. 전통적으로 향·초·꽃·쌀·차·과일은 육법공양이라 해서 중요시 해왔다. 공양供養이란 원래 스님들에게 수행에 필요한 여러 가지 물건이나 의식을 드려 깨달음의 텃밭을 일구게 한다는 의미지만, 삼보께 올리는 정성스러운 모든 것은 다 공양의 의미로 확대되었다. 법회 때 찬탄의 노래를 부르는 것을 음성공양이라고 하는 것도 이 때문이다.

온 마음을 다해 바치는 정성스러운 공양은 삼륜三輪이 청정할 때, 즉 받는 이, 받는 물건, 주는 이가 청정할 때 크나큰 공덕이 뒤따른다고 한다.

한편, 불교에서는 밥 먹는 것도 '공양'이라 한다. 밥 먹는 행위도 하나의 의식이자 수행이라고 생각하기 때문이다.

한 방울의 물에도 부처님의 은혜가 스며있고,
한 알의 곡식에도 많은 사람의 노고가 담겨 있습니다.
몸과 마음을 바로하여 위로는 깨달음을 구하고
아래로는 중생을 이롭게 하자는 하는 발원을 세웁니다.
-「공양게」

이 「공양게」에는 공양을 하는 마음가짐이 잘 드러나 있다. 즉 위로는 부처님의 깨달음을 구하고, 아래로는 중생을 위한 이타행을 하고자 음식을 먹는 것이다. 한 톨의 쌀이 내 입에 들어오기까지 농부를 비롯해서 얼마나 많은 사람들의 정성과 노력이 있었는지를 살피고 감사하는 마음을 가져야 한다. 그 때문에 밥알 하나도 함부로 버리지 않는 것이 불가의 풍습이다.

공양법에는 크게 상공양과 발우공양이 있다. 상床공양은 일반 가정에서처럼 밥상이나 식탁에서 공양하는 것으로 공양하는 사람 수가 적을 때 하는 공양법이다. 발우鉢盂공양은 불교 전통식 공양법으로, 많은 대중과 같이 공양하거나 수련회 및 수행 시에 한다. 대중이 함께 모여 정진하는 도량에서는 발우공양을 하는데, 여러 사람이 함께 한다고 해서 이를 대중大衆공양이라고도 한다.

발우는 스님들의 밥그릇을 말한다. '발鉢'은 산스크

리트의 음역인 발다라鉢陀羅의 약칭이며 '우盂'는 밥그릇을 뜻하는 한자이다.

발우공양의 절차에는 부처님과 음식을 만든 사람들의 은혜에 감사하는 마음과, 중생의 고통을 깊이 생각하고, 공양을 먹고 얻은 힘을 모든 중생에게 회향하겠다는 다짐이 담겨 있다.

부처님께서는 당시 인도의 수행 풍습대로 매일 사시(巳時 : 오전 9시 ~ 11시)에 한 끼 공양을 하셨는데, 커다란 그릇 하나에 시주 받은 음식을 다 담아 드신 데서 유래하였다. 발우공양은 음식물 쓰레기가 심각한 환경 문제로 대두된 요즘, 이를 근본적으로 해결할 수 있는 좋은 대안이 되고 있다. 불교계에서 시작해 사회 전체로 퍼져가고 있는 '빈그릇운동'도 이 발우공양 정신에서 비롯된 것이라 할 수 있다.

8. 재가불자끼리의 예절

　출가하지 않고 가정생활을 하면서 불법을 닦는 이들을 재가불자라고 한다. 재가불자끼리는 ○○법우님, ○○거사님, ○○보살님 등으로 불러야 하며, 법명이 있으면 앞에 법명을 붙여 부르는 것이 예의이다. 길이나 절에서 만나면 합장 반배로 정중히 인사하고, 법회 중일 때는 목례를 나눈다.

　가까운 불자가 경조사를 당했을 때는 즉시 찾아가 도와야 하며, 어려운 일이 있을 때는 자기 일처럼 생각하고 함께 해결해야 한다. 재가불자 사이에 시비가 있을 때는 화합정신으로 화해해야 한다.

찬불가

1. 삼귀의

최영철 작곡
서창업 편곡

거 룩 한 　 부-처 님 께 　 귀 의 합 니 다

거 룩 한 　 가-르 침 에 　 귀 의 합 니 다

거 룩 한 　 스-님 들 께 　 귀 의 합 니 다

2. 찬양합니다

조학유 작사
작곡자 미상

1.둥 글 고또 한 밝 은빛은 우 주를싸 고 고
2.저 모 든하 늘 가 운데서 가 장높 고 이
3.자 비 의큰힘 향 하는곳 가 림없도 다 우

르 고다 시 넓 은덕은 만 물을길 러 억
넓 은세 상 만 류중에 제 일귀하 사 지
려 의원 함 낱 낱따라 사 랑하시 사 인

만 겁토 록 변 함없 는 부 처님전 에 한
혜 와복 덕 구 족하신 부 처님전 에 한
력 과행 복 주 옵시 는 부 처님전 에 한

마 음함 께 기 우려 서 찬 양합니 다
마 음함 께 기 우려 서 찬 양합니 다
마 음함 께 기 우려 서 찬 양합니 다

3. 청법가

이광수 작사
정운문 작사
이찬우 작곡

1. 덕 높-으 신 스-승님   사 자-좌에 오 르 사 - -
2. 덕 높-으 신 법-사님   대 법-좌에 오 르 사 - -

사 자-후 를 합-소서   감 로-법 을 주 -소서
법 을-설 하 옵-소서   맘 을-씻 어 주 -소서

옛 인연 을 이 어 서   새 인연 을 맺 -도록
모 두연 심 하 여 서   같 이성 불 하 -도록

대 자-비를 베-푸사   법 을-설 하 옵 -소서
대 원-력을 펴 -시사   길 을-인 도 하 -소서

450

4. 새법우 환영가

김어수 작사
김용호 작곡

1. 부 처 님 의 은 덕 으 로 참 - 나 를 찾 으 니
2. 사 바 연 에 끄 달 린 몸 나 - 벗 어 던 지 고
3. 먼 길 이 나 험 한 길 도 나 - 같 이 도 우 며

오 늘 부 터 온 - 우 주 에 주 인 이 되 었 네
내 님 따 라 깊 - 은 곳 에 알 몸 으 로 와 서
우 리 들 은 형 - 제 자 매 손 잡 고 갑 시 다

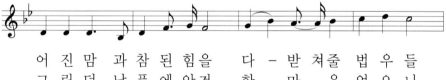

어 진 맘 과 참 된 힘 을 다 - 받 쳐 줄 법 우 들
그 립 던 남 품 에 안 겨 한 - 마 - 음 얻 으 니
서 로 서 로 사 랑 하 고 서 로 용 - 서 하 면 은

한 겨 레 의 짙 - 은 피 로 보 련 화 피 우 세
세 세 생 생 깊 - 은 되 어 잠 들 게 하 소 서
사 바 세 계 이 - 대 로 가 극 - 락 이 라 네

5. 어린이 집회가

정운문 작사
추월성 작곡

1. 반가워라 어린이 우리 형제들
2. 즐거워라 어린이 우리 남매들
3. 기쁘도다 어린이 우리 동무들

헤 – 어진 그 날 – 로 부 처님 품 안에서
부 – 처 님 은혜 – 로 부 모님 품 안에서
오 – 늘도 공손 – 히 스 님과 선 생님께

포 근히 자 라고 예 쁘게 자 라서
건 강히 자 라고 명 랑히 자 라서
거 룩한 교 훈을 많 – 이 받 아서

삼 보님 전 오 늘 함께 모 – 이 었 네
배 우 려 고 오 늘 서로 모 – 이 었 네
부 처 님 의 큰 일꾼이 되 – 어 보 세

6. 사홍서원

최영철 작곡
김용호 편곡

장중하게

중 생을 다   건 지오리 다

번 뇌를 다   끊 으오리 다

법 문을 다   배 우오리 다

불 도를 다   이 루오리 다

7. 산회가

정운문 작사
정민섭 작곡

몸 은비-록 이 자리에서 헤어-지지 만

마 음-은 언 제라도 떠 나-지 마 세

거 룩 하 신부처 님 -항 상모시-고

오 늘배-운 높 은법문 깊 이-새 겨 서

다 음 날 반 갑 게 -한 몸 한 뜻 으로

부 처 님 의성전-에 다 시 만 나-세

8. 보현행원

정운문 작사
정민섭 작곡

장엄하고 간절하게

1. 내 이제 두손-모아 청하옵나니
2. 내 이제 엎드-려서 원하옵나니

새방세계 부처-님 우주대-광-명
영겁토록 열반-에 들지맙-시-고

두 눈에 둔이 내몸 굽어살피-사
이 세상의 중생들 굽어살피-사

위 - 없는 대법-문을 널리여-소-서
삼계화택 심한-고난 구원하-소-서

(후렴)

허 공계와 중생-계가 다할지라-도

오 늘-세운 이서-원은 끝없아-오-리

9. 부처님 마음일세

서창업 작곡

456

11. 빛으로 돌아오소서

광 덕 작사
서창업 작곡

1. 영 원한광 명   아 미타부 처 –님
2. 끝 없는수 명   아 미타부 처 –님
3. 광 명의나 라   아 미타극 락 세계

그 품 에   안 –기–려   님 은가 셨   네
크 – 신   은 –혜–에   고 이잠 드소서
연 – 꽃   봉 우리–에   태 어나소   서

지 난시 절 의   정 다운모   습
대 자대 – 비   관 세음보   살
부 처님뵙 고   큰 법깨치   어

살 아계 신– 듯   가 까이있   네
연 꽃수 레– 로   맞 아주시   네
찬 란한 빛으 로   돌 아오소   서

458

10. 관세음의 노래

법
김동
김용

조금 느리고 경건하게

1. 삼 계의 중-생-을 천 안으로 살-피시
2. 임 이여 나-투소서 그 모습 - 보-이소

고 해의 중-생-을 천수로써건지시 는
어 두운 이세상 - 에 그-모습보이소 서

자 비하 신 관 세음 - 보 살님 께 귀의하오니
목 마른 - 중 생에 게 감 로수 를 내리시 - 고

저 희들의 어린마 - 음 거-두어주옵소 서
길 잃은 - 중생에 - 게 바른길을열으소 서

느리게

나 무구고구난 관세-음-보살 나무대자대비 관세-음-

12. 자비 방생노래

이혜성 작사
서창업 작곡

발랄하게

1. 내 몸 의 자 유 자 재   바 라 고 있 다 면
2. 내 가 족 부 귀 창 성   바 라 고 있 다 면
3. 내 삶 의 영 생 불 멸   바 라 고 있 다 면

잡 히 어 죽 을 목 숨   풀 어 서 살 리 고
죄 없 어 죽 을 목 숨   돌 이 켜 살 리 고
무 참 히 죽 을 목 숨   뉘 우 쳐 살 리 고

병 들 은 중 생 을   도 와 서 고 치 면
굶 주 린 중 생 을   도 와 서 보 태 면
고 달 픈 중 생 을   도 와 서 건 지 면

자 유 는 돌 아 와 서   내 몸 을 지 키 네
행 복 은 찾 아 와 서   내 가 족 섬 기 네
광 명 은 영 겁 토 록   내 삶 을 비 추 네

방 생 방 생 자 비 방 생

방 생 방 생 구 고 방 생

13. 부처님 오신날

김어수 작사
김용호 작곡

천천히 장엄하게

1. 꽃 보 라 흩 날 리 는 룸 비 니 동 - 산
2. 사 뿐 히 자 욱 마 다 바 치 는 연 - 잎

한 줄 기 - 찬 란 한 빛 이 - - - - 우주를덮고
태 양 보 다 밝 은 등 높 이 - - - - 드 - 옵시고

거 룩 한 싯 탈 태 자 탄 생 하 - 실 - 때 - -
사 생 의 모 든 고 난 녹 여 주 - 신 - 님 - -

유 아 독 존 큰 소 리 누 리 퍼 지 네
이 세 상 에 오 신 날 사 월 초 파 일

460

14. 우리도 부처님같이

맹석분 작사
이달천 작곡
이길상 편곡

1. 어 둠은 한－순간　　그 대로가빛이라네
2. 원 망은 한－순간　　모 든것이은혜라네

바 른생각바른 말　　바 른 행동이 －
자 족하는마－음　　감 사하 는마음이 －

무 명을 거－두고　　우 주를 밝－히
나 누는 기－쁨을　　맛 볼수있－－

는　　이 제는 가－슴깨 달을수있－다네　　정진
는　　이 제는 여실히

하 세 정진하 －세　　물러남이없는정 － 진　　우리

도 부－처－님 같이　　우 리도부처님같 이

15. 연등

선진균 작사
김용호 작곡

너무 느리지 않게

1. 광명의 등   지혜의 등   연 등연등 연 - 등
2. 중생의 등   자비의 등   연 등연등 연 - 등

불 을   밝 - 히자   기 - 원   드 - 리며
불 을   밝 - 히자   서 - 원   세 - 우며

둥 근등   네 모 등   마 음을   밝 - 히자
연 꽃등   팔 모 등   누 리를   밝 - 히자

봉 축   봉 - 축   연 등연등 연 - 등
봉 축   봉 - 축   연 등연등 연 - 등

462

16. 사박걸음으로 가오리다

나태주 작사
조광재 작곡

빠르지않게

1. 눈 을 뜨 고 바라보 - 면   어 디 서 나 부처님모습
2. 귀 를 열 고 들어보 - 면   어 느 때 나 부처님음성

산 도 들 도 강 - 물 - 도   부 처 님 - 모 - 습
언 - 제 나 어디서 - 나   부 처 님 - 음 - 성

아 름 다 워라 찬란하여라   꽃 - 피 고 새잎나 - 는
자 비 로 워라 고마우셔라   지 저 귀 는 새 - 소 - 리

한 그루나 무와 풀잎속에서 도   부 처 님고우신미 소
물 소리가랑잎하나떨리는소리에 도   따 뜻 - 한 - 음 - 성

바 람 되 어 가 - 오리다   구 름 되 어 가 - 오리다

때 에절 은 옷을벗 - 고   육 신 - 을 - 벗 - 고

눈 - 부 신 부처님나라   눈 - 부 신 부처님나라

사 박 사 박 사박걸음으로   내가지금가 - 오리 다

17. 우란분절의 노래

우 성 작사
서창업 작곡

차분하게

1. 휘영 청 달 -밝은 칠월 보름 백 -중에
2. 목련 의 효 -성이 칠월 중원 밝 -히어
3. 낳실 제 아 -픔을 기쁨 으로 아 -시고

정 성어린 백 -종과실 삼보 님께 올 -리고
사 부모의 아 -귀보를 벗어 나게 하 -나니
기 를제의 괴 -로움을 자비 로써 달 -래신

삼께 고해 괴로 움을 벗 -어나지 못하 는
고통 없는 화락 천에 그 -에다시 태어 나
바다 같은 부모 님의 크 -나크신 은혜 를

다생 부모 영가 를 천도 합 -니 다 -
무량 복락 무한 히 누리 시 -었 네 -
삼보 님께 아뢰 니 살피 옵 -소 서 -

464

18. 탑돌이

목탁에 맞추어

작사 · 작곡 미상

나 무아 미 타 불 - - 관 세 음 보 살

도 세 도 세 - - 백 팔 번 을 도 세

1. 만 중 없 는 - - 나 라 없 고 - -
2. 삼 계 화 택 - - 불 난 집 에 - -
3. 중 생 제 도 - - 넓 은 문 을 - -
4. 관 음 보 살 - - 대 자 비 로 - -
5. 보 현 보 살 - - 높 은 행 원 - -
6. 중 생 이 름 - - 다 하 도 록 - -

중 생 없 는 - - 부 처 - 있 나
맑 은 연 꽃 - - 파 워 - 내 세
남 김 없 이 - - 모 두 - 여 세
민 중 구 제 - - 앞 장 - 서 네
꿈 속 에 도 - - 잊 지 - 마 세
잠 시 라 도 - - 쉬 잖 - 으 라

19. 해탈의 기쁨

김송운 작사
오인혁 작고
이길상 편곡

1. 한 생 각바로돌 - 려   얽힌번 뇌끊 고보 니
2. 윤 회 에고해에 - 서   피안언 덕이 르르 니

천 상 천 하넓은우 - 주   걸릴 것 이하나없 - 고
어 두 웠 던나의마 - 음   한순 간 에맑아지 - 고

평 등 한성품속 - 에   너 와 내 가따로없 - 네
본 래 의천진면 - 목   진 실 하 게들어나 - 네

대 - 자재 - 유아독 존   바로 이 것인 - 것 을
위 - 없는 - 임의진 리   영원 한 빛가 - 운데 에

해 탈 의참된기 - 쁨   사 바 세 계가득하 - 네
열 반 의대합창 - 이   온 누 리 에가득하 - 네

466

20. 홀로 피는 연꽃

우 성 작곡
서창업 작곡

사무치게

1. 맑은 바 람 스-미 는 초여름 연못 에
2. 해가 지 는 산-기 슭 고요한 연못 에

모든시 름 잊-은 듯 초연하 게 피-는 모 습
임은가 도 홀로남 아 청아하 게 피-는 모 습

홀깃보 면 여민듯 이 다시보 면 웃는듯 이
눈을뜨 면 선연하 게 눈감으 면 아련하 게

연연히 풍겨오 는 그윽한 임의향 기
오탁의 연못속 에 아름도 하시어 라

아 - - 연 꽃 이 시 - 는 구 나

아 - - 연 꽃 이 피 - 는 구 나

21. 큰 스승님

정운스님 작사
정부기 작곡

Andante

1. 몸 - 의힘 지 - 혜의힘 맘 껏넣어 주시 - 는
2. 마 음의눈 생 - 명의눈 맘 껏열어 주시 - 는

우 리 들의 빛이 - 시며 광명 이신 큰스승님
우 리 들의 영혼이시며 숨결 이신 큰스승님

참 된 진 리의 모 습을 깊이 감사 - 하 - 오며
큰 - 위 신력 떨 치고 믿고 감사 - 하 - 오며

영원한 미래세가 다하도록 예경 하겠 - 사 오니
영원한 미래세가 다하도록 예경 하겠 - 사 오니

몸 - 의힘 지 - 혜의힘 맘 껏넣어 주시 - 는
마 음 의눈 생 - 명의눈 맘 껏넣어 주시 - 는

우 리 들의 빛이 - 시며 광명 이신 큰스승님
우 리 들의 영혼이시며 숨결 이신 큰스승님

우 우 우 우 우 - 우

468

법요집

2015년 8월 1쇄 발행

펴 낸 이 ǀ 김두형
펴 낸 곳 ǀ 도서출판 동진·삼보
등록번호 ǀ 제2-3710호
주   소 ǀ 경기도 성남시 중원구 둔촌대로 449
         중앙인더스피아 B동 309호
전   화 ǀ 031-732-9905
팩   스 ǀ 031-732-8972
전자우편 ǀ dj1399@hamail.net

값 16000원

03220

9 791195 229130

ISBN 979-11-952291-3-0